姚利权　任文杰　编著

生活中的

公共关系学

ZHEJIANG UNIVERSITY PRESS
浙江大学出版社

图书在版编目（CIP）数据

生活中的公共关系学 / 姚利权，任文杰编著 . -- 杭
州：浙江大学出版社，2022.3（2025.7 重印）
ISBN 978-7-308-22301-0

Ⅰ . ①生… Ⅱ . ①姚… ②任… Ⅲ . ①公共关系学
Ⅳ . ① C912.31

中国版本图书馆 CIP 数据核字（2022）第 014728 号

生活中的公共关系学

姚利权　任文杰　编著

责任编辑　顾　翔
责任校对　张一弛
封面设计　周　灵
出版发行　浙江大学出版社
　　　　　（杭州市天目山路 148 号　　邮政编码　310007）
　　　　　（网址：http://www.zjupress.com）
排　　版　杭州林智广告有限公司
印　　刷　杭州钱江彩色印务有限公司
开　　本　710mm×1000mm　1/16
印　　张　23.75
字　　数　336 千
版 印 次　2022 年 3 月第 1 版　2025 年 7 月第 3 次印刷
书　　号　ISBN 978-7-308-22301-0
定　　价　78.00 元

浙江工业大学 2021 年校级重点教材建设立项资助（JC2121）

目　录

CONTENTS

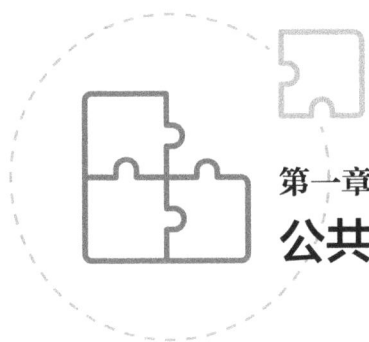

第一章

公共关系的前世今生

本章概要

公共关系是由英文"public relations"翻译而来，简称"公关"（PR），中文可译为"公共关系"或"公众关系"。在英语中，"public relations"最早起源于 1842 年，豪科·史密斯（Hough Smith）在其《公众情感理论和规范》一书中使用了这个词组。事实上，公共关系活动由来已久，一直伴随着人类的沟通交流存在。现代公共关系起源于 20 世纪的美国，随着大众传播的发展而快速成长，在全世界范围内推广。

本章主要介绍了公共关系的缘起及演变，对公共关系的发展脉络做了简单的梳理和呈现，也罗列了国内外关于公共关系诸多的理解与诠释，同时介绍了公共关系的三大要素、四大功能及六大观念等基本概念。案例分析则从公共关系角度出发，介绍了 2019 年以来，杭州市梅龙茶文化有限公司打造西湖区"转塘·石榴籽家园"，在推动城市民族团结融合工作方面所做的公益行动。

第一节　公共关系的缘起及演变

公共关系是一门新兴的、应用性很强的学科，理论上具有学科综合性、交叉性的特点，涉及哲学、政治学、经济学、社会学、心理学、伦理学、传播学、管理学、营销学等多个学科。实践上，公共关系又是一项古老的活动，其历史和人类的沟通史一样悠久。在古巴比伦、古希腊、古罗马和中国历朝历代，统治阶级说服老百姓接受政府和宗教的权威所使用的沟通策略，如演讲、宣传、文学等，都是具有公共关系性质的活动。

现代公共关系起源于美国，在 20 世纪初的艾维·李（Ivy Lee）时期，公共关系成为一门职业，在 20 世纪二三十年代的爱德华·伯尼斯（Edward L.Bernays）时期，公共关系成为一门新兴的科学。从现代公共关系形成的历史来看，它与传播有着天然的渊源，早期的公共关系就是从大众传播中分化出来的，公共关系本身就是现代社会传播高度发达的产物。

一、公共关系的萌芽：从巴纳姆到垄断寡头

19 世纪 30 年代，美国出现了一种廉价的报纸，它以广大市民为读者对象，只要 1 便士就可以买到一份，又称"便士报"，如当时的《纽约太阳报》《纽约先驱报》和《纽约时报》等都属于便士报。由于便士报价格低廉，内容新奇刺激，很快风行一时，并拥有了大量读者。报纸发行量的迅速增长，引起了工商企业界的注意，他们开始雇用专门人员来撰写文章，宣传企业及其产品。为了使自己成为舆论的中心，稿件撰写者编造一些神秘离奇的故事吸引读者，而报刊为了迎合下层读者的阅读心理，也乐于发表这类新闻，这样你情我愿的结果是一场声势浩大的报刊宣传活动诞生了。这场报刊宣传活动由《纽约太阳报》倡导，奉行"凡宣传皆好事"的信条，不管别人爱也好、恨也好，只要能出名就是好事。《纽约太阳报》的编辑部主任约翰·博加特（John Bgart）提出了"狗咬人不是新闻，人咬狗才是新闻"的新闻主张。

这个时期被称为"噱头时代",代表人物是三个早期的公关从业者:哈里·瑞切巴奇(Harry L. Reichenbach)、詹姆士·摩伦(James S. Moran)和菲尼斯·巴纳姆(P. T. Barnum)。菲尼斯·巴纳姆是三人中最具代表性的人物,被称为"宣传之父"和"世界上最伟大的表演家"。他以前是一名报纸编辑,非常了解新闻出版以及如何通过报纸中的广告来获得编辑的好感。后来,他成为马戏团的老板,他所经营的巴纳姆与百利马戏团是19世纪美国最受欢迎的马戏团,其表演号称"全球最大的马戏表演"。他也发明了许多标新立异、哗众取宠的宣传方法。其中最为人津津乐道的宣传手法之一,就是他自己撰写引人注目的新闻稿,而且在标题处理上下功夫。尽管巴纳姆的宣传宗旨与今天的公共关系宗旨大相径庭,但是他标新立异的手法极大地推动了近代公共关系的发展,尽管这段历史很不光彩,但人们还是承认巴纳姆为公共关系所做出的贡献。

到了19世纪末20世纪初,美国经济开始由自由竞争走向垄断集中,铁路、石油、钢铁、银行等行业都出现了一些垄断寡头,他们无视公众的利益,被人们称为"强盗贵族"。以科尼利尔斯·范德比尔特(Cornelius Vanderbilt)为首的财阀奉行暴利主义,漠视民意,使得美国企业界出现了普遍的信任危机。公众对于大公司唯利是图、剥削大众的政策非常痛恨,这成为限制企业发展的阻力。据说有一次,一位记者去采访铁路大王范德比尔特,问他为何要取消纽约至芝加哥的一班火车。他说:"让公众见鬼去吧。"由此可见他对舆论与民意的轻视。同时,美国企业界视员工为"机器人""经济人",认为只要用钱做动力,就可以使员工像机器一样昼夜运转,根本无视员工的心理需要和情感需要,导致劳资关系不断激化,工人罢工运动此起彼伏。

便士报虚假新闻、黄色新闻的泛滥成灾,以及垄断寡头的倒行逆施,激起了社会大众的极大愤慨。一批有正义感、受过正规教育的新闻记者,纷纷撰文揭露不法资本家的丑恶行径,终于酿成了美国现代新闻史上著名的"揭丑运动",又称"扒粪运动"。揭丑运动的全盛时期是在20世纪初,塞缪尔·麦克卢尔（Samuel McClure）以自己的姓氏创办了《麦克卢尔》杂志，把矛头直接指向企业的腐败行为，该杂志发表了大量真实可信的揭露资料和文章。揭丑运动刚开始时，工商寡头们对此并不以为然，然而随着揭丑运动声势越来越大，他们开始感到惶恐不安。起先他们采取强硬手段来对付记者，然而无济于事；他们又采取收买贿赂方法，仍然无效。最后他们终于认识到不能忽视社会公众和社会舆论，开始考虑如何与新闻界和社会公众打交道，如何在报纸上为自己树立良好的形象和信誉，巴纳姆时代从此宣告结束。

二、公共关系的兴起：职业化

艾维·李是现代公共关系的创始人。他早年就读于普林斯顿大学和哈佛大学，大学毕业后，受雇于《纽约日报》。后在《纽约时报》和《纽约世界报》当记者，撰写经济文章，在企业界颇有影响。在几年的记者生涯中，他深切地感受到企业界、新闻界和社会大众之间的关系不协调，不仅严重影响了新闻报道的真实性，误导了社会大众，而且阻碍了企业的发展。因此，在1903年他辞去记者工作，与当时一位声名显赫、记者出身的政治宣传家乔治·派克一起，在纽约创立了一家宣传顾问事务所——派克和李公司，其宗旨是"进行新闻代理业务，为尽可能多的雇主服务，收取营业所必需的报酬"。在公共关系历史上，派克和李公司的成立，标志着现代公共关系诞生，也标志着公共关系走向职业化。

艾维·李公共关系思想的核心是"公众必须被告知——向公众讲真话"。这一思想主要是针对巴纳姆式的宣传方法而提出的。他认为，一个企业或组织要想获得良好的形象和信誉，必须把真实情况公之于众。如若披露真相对企业不利，企业就应该调整其自身的行为，而不是极力去掩盖事实真相。这一公共关系思想的贡献在于：第一，它打破了封闭隔离的企业和组织状态，使企业和组织成为主动协调与各界关系的主体；第二，它奠定了公共关系行业的理论基础，即以事实为基础进行真相披露，有别于以往的宣传、广告和新闻代理。

三、公共关系的发展：学科化与国际化

在美国，公共关系在 20 世纪 20 年代后期才开始普及。1924 年《芝加哥论坛报》发表的社论，是公共关系在美国普及的标志。出身维也纳的奥地利裔美国人爱德华·伯尼斯是著名心理学家西格蒙德·弗洛伊德的外甥。1912 年，他大学毕业后从事新闻工作。1913 年，时年 21 岁的他受聘担任福特汽车公司公关部经理。1919 年，他和夫人在纽约开办了一家正式的公共关系公司。1923 年，他以教授的身份首次在纽约大学讲授公共关系课程，同年出版了被称为公共关系理论发展史上"第一个里程碑"的专著——《公众舆论的形成》。因此，爱德华·伯尼斯被称为"现代公共关系学之父"，他在理论上深化和发展了公共关系学，使之从新闻代理的领域中分离出来，最终成为一门独立完整的新兴学科。

爱德华·伯尼斯公共关系思想的核心是"投公众所好"，这一思想比艾维·李的"公众必须被告知"思想更进一步，使得企业公共关系由企业本位转向了公众本位，具有历史性意义。他的代表著作有《透视民意》《宣传术》《公共关系》《同意的工程》等。

20 世纪 20 年代，公共关系走出美国，最先进入英国。1926 年，英国成立了第一家正式公共关系机构——皇家营销部。二战后经济得以恢复和发展，国际贸易日益频繁，公共关系在世界各国得到了蓬勃的发展。1950 年，英国公共关系协会（IPR）成立于伦敦。该协会现在已经成为欧洲最大的职业公共关系组织，在 50 个国家和地区拥有 2000 名会员。1955 年，国际公共关系协会（IPRA）在英国伦敦成立。第一批会员包括欧、美、亚、非各大洲多个国家和地区。国际公共关系协会的成立是现代公共关系国际化的重要标志。1969 年，英国公共关系顾问协会（PRCA）成立。法国成立的公共关系机构名为"玻璃屋"，象征着公共关系是一种开明的经营观念和方法。日本和东南亚一些国家的公共关系理念也是二战以后由美国传入的。

弗兰克·杰夫金斯（Frank Jefkins）是英国著名的公共关系教育家、理

论家，他是英国公共关系协会顾问、英国公共关系学院教授。1968 年，他创办了英国公共关系学院，并亲自主讲公共关系学、市场学、广告学等多门课程。与此同时，他周游 20 多个国家和地区传播公共关系学。他一生编写了几十部著作，主要有《公共关系与市场管理》《有效的公共关系学设计》《公共关系·广告·市场营销》《公共关系学》等。他的著作简明扼要，通俗易懂，是非常实用的普及读物。

第二节　公共关系的基本概念

公共关系的概念在世界各国有不同的理解和诠释。美国强调公共关系的"公众性"——注重传播策略和效果。在欧洲国家，"公共领域"作为公共关系的核心概念之一，更加凸显出其合理性和合法性，因为公共领域的质与量涉及"民意"（public opinion）。公共关系与新闻舆论一样有服务民主政治的职责，公共关系有助于形成一种自由、新鲜的言论气氛，吸引人们广泛关注公共生活，深入探讨公共话题，提高和发展公共领域的水平与规模。德国强调公共关系的"公共性"——注重对公共事务的参与。韩国则更重视公共关系的"人际性"——注重个人影响力的发挥。韩国会运用个人影响模式来指导大部分的公共关系实践活动。公关人员通过对公司重要人物施加影响，从而使公司获得利润。日本更重视公共关系的"新闻性"——注重与广告的差异性。日本公司通过媒体向公众发布信息，因为如果不这样做就会影响公司声誉，日本比美国更强调保持与媒体成员的长期协作，同时公关人员也必须提升公司在媒体眼中的形象。在中国，主要强调公共关系的"关系性"——注重的是人情与面子。这与中国的传统文化与生活习性相关。

100 多年来，关于公共关系的定义众说纷纭，国内外学者及机构对公共关系下过数百种定义，概括起来可以分为管理职能说、传播沟通说、传播策略说、组织形象说、社会关系说、咨询决策说、关系管理说、关系协调说、关系生态说等。其中有代表性的定义有如下几种。

美国著名公共关系学者斯科特·卡特里普（Scott Cutlip）和阿伦·森特（Allen Center）在其《有效公共关系》一书中提出："公共关系是一种管理职能，它建立并维护一个组织和决定其成败的各类公众之间的互惠互利关系。"

美国著名公共关系学者詹姆斯·格鲁尼格（James Grunig）教授给出的公共关系的定义是："公共关系是一个组织与其相关公众之间的传播管理，其目的是建立一种与这些公众互相信任的关系。"

美国公关专家雷克斯·哈罗（Rex Harlow）博士的公关定义是：公共关系是一种特殊的管理职能。它有助于建立和维持一个组织与其公众之间的交流、理解、认可与合作；参与处理各种问题与事件；帮助管理部门了解民意并对之做出反应；确定并强调企业为公众利益服务的责任；作为社会趋势的监视者，保持与社会变动同步；使用有效的传播技能和研究方法作为基本工作。

英国公关专家弗兰克·杰夫金斯认为："公共关系是为达到与相互理解有关的特定目标而进行的各种有计划的沟通联络，这种沟通联络处于组织与公众之间，既是向内的，也是向外的。"

国际公共关系协会对公共关系的定义是：公共关系是一种管理功能，它具有连续性和计划性。

美国《公共关系新闻》刊物认为："公共关系是一种管理功能，它评估公众的态度，确定个人或组织的政策和程序与公众利益是否保持一致，以此计划和实施行动方案来争取公众的理解和认可。"

1976 年版的《韦伯斯特 20 世纪新辞典》对公共关系是这样定义的：公共关系是通过宣传与一般公众建立的关系；是公司、组织或军事机构向公众报告他们的活动、政策等情况，企图建立有利的公众舆论的职能。

1981 年版《不列颠百科全书》的定义是：公共关系是旨在传递有关个人、公司、政府机构或其他组织的信息，并改善公众对其态度的种种政策或行动。公共关系是通过传播大量有说服力的材料，发展社区的相互交往和评估公众的反应，从而促进个人、公司或机构同他人、公众以及社区之间的亲善友好关系。

《美利坚百科全书》对公关的定义是：公共关系是关于一个组织同其既定公众之间建立了解的活动。

中国人力资源和社会保障部编印的《中国职业大词典》对公共关系的定义是："公共关系是从事组织机构公众信息传播、关系协调与形象管理事务的调查、咨询、策划和实施的一种实践活动。"

中国社会科学院新闻研究所 1986 年编著的《公共关系学概论》指出："一个企业或组织，为了增进内部及社会公众的信任与支持，为自身事业发展创造最佳的社会环境，在分析与处理自身面临的各种内部、外部关系时，采取的一系列科学的决策与行动。"

国内著名公共关系专家、上海交通大学余明阳教授认为："公共关系是社会组织为了塑造良好的形象，运用传播沟通手段去影响公众的科学和艺术。"

国内著名公共关系专家、华中科技大学陈先红教授在其专著《公共关系生态论》一书中提出："公共关系是组织—公众—环境系统的关系生态管理。具体地说，就是社会组织运用调查研究和对话传播等手段，营造具有公众性、公开性、公益性和公共舆论性的关系生态，以确保组织利益、公众利益和公共利益的和谐。"

本书将公共关系简单界定为：组织机构与公众环境之间的沟通与传播关系。从这个定义中，我们可以看到公共关系的三个要素：组织、公众和传播沟通。其中"组织"是公共关系的主体，"公众"是公共关系的对象，"传播沟通"是公共关系的过程和方式。这反映了公共关系既是一种传播活动，也是一种管理职能。

第三节　公共关系的原理基础

一、公共关系的三大要素

（一）组织——公共关系的主体

组织是公共关系的主体，即公共关系的承担者、实施者和行为者。公共关系是一种组织的活动，而不是个人的事务和技巧；公共关系涉及组织的目标、战略等要素，而不停留在个人活动的层面上；公共关系处理的是组织的关系和舆论，而非私人的关系和事务；公共关系追求整体的公关效应和组织的社会形象，而不局限于个人的印象、情感和利益。组织作为公共关系的主体，有其总体目标和需要。公共关系是从属于组织总目标的，是组织整体功能中的一个有机构成部分，是组织职能系统中的一个子系统。公共关系学主要将组织作为传播沟通主体来进行研究。任何组织都是一个传播沟通的主体，都具有公众传播沟通的行为和功能。

（二）公众——公共关系的对象

公共关系的过程是组织与公众之间经过传播沟通活动相互影响、相互制约的过程。"公众"是任何公关活动都不可缺少的一个方面，任何组织在计划和实施自己的公关工作的时候，都必须首先确定自己的公众对象，分析研究自己的公众对象，根据公众对象的特点去制定公共关系工作的目标和计划，随着公众对象的变化来调整自己的公关政策和行为。公众作为公共关系的对象，并不是完全被动的，也不是随意受摆布的。公众会对公关主体的政策、行为做出相应的反应，从而对公共关系主体形成社会压力和舆论压力。公共关系学对公众的研究主要是从传播沟通对象的角度，研究公众的总体特征和各个目标公众的具体特点，研究影响公众行为和舆论的心理、文化等因素，研究不同的公众类型及其对公关政策和活动的影响，研究一些主要的公众关系对组织的作用和意义。

（三）传播沟通——公共关系的过程和方式

传播沟通是公共关系的过程和方式。就是运用各种传播媒介和沟通手段，在组织与公众之间建立有效的双向联系和交流，促成相互间的了解、共识、好感与合作。运用现代信息社会的各种传播沟通手段来建立和完善组织与公众之间的关系，就是公共关系活动的实质性内容。传播沟通的含义是人类社会中信息的传递、接收、交流和分享。人类社会是依靠传播沟通去形成各种社会关系的，特别是在信息社会，要有效地形成和发展各种社会关系更加离不开传播沟通。组织与公众连接的方式、公共关系的运行机制就是传播沟通。公共关系作为一种管理职能和经营艺术，其特点就是运用传播沟通手段去适应环境、影响公众及树立形象。

二、公共关系的四大功能

（一）沟通说服

在公共关系的视野里，沟通说服不仅是一种手段，而且是一种过程；不仅是追求的效果，而且是欲达成的目标。具体地说，沟通说服功能体现在以下三个方面：改变组织或公众的态度和行为；制造舆论；影响民意。

首先是改变组织或公众的态度和行为。要么减轻负面态度，强化正面态度；要么改变公众的态度和行为，使他们从消极变为积极、从敌对变为友善、从厌恶变为喜爱等，这样才有利于组织的生存和发展。比如，培养消费偏好和品牌忠诚，努力改变组织的政策和行为，使之符合公众的需求和利益。

其次是制造舆论。所谓舆论是指相当数量的个人、群体或社会组织对某一社会问题或公共事务所发表的倾向性大体一致的意见。舆论标志着大多数社会公众对组织的基本态度和行为，是组织生存的社会生态环境。制造舆论，优化社会生态环境，能使社会生态环境朝着有利于组织的方向发展。

最后是影响民意。民意是各种矛盾的见解、幻想、信仰、偏见，以及愿望的集合体。它是迷惑、纷乱、无定规的东西，而且每天都不一样。从民意的性质来看，民意无所谓好坏，无所谓对错，好民意是民意，坏民意也是民意。而在处理民意时，要遵循一个基本原则——因势利导，即借力使力，顺应并引导民意而非抗拒民意。

（二）提议倡导

提议倡导功能是公关第三方立场的体现，其强调公共关系行业从业者必须明确他们在社会中最主要的角色是什么，这个角色就是他们不仅要为客户服务，而且要为更大范围的社会服务。

提议倡导功能具体表现在以下几个方面：一是倡导一种组织定位和品牌个性；二是倡导一种文化认同；三是倡导优惠的产业政策、优良的经营环境、健康的消费理念；四是倡导组织的道德良心和社会责任感；五是倡导对公共事务的关注，对公共利益的贡献。

（三）决策咨询

公共关系还具有决策咨询功能，公共关系提供的是智力服务，是组织的问题解决者和战略传播者。在组织内部，公关人员向组织决策层及各级主管部门提供有关公众的各种信息，这是公关部门的咨询功能；而当组织面临重大决策时，则应邀请公关部门负责人参加，公关部门负责人从公众的角度对组织的决策进行评估，以免对公众的利益造成重大伤害，破坏组织形象，这就是公关部门的决策职责。所以，有人将公关部称为组织的"决策参谋部"。

其决策咨询功能具体体现在以下五个方面：一是公众的一般情况咨询；二是公众的专门性情况咨询建议；三是公众心理变化和趋势咨询；四是协助选择和制订决策方案；五是从公共关系角度评价决策效果。

（四）组织管理

公共关系是一种独特的管理职能，它与一般的生产管理、技术设备管理、供销管理、人事管理、财务管理等有着根本的不同。它是一种对无形资源的软管理。公共关系的组织管理功能主要体现在战略管理、信息管理、传播管理、关系管理、声誉管理、议题管理、危机管理、活动管理八个方面：

一是战略管理是对组织的外部环境、内部资源、潜在机会、可能威胁进行调查研究，以此确定与组织发展战略相匹配的公共关系战略；二是信息管理主要包括两个方面——输入信息和输出信息；三是传播管理主要包括公关活动、广告、公共宣传、新闻、促销等传播活动的管理；四是关系管理是组织—公众—环境系统的关系生态管理；五是声誉管理的三大内容是财务表现、组织文化、社会责任；六是议题管理是对涉及公共政策事件的系统识别与完整行动，它包括议题沟通、议题监督、议题规划三个方面；七是危机管理是一种应急性的公共关系处理，也是一种预见性的实践活动，是一种高级公共关系管理功能的体现；八是活动管理是对公共关系专题活动的管理。

三、公共关系的六大观念

公共关系观念主要包括：形象观念、公众观念、传播观念、协调观念、互惠观念和服务观念。

公共关系的形象观念表现为：主体在决策和行动中高度重视自身的声誉和形象，自觉地进行形象投资、形象管理和形象塑造，将信誉和形象视作组织的无形资产、无形财富，把树立和维护良好的组织形象作为重要的战略目标。

公共关系的公众观念表现为：领导者和管理者高度重视公众的利益，将公众的意愿作为决策和行动的依据，将符合与满足公众的要求作为组织的价值追求，并以此作为制定组织的经营方针和管理政策的重要原则。

公共关系的传播观念表现为：经营者和管理者具备强烈的传播意识和沟通欲望，自觉地利用一切传播机会和传播媒介去影响公众、引导公众和争取公众，并善于运用双向沟通的方法去赢得公众的理解、信任和好感。

公共关系的协调观念表现为：善于调节、平衡和统一各种不同的关系、不同的利益、不同的要素，懂得统筹、兼顾、缓冲、折中、调和和妥协的意义和价值，努力在矛盾中求和谐，在动态中求平衡。

公共关系的互惠观念表现为：在交流与合作中，将平等互利、追求双赢作为处理各种关系的行为准则，将自身的发展与对方的发展联系起来，通过协助对方、满足对方来争取双方的共同利益。

公共关系的服务观念表现为：对他人、对社会的奉献，使自己的存在和行为给对方带来方便，使对方满意，用服务去赢得好感和信誉。

除此之外，公共关系观念还包括现代的信息意识、整体意识、社会意识、竞争意识和危机意识等。

第四节 案例分析

2014年，在第二次中央新疆工作座谈会上，习近平总书记提出"各民族要像石榴籽一样紧紧抱在一起"。石榴，在中国传统文化中被视为吉祥物，其多籽特征恰如中华民族大家庭的多民族特色。石榴成熟后，多室多籽，籽粒饱满，颗颗相抱，正如我国56个民族紧密团结在一起。2017年，习近平总书记在参加第十二届全国人大五次会议新疆代表团审议时，又提出"要像珍视自己的生命一样珍视民族团结"。

基于此背景，杭州市西湖区转塘街道，以推广茶文化、非遗文化和助推民族地区脱贫攻坚为内容，以筑牢"书香茶香民族香"的中华民族共同体意识为目标，依托杭州梅龙茶文化有限公司，与浙江工业大学（以下简称浙工大）、浙大城市学院等高校共同打造"转塘·石榴籽家园"，并将其作为展现"重要窗口"头雁风采、打造西湖风景线的民族团结进步平台。目前，"转塘·石榴籽家园"已开展的各类民族团结活动多次得到中央统战部官网、学习强国平台以及省市各级多家权威媒体的宣传报道。

在此过程中，杭州市西湖区转塘街道、杭州梅龙茶文化有限公司通过公关的思维和方法，通过形式多样而富有创新的各项公关活动，积极践行中央民族工作会议指示精神，积极传播民族文化，打造利益共同体，体现社会责任及担当，以铸牢中华民族共同体意识为新时代党的民族工作的"纲"，连接多方力量，助力民族团结和乡村振兴。

一、项目概述

城市是人类文明的结晶，承载着各族人民对美好生活的向往。少数民族群众进入城市，是历史的发展趋势，做好城市民族工作，是民族工作的未来趋势。杭州市西湖区转塘街道联合街道内知名茶企——杭州梅龙茶文化有限公司，与浙工大、浙大城市学院等高校，共同打造了"转塘·石榴籽家园"，促进民族团结融合，繁荣民族文化，取得了一系列成果与成效。

二、项目调研

近年来，西湖区转塘街道、杭州梅龙茶文化有限公司携手在杭高校、企事业相关单位，面向全国开展了青少年民族团结意识和促进民族团结行为现状调研，了解学校促进民族团结教育课程及不同民族学生相处情况。调研发现，学校确在积极开展促进民族团结教育相关课程，然而不同民族学生之间的相处依然存在隔阂、矛盾、排斥等问题。原因在于学校虽然提供了理论教育，却疏于实践教育，同时也缺乏实践机会。调研结果明确了开展青少年民族团结素养教育的培养思路和方向。

三、项目策划

"转塘·石榴籽家园"以习近平总书记提出的"各民族要像石榴籽一样紧紧抱在一起"为核心理念，致力于促进各民族交往、交流、交融，传播民族精神内涵，传承民族团结友谊，增强民族文化自信，为铸牢中华民族共同体意识和构筑中华民族共有精神家园而努力奋斗。"转塘·石榴籽家园"是民族大团结的一个窗口，是集宣传民族政策、展示民族风情、弘扬民族文化、反映社情民意、精准扶贫帮困等多种功能为一体的多元化服务平台。它以

"茶香书香民族香"为主题，以"三建三促"（建设文化平台，促进民族文化传播；建好帮扶项目，促进民族融合交流；建立合作窗口，促进民族团结交往）为抓手，按"56+ 工作室"思路，围绕团队建设、合作窗口、帮扶项目、特色活动、讲好民族故事等重点内容，在宣传民族政策、展示民族风情、弘扬传统文化、反映社情民意、解决矛盾纠纷等方面做了有力探索，成为各民族群众交往、交流、交融的"温暖之家"。

（一）目标

通过传播，提升"转塘·石榴籽家园"在全国范围内的公益声量和公众影响力，推动社会各界关注民族团结并参与公益行动，强化杭州梅龙茶文化有限公司作为一家知名茶企的社会责任和品牌形象。

（二）受众

利益相关方：员工、政府机构、社会组织、大中小学生、社区民众以及更大范围内的 56 个民族同胞。

（三）传播策略

对外传播中，兼顾社会化内容营销和传统媒体传播。在社交化内容传播上，就年度公益主题——建党 100 周年暨"转塘·石榴籽家园"民族团结联谊会，与各大知名高校合作，配合落地活动，邀请师生代表以及在杭文创传媒机构和企业的汉族、维吾尔族、哈萨克族、朝鲜族、畲族、藏族、壮族等各民族代表相聚"转塘·石榴籽家园"，通过新闻稿、媒体采访、媒体行等方式，在主流公益类、食品和茶叶类垂直媒体上分享最新项目进展与杭州梅龙茶文化有限公司企业社会责任战略。"转塘·石榴籽家园"与浙大城市学院哈萨克族副教授赛来西·阿不都拉联手指导浙大城市学院学生设计茶相关产品的外包装，更新了 slogan，开发了瓶装产品、伴手礼和文化旅游纪念品，充分发挥网络传播的影响力，利用微信公众号、微博平台、淘宝等渠道，通过广告创意、H5、会展线下活动体验等方式对茶文化进行推广，将喝茶打造成一种时尚、健康、有品位的生活方式。

除对外传播外，充分利用对内传播渠道，如内部微信号、公司邮件、办公室装饰等，与员工分享公益理念与项目进展，将公益内化于企业文化中。同时，项目为高校学生和杭州梅龙茶文化有限公司志愿者提供多种参与机会，培养更多热爱民族团结的人成为公益口碑传播大使。

（四）传播内容

"转塘·石榴籽家园"由"一厅一室一区一队"构成。"一厅"是指杭州图书馆茶文化主题分馆的一楼展厅，主要呈现"转塘·石榴籽家园"匾牌、宣传影片和特色活动照片；"一室"是指"56+工作室"，主要在二楼图书馆区域，涵盖各民族图书专柜、石榴籽公益读书会、石榴籽非遗大讲堂、石榴籽公益绘画工作室、"一抹蓝·一抹绿"环保主题空间等内容，精心打造"56个民族＋政府＋企业＋高校＋茶＋艺术＋非遗＋生活"交流交融的共同体家园；"一区"是指在三楼设置"转塘·石榴籽家园"多功能展示区，展示民族大团结全景绘画和各民族风情风貌，是民族工作宣传教育和各民族传统技艺学习培训多功能区；"一队"是指志愿者服务团队，宣传民族政策和开展志愿者服务。

"转塘·石榴籽家园"促进民族融合交流公益活动发展，不断创新企业社会责任实践，联动政府以及公益组织和志愿者的社会力量，共同为热爱民族文化的青少年创造更完善的成长环境，培养出一颗颗热爱祖国、拥护民族团结的拳拳之心，以传播促进行动，推动利益相关方和公众的广泛参与。

四、项目执行

（一）"梅龙公益茶人"培训项目

2014年正式设立的"梅龙公益茶人"培训项目，目前已开展茶礼仪、现代泡茶主要方式、西湖龙井制作工艺、九曲红梅制作工艺、盖碗茶行茶方法、玻璃杯冲泡茶的技巧、品鉴茶汤、茶食制作等一系列的现场实践体验课。该项目连续几年作为西湖区妇联培训项目和西湖区农民素质培训项目，从专业的角度培养妇联和乡村的人才。

（二）"茶馕香印"扶贫项目成效显著

由"转塘·石榴籽家园"总顾问、浙大城市学院副教授赛来西·阿不都拉牵头，对维吾尔族传统食品——馕进行文化挖掘与提升，将茶与馕有机结合进行茶馕的研发，并邀请西泠印社篆刻了中国历史上第一枚馕主题印章，推出一款主题为"茶馕香印"的爱心馕。2019年10月，在浙江省妇联和温州市人民政府共同组织的浙江省女性创新创业大赛中，"茶馕香印"项目入围50强。

（三）"畲红"品牌红茶联姻广受好评

"转塘·石榴籽家园"与杭州市唯一的少数民族乡莪山畲族乡结对，共建杭州·畲族乡茶产业基地。在技术层面和经费投入等方面帮助研发畲族高山茶，用非物质文化茶制作技艺指导和帮助畲族群众研发"畲红"品牌红茶，并设计了独具畲族乡风情韵味的外包装，提高"畲红"品牌红茶知名度和影响力。

（四）"转塘·石榴籽家园"揭牌仪式暨高校实践基地成立

2020年5月20日，来自政府、高校、企业、媒体、行业协会、社团组织等50余名嘉宾参与了此次活动。"转塘·石榴籽家园"的落成和今后与高校的合作，将共同提升高校学生专业素质、培养实践能力、实现校企共同发展。目前已与浙大城市学院、浙工大、浙江外国语学院、浙工大之江学院、浙江金融职业学院、浙江经济职业技术学院等高校共建产学研实习实践基地。

（五）成立石榴籽公益绘画工作室项目

石榴籽公益绘画工作室由在杭高校各民族大学生组成志愿者团队，为在杭学龄前儿童和小学生进行绘画基础知识辅导，以绘画兴趣班和兴趣画作品为载体，通过大手牵小手绘画把爱祖国、爱民族的种子根植于少年儿童的心中。2020年7月25日—8月29日，已开展6期活动。

（六）开展石榴籽公益读书会

石榴籽公益读书会由在杭高校各民族大学生组成志愿者团队，组织在杭各民族少年儿童阅读丰子恺等大师作品并进行朗读训练辅导。其目的是加深孩子们对"各民族要像石榴籽一样紧紧抱在一起"的理解，增强各族少年儿童的祖国使命感、民族自豪感。2020 年 7 月 25 日—8 月 29 日，已开展 6 期活动。

五、项目评估

（一）公益项目成果

自 1999 年以来，杭州梅龙茶文化有限公司始终不忘茶文化的传承与传播。梅龙人秉承"敬业、诚信、责任、感恩"的企业精神，用爱心自筹资金建起了公益图书馆（杭州图书馆茶文化主题分馆），成立"转塘·石榴籽家园"，现已成为当地茶文化传播引领企业，为杭州茶文化的发展做出了贡献。截至 2021 年 6 月底，杭州梅龙茶文化有限公司已经先后举办了多次公益活动，如"日月楼里日月长，茶书坞里茶书香"——丰子恺后人捐赠图书仪式、石榴籽公益读书会——用童心趣读丰子恺先生作品、"书香茶香画国香，大手小手共成长"——石榴籽公益绘画工作室绘画兴趣班、西湖区红领巾宣讲团——梅龙"小茶人"讲述茶故事、"转塘·石榴籽家园"民族团结联谊会、杭州梅龙茶文化有限公司 2021 迎新茶会、庆祝建党 100 周年系列活动之 3·12 植树节暨"转塘·石榴籽家园"标志征集颁奖典礼、"有一种阅读叫信仰的力量"——纪念 4·23 世界读书日、"5·20 爱我中华"——"转塘·石榴籽家园"成立一周年庆典活动等。在 2020 年新冠肺炎疫情严峻期间，杭州梅龙茶文化有限公司创始人鲁芳华开展九曲红梅义卖活动，并将所得善款全部捐赠给西湖区红十字会，支援抗疫一线。

（二）公益传播效果

"梅龙公益茶人"培训项目已培养人才 3000 多人，推动了杭州西湖茶产业的发展。杭州梅龙茶文化中心每年在杭州文博会上、非遗展览会上接待国内外宾客数万人次，为杭州特色红茶九曲红梅进行宣传。参观体验学习活动年均接待市民 5000 余人次。在浙江省第九届文博会上，接待中东欧 16 国文化部部长。同时，积极参与"茶奥会""开茶节""单车文化节"等系列活动。

除此之外，"转塘·石榴籽家园"撰写并印制《用茶的语言讲好中国故事》折页宣传手册 5 万册、撰写并印制《传承：浙大城市学院传媒学子实践成果》500 本、编写并印制《56 个民族小册子》和《用茶的语言讲好石榴籽的故事》5000 本等。同时，运用新媒体开展宣传工作，有效吸引青少年群体关注。中共中央统战部官网、学习强国、浙江在线、杭+新闻、浙青网、杭州网、之江全知道及《杭州日报》等国家级、省级、市级和县（市、区）级媒体发表报道 20 余篇，传播受众达数十万，同时紧跟时代潮流，在微博、微信、抖音等新媒体平台进行创新传播，浏览量也达上百万。

（三）近期社会责任殊荣

1. "转塘·石榴籽家园"获批 2020 年全国民族团结进步创建重点扶持项目（全省唯一）；

2. 杭州梅龙茶文化有限公司入选第三批浙江省民族团结进步重点培育单位；

3. 杭州梅龙茶文化传播中心入选首批杭州市非物质文化遗产体验点；

4. 杭州梅龙茶文化有限公司民国系列九曲红梅荣获第二批浙江省优秀非遗旅游商品；

5. "梅龙公益茶人"培训项目被评为"杭州市终身学习品牌项目""西湖区终身学习品牌项目"，杭州梅龙茶文化有限公司创始人鲁华芳被评为"杭州市百姓学习之星"；

6. 组织文创设计创新活动，2019 年设计的"茶馕香印"和"西湖双绝·一红一绿"获得杭州设计新秀 50 强入围作品，"茶馕香印"入围浙江省女性创新创业大赛 50 强。

六、项目亮点

设置年度主题：组织建党 100 周年暨"转塘·石榴籽家园"民族团结联谊会，各民族同胞讲述民族团结故事，以促进民族团结的初步成果向建党 100 周年献礼。

全媒体渠道传播：社会化内容营销和传统媒体传播兼顾，配合线下项目活动节点，获得各类媒体的关注与报道，取得较好的传播成效。

对内传播和对外连接相结合：让公益内化于杭州梅龙茶文化有限公司企业文化，为公众提供便捷可靠的公益参与平台。

发挥杭州梅龙茶文化有限公司品牌传播优势：邀请高校著名学者作为公益大使，走访"转塘·石榴籽家园"，鼓励青少年克服困难勇于追梦；为爱发声，呼吁社会各界给予少数民族更多关注与支持。

邀请高校学生和志愿者参与：为学生和志愿者提供多种参与机会，培养更多人成为公益活动的同行者。

七、项目照片

杭州图书馆茶文化主题分馆

转塘石榴籽家园

"转塘·石榴籽家园"是民族大团结的一个窗口，是集宣传民族政策、展示民族风情、弘扬民族文化、反映社情民意、精准扶贫帮困等多种功能为一体的多元化服务平台。

它由"一厅一室一区一队"构成

"一厅"主要呈现石榴籽文化家园匾牌、宣传影片和特色活动照片；

"一室"是"56+工作室"，精心打造成56个民族+政府+企业+高校+茶+艺术+非遗+生活的交流交融的共同体家园，涵盖各民族图书专柜、石榴籽公益读书会、石榴籽非遗大讲堂、石榴籽公益绘画工作室、"一抹蓝一抹绿"环保主题空间等内容。

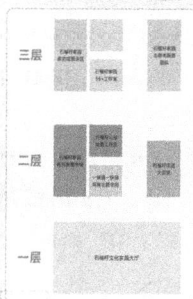

"一区"石榴籽家园多功能展示区，展示民族大团结全景绘画和各民族风情风貌，并作为民族工作宣传教育和各民族传统技艺学习培训多功能区。

"一队"是志愿者服务团队，主要是宣传民族政策和开展志愿者服务。

民 族 团 结

团结 · 发展 · 稳定 · 和谐

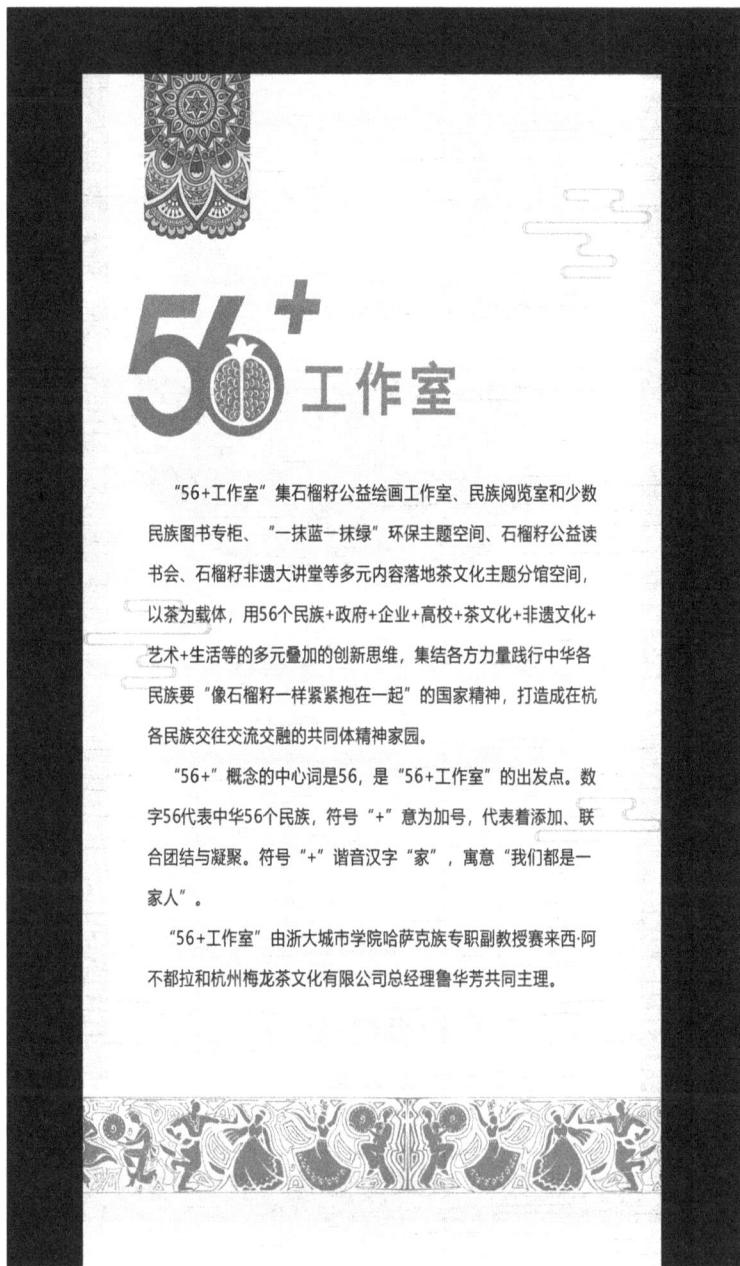

56+工作室

"56+工作室"集石榴籽公益绘画工作室、民族阅览室和少数民族图书专柜、"一抹蓝一抹绿"环保主题空间、石榴籽公益读书会、石榴籽非遗大讲堂等多元内容落地茶文化主题分馆空间，以茶为载体，用56个民族+政府+企业+高校+茶文化+非遗文化+艺术+生活等的多元叠加的创新思维，集结各方力量践行中华各民族要"像石榴籽一样紧紧抱在一起"的国家精神，打造成在杭各民族交往交流交融的共同体精神家园。

"56+"概念的中心词是56，是"56+工作室"的出发点。数字56代表中华56个民族，符号"+"意为加号，代表着添加、联合团结与凝聚。符号"+"谐音汉字"家"，寓意"我们都是一家人"。

"56+工作室"由浙大城市学院哈萨克族专职副教授赛西·阿不都拉和杭州梅龙茶文化有限公司总经理鲁华芳共同主理。

56+ 工作室

"转塘·石榴籽家园"活动合照

媒体报道

"转塘·石榴籽家园"茶文化与产品

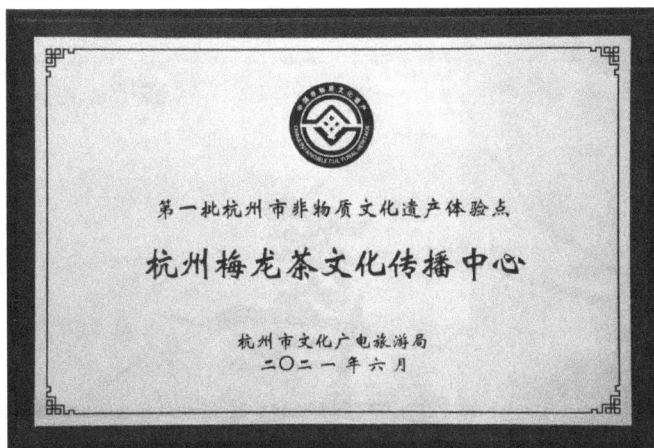

喜报

喜报

全省唯一

"转塘·石榴籽"家园

成为全国民族团结进步创建

重点扶持项目

"转塘·石榴籽家园"部分荣誉

本章思考题

1. 简述现代公共关系产生的社会背景及发展概况。

2. 简述艾维·李和爱德华·伯尼斯的公共关系思想及对公共关系的贡献。

3. 公共关系的概念在世界各国有不同的理解和诠释，对这一现象谈谈你的理解。

4. 国内外关于公共关系的定义有很多种，你比较认同的是哪一种，请说明理由。

5. 简述公共关系的四大功能，并能用具体的案例进行分析。

6. 你是否认同公共关系的六大观念，为什么？

参考文献

格伦·布鲁姆，斯科特·卡特里普等 . 有效的公共关系 [M]. 北京：华夏出版社，2002.

斯科特·卡特里普，阿伦·森特，格伦·布鲁姆 . 公共关系教程 [M].8 版 . 北京：华夏出版社，2001.

弗雷泽·P. 西泰尔 . 公共关系实务 [M].10 版 . 北京：清华大学出版社，2008.

詹姆斯·格鲁尼格 . 卓越公共关系与传播管理 [M]. 北京：北京大学出版社，2008.

陈先红 . 公共关系学 [M].2 版 . 北京：高等教育出版社，2017.

陈先红 . 公共关系生态论 [M]. 武汉：华中科技大学出版社，2006.

熊源伟 . 公共关系学 [M]. 合肥：安徽人民出版社，1990.

张依依 . 公共关系理论的发展与变迁 [M]. 合肥：安徽人民出版社，2007.

许昭晖 . 中国公共关系百科全书 [M]. 北京：文化艺术出版社，1991.

袁世全 . 公共关系辞典 [M]. 上海：格致出版社，2003.

中国社会科学院新闻研究所公共关系课题组.公共关系学概论[M].北京：科学普及出版社，1986.

刘志明."公共关系"再定义[J].新闻与传播研究，2014（16）.

胡百精.中国公共关系30年的理论建设与思想遗产[J].国际新闻界，2014（2）.

陈先红，侯全平.积极公共关系：中国公共关系研究的本土化探索[J].新闻大学，2019（4）.

孟建.走向世界的中国公共关系：对中国公共关系发展问题的若干思考[J].广播电视大学学报（哲学社会科学版），2010（2）

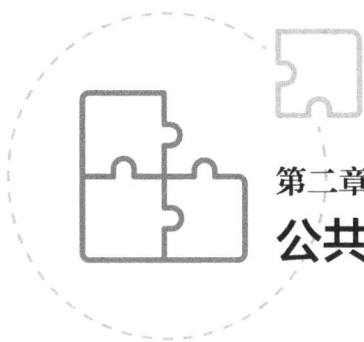

第二章

公共关系与新兴理念

本章概要

公共关系在近百年的发展中，逐渐形成了"管理说""形象说""传播说"等多种理论，"关系研究"作为公共关系研究的逻辑起点，其基础来自各个不同社会主体之间的矛盾发展、变化。从当代社会关系管理角度看，随着社会公众力量的不断崛起和觉醒壮大，组织如何在当下环境更好地处理多元利益关系将是重构现代公共关系的基础、维度和契机。现代公共关系新兴理念的传承与突破，首先来自环境变化对公共关系对话沟通这一本质属性的新的诠释；其次从公共关系生态关系研究角度提出多元利益主体的价值共创这一公关价值观的肯定和发扬；再次在社交媒体传播环境下对公关与广告、营销学科等重新进行审视，确立公关在不同但又相关学科和实务中的战略位置，凸显其对组织的重要战略意义。本章将围绕这些内容，并结合当下公关具体案例进行剖析阐述，当然随着时代变化和科技进步，公关的新兴理念一直处在嬗变之中，本章仅以当下传播情境和媒介时代背景提出在传统公关理念基础之上的新兴理念的延伸与发展。

第一节　理论概述

一、公关新兴理念的兴起

中国网络信息中心（CNNIC）发布的第四十八次《中国互联网络发展状况统计报告》显示：截至 2021 年 6 月，我国网民规模达 10.11 亿人，互联网普及率达 71.6%，手机网民规模达 10.07 亿人，网民使用手机上网的比例达 99.6%；即时通信、搜索引擎、网络购物、网络支付、网络视频、网络直播、在线政务的用户数量在稳步提升。2020 年年初，新冠肺炎疫情暴发，很多人在家隔离，使得网络技术和数字终端除了逐渐实现横向普及外，还实现了信息和数字的场景化运用，并深入受众的各个生活和工作领域。

（一）公关新兴理念出现的背景

1. 公关的国际化走向

中国公关行业经过将 40 多年的兴起与发展，已经具有一定的规模，也出现了一批公共关系理论学者和业界精英。随着国际分工的不断细化、科学技术的迅猛发展和人类社会追求自身利益最大化的脚步加快，"全球化"一词出现在了 20 世纪 80 年代。公共关系的国际化走向是以全球化为基础的，随着信息化、全球化、数字化进程的加剧，一大批外国公关企业涌入中国，本土公关公司随之面临着更多的挑战与发展机遇。许多外国品牌和企业进入中国市场，传统的公关业务模式已不能适应受众要求，与之对应的是对公共关系需求的增加，各种新的公关业务应运而生，从而促进企业自身的运营发展，推动本土公关公司在信息化和数字化维度的创新发展。公关人才、知识、技术等创新资源在全行业进行流动，要实现国际化优良的资源配置，这对公关理念的不断创新提出了更高的要求。

2. 公关的数字化发展

信息化和数字化的发展使数字化思维、数字化认知有据可依，把数字化、一体化、现代化贯穿到人们生活和工作的各个领域。信息数字化迅猛发展，为公共关系行业变革进行了技术赋能，在互联网时代，大数据深刻影响着公关行业的变革，微博、微信、微视频、直播等传播手段以及营销模式层出不穷。在网络信息碎片化和爆炸性时代，精准抓取和满足客户个性化需求获得了一定的发展条件，大数据开发和应用也能够大展拳脚，但这也为公关行业带来了前所未有的挑战。因为公关行业与传播技术和手段联系最为紧密，如何应对、如何转型、如何创新，关系着行业的生存和发展，传播技术的变革给公关带来了机遇和挑战，迫使公关往数字化方向发展。随着新媒体时代的来临，一些从事传统业务的公关公司不断转型，逐步涉足数字化传播及营销等领域。

3. 公关的传播环境变革

信息化带来了数字化媒体兴起，从最早的门户网站、BBS 论坛、垂直类网站，到以微博、微信为代表的社交媒体的兴起，再到如今短视频、直播类平台的走红，数字化媒体平台在当前的时代背景下呈现出瞬息万变的特点。传播环境的变化使公众获取信息的方式更具有主动性，数字化也实现了信息的精准化投放，使公关传播更高效和准确。30 多年来，公关的主要理论之一是詹姆斯·格鲁尼格和托德·亨特（1984）的四种公关模式。这个理论反映并归纳了美国从 19 世纪末 20 世纪初到 20 世纪七八十年代的公关发展方式以及媒体和社会背景下的一些实践。但是它无法合理地预测现代传播技术的发展对当今人们在线传播、共享及分享信息的模式所带来的影响，社交媒体极大地改变了人类社会传播的原有形态。随着越来越了解公关流程，并越来越厌倦传统公关所采用的沟通及叙事方式，受众也开始厌倦甚至抵制他们认为是公关制造的参与和说服方式，这对传统的双向交流与沟通模式提出了新的挑战。

4. 公关与广告、营销的整合不断深入

中国公关业目前正面临来自行业内部、行业之间出现的竞争与挑战，公关人才、大数据挖掘、传播环境等方面发生的变化也制约和影响行业发展。随着传播环境和方式的变革，营销模式和手段已悄然进入公关领域，

数字技术的发展使得社会化媒体成为当下受众最重要的接触媒介，社会化媒体及其各种组合形态为公关营销人员提供了发现消费者并对之进行传播的独特机会。但是与传统传播方式相比，社会化媒体的使用也存在着挑战，现代公关需要与目标受众所运用的不断变动的社会化媒体的速度传播以及社会化媒体使用习惯保持一致，通过恰当的渠道，在恰当的时间和地点，到达恰当的目标受众。这些工作也是广告和营销承担的功能，因此广告和营销在数字化和新媒体时代也更富有创意性地传播和推广产品，不仅能实现商业利润，也可以帮助企业树形象、创品牌。这一变化不但导致企业对公关公司服务质量的要求越来越高，而且使原本就不是很清晰的公关、广告、营销的边界越来越模糊，竞争越来越激烈。公关行业要想保持公关第一、广告第二的优势位置，必须要在创新中求发展。公关如何在广告和营销竞争中以及在组织和企业运营管理中形成战略站位成为所有公关人迫切需要解决的课题之一。

（二）公关新兴理念之浅见

公共关系学科创始人爱德华·伯尼斯将公共关系定义为一项管理功能，认为制定的政策及程序要获得公众的谅解和接纳。虽然公共关系至今已经有近百年的历史，但是公共关系学科的建设远远不能适应时代快速发展和社会巨大变革的需要。

虽然公共关系学术及理论界和公关业界一直在努力寻找其本质，但由于组织和企业公关的文化成分及其运作方式受组织和企业运作环境的内部因素影响，也受到诸多外部因素的干扰，包括区域文化、行业文化、商业文化及消费文化等。与此同时，在公共信息数字领域的影响方面，公关的传播管理也受到包括媒体形态、通信技术等传播领域技术及应用环境的不断侵蚀，与原有的传统公关理论的描述存在诸多差异。本章围绕新形势、新环境下的公关新兴理念展开陈述。所谓公关新兴理念，主要是指在当前新媒体变局之际，区别于传统公关思维，在原有作为传播学和管理学交叉学科的理论基础之上的公关思维的传承、发扬和突破。

1. 数字关系基础上对话公关理论的深入

对话公关理论是 20 世纪 90 年代兴起于西方的重要理论，主张组织和公众之间可以通过对话传播构建良好的关系。研究该理论的两位重要学者迈克尔·肯特和莫林·泰勒认为，对话是"经过协商的思想和意见的交流"。他们认为对话要通过双方的交流，来促进意义和共情的产生，进而构建和维护双方的良好关系。对话公关范式是近年来国际公共关系学界主流研究范式之一，也是社交媒体时代既具高度实用价值、又符合公关伦理道德的理论范式。

最近几十年，随着人们社会生活中数字化程度的不断加深和以在线为基础交流空间的日益广泛及活跃，公众在公共传播空间的行为也变得活跃，人类的传播方式由于技术的突破发生了急剧的改变，网站、论坛、博客、微博、微信、长短视频、直播等吸引了成千上万的受众，而吸引力主要来源于这些新媒体的互动性和交互性。比如，凡是在快手、抖音、Bilibili 等视频网站花费时间去进行互动的人，其人口统计学特征即年龄、性别、籍贯、地理位置、学历、收入等与该视频网站用户定位比较一致，也就是与这一网站参与者的消费行为一致。通过传统媒体是难以成功高效触及目标群体的，但是通过类似社会化媒体则会更有效地抵达目标人群，比如《完美世界》游戏、《王者荣耀》游戏都设有网络社区，能成功通过数字渠道接触到热衷该游戏的人群。以抖音和快手这两大短视频平台为例："记录美好生活"这是抖音的宣传语，从宣传语就可以看出抖音的用户定位，此外大数据显示其用户以一、二线城市的时尚、年轻用户为主，紧跟潮流，走的是以视听觉为触发源的新潮个性化路线；而快手定位则面向下沉市场，主要视频为民间绝活、搞笑段子、乡村逸事等，走的是以猎奇、趣味、搞怪为吸睛点的平民生活化路线，所以用户中城镇青年较多一点。2021 年 6 月 6 日是快手创立 10 周年纪念日，快手当日邀请黄渤担任形象代言人，提出"为更好的生活"宣传口号，呈现出快手用户们笃定、坚持、从未放弃的精神，用实际行动来诠释一切的努力都是为了更好地生活。由此可见，公共关系是关于对话沟通、关系建立、价值共创的学科，从微观人际到中观品牌和企业，再到宏观国家和政府层面，对话沟通都起着至关重要的作用。

通过各种在线平台，人们在微信、微博、视频 App、论坛等社交网络公共空间的活动越来越自发且可持续，其驱动力可以是需要搜索解决问题的方法，也可以是消费者通过社交媒体发布对某些产品或服务的经验。

2. 公关生态系统下的多元关系价值共创

公共关系是一门可能跟人类的起源一样古老的学科和艺术，当人类学会用两条腿行走，开始群居生活时，必须掌握如何说服群体内其他人的技巧，这种说服的力量来源于对集体利益和共同利益的谋取，那些由更具说服力、更能获得群体利益的领导者带领的族群往往能够继续繁衍下去。回溯到 1980 年，美国一群因司机醉驾失去孩子的母亲们组成了"反对酒后驾驶汽车母亲联合会"这一有效的全新的组织，这也说明了公共关系在发挥说服沟通职责的同时，关注到了这一群体的共同利益。在传统公关的范畴里，利益主体更多体现在本人、本组织或本行业，缺少宏观视角下的人类主体利益的平衡和获取。当下公关行业已经形成了一个完整的公共体系，人类和社会不断发展，全球化和国际化已经形成，那么社会必须实现公共利益而非个人利益。这种公共利益除了以可持续的方式创造财富外，更重要的是还能帮助受众、组织、投资者、政府等关系群体和各利益主体，创造、分配经济价值和社会价值。也就是说公共关系从管理视角必须能够指导组织和企业遵循社会道德和人伦良知，谋求社会公众利益，维护组织声誉和形象，实现公关生态系统下的价值共创。

滴滴（中国）科技有限公司（以下简称滴滴）在全世界的活跃用户达到了 4.93 亿人，其中国内活跃用户 3.77 亿人，活跃司机在全世界的数量一共有 1500 万人。2021 年 7 月 1 日，滴滴悄然在美国上市。7 月 9 日，滴滴就遭到了国家网信办、公安部、国家安全部、自然资源部、交通运输部、税务总局以及市场监督管理总局的重大审查，主要原因在于滴滴拥有大量活跃用户，掌握着这些用户的隐私信息，作为一个巨头企业，它理应担负起自己的社会责任，将用户的隐私信息保护好，做到数据信息安全处理，但是滴滴并没有做到这一点。如此庞大规模的数据，一旦落到不法分子手中，后果将不堪设想。网约车的确给生活带来方便，但这也是一把双刃剑，对于国家和个人来说，数据安全都是一个值得重视的问题。这里面所涉及的信息太广，专业人士完全可以通过数据，解析更多有用的信息，从而严重损害国家利益和用户利益。从公关视角而言，滴滴根本没有树立生态系统下的价值共创理念，它只顾企业和股东利益，忽视了用户和国家等利益主体，最终影响到自身组织的成长和共同价值创造。

3. 公关广告营销等实务中公关战略地位的凸显

2021年8月，某几位明星由于个人道德失范或行为触犯法律等问题"退圈"，某互联网大厂遭遇全网舆论危机，某国产运动品牌由于公益捐赠成为公众热捧的对象，这些舆情热点背后的公关活动吸引了诸多网民的关注，公关本身也被推上了热搜。每个人都可以通过社交媒体平台、短视频网站等纷繁复杂的渠道，以变化多样的形式，分享千奇百怪的原创内容，观点的自由市场得以充分体现。国家社会重大事件、城市热点、知名品牌、企业家及明星艺人的评价说辞，除了来自专业媒体，还大量来自意见领袖（KOL）、关键消费者（KOC）、企业内部员工、你身边的朋友乃至更多的普通人。在这样一个时代，公关工作的难度在呈几何级数增长。从最基本的价值观判断、公关策略制定，到有效凸显组织企业的核心诉求，突发事件的沟通管理乃至危机之后的企业品牌修复，都比以往任何时候变得更为复杂。由此，在原有的简单的传播信息、协调关系等基本职能之上，公关的战略地位更加凸显，在组织和企业的运营管理中公关始终站在最前面，引领着管理工作的开展，公关工作具体包括生态关系网络处理、趋势监测扫描、战略洞察等。

以小米为例，在令人热血沸腾的东京奥运会举办之际，小米官宣了新的品牌代言人，就是那个以9秒83的成绩刷新男子百米亚洲纪录的男人，那个跑得最快的亚洲人，那个让全世界"虎躯一震"的中国飞人——苏炳添。该事件登上了微博热搜，让小米企业和品牌形象赢得了一波好评，网友大赞这是"小米速度""中国速度"。苏炳添也在其个人微博中与小米进行了互动，为小米创造了很多正面热点话题，改变了很长一段时间里小米深陷的"代言人魔咒"——此前，小米请来提升品牌影响力的代言人总是以"翻车"收场，比如 2016 年红米系列手机启用的品牌代言人吴秀波、陈羽凡均身陷舆论危机。而这一次的代言正中网民心意，满足了全国人民对于通过自己努力获取傲人成绩的"苏神"的仰视和赞叹。不得不说，这一代言人活动在公关创意、传播策略、满足受众需求等方面都凸显了公关管理的战略意义。

二、公关新兴理念之对话沟通

采用新的数字化媒体并不仅仅是为了取代旧媒体，新的媒体还改变了大众对话沟通的方式，涵盖了企业和社会组织的价值观、企业文化、产品、品牌、服务、目标等所有空间。对话需要一定的语境，马克·扎克伯格曾说："仅仅将你的信息传送给人们，无论如何都不足够。你必须参与到与关联者的交流之中。"通过微博、微信等可以分享、聆听、回应、培育，这种对话是真诚和直接的，由此可见通过借助社交媒体让受众参与在线交流、对话沟通的重要性。

（一）对话沟通理论的深入发展得益于新媒体

随着科技的发展、网络的普及，新媒体时代应运而生。新媒体是指利用数字技术，通过计算机网络、无线通信网等渠道，以及电脑、手机、数字电视机等终端设备，向用户提供信息和服务的一种传播形态。同传统媒体相比，新媒体具备较强的优势。首先，新媒体具备较强的消解能力，能够对各种媒体之间的边界实现有效地解除，同时还可以对媒体和其受众之间的边界实现有效消除。这样不仅可以大幅度地强化受众对信息的兴趣，而且还可以提升目标受众的参与性和互动性。因此，公关管理应当抓住新媒体快速发展的态势，将新媒体应用到各个宣传领域、公关等各项传播工作中来，提高组织的对外传播能力和影响力，为企业的长远发展营造良好的传播环境，并帮助其树立良好的形象。

（二）实现高质量对话沟通的实务操作

公关高质量对话沟通实现的前提，是深入洞察市场宏观环境、行业走向、不同层次目标受众特征、潜在和现实的竞争对手等。我们需要透过表象看清事物本质，高质量对话沟通的核心驱动力在于对话内容。在数字时代，人人是媒体，公关主体如何抓住受众的核心注意力，吸引眼球，与目标受众产生共鸣，关键点在于对话沟通的内容，要通过内容以情感人、以情动人。充满信息内容的短视频、直播与播客是非常有意义的媒介，视频与播客需要有乐趣，要有充分的刺激性，以便促使其能够在消费者之间流传，形成病毒式传播。

全球首席传播官会员组织 Page Society 的一份报告指出：在其所调研的全球范围内大型企业公共关系负责人群体中，越来越多的美国大型企业将公共关系职能的总负责人称为 CCO（Chief Communications Officer，即"首席传播官"，将其直译为"首席沟通官"也许能更准确地阐述其职责）。过往被采用了许多年的 PR（public relations）职能被包含在 CCO 的职责范围内，PR 负责人更多地聚焦于与媒体沟通的专业性工作，而 CCO 则必须关注与广泛的利益相关方包括意见领袖、顾客引领者、专家、NGO、合作伙伴、员工乃至更广泛的相关社会公众做好沟通。

当然对话沟通的前提是找准目标受众群体，毫无疑问对商业组织而言最主要的目标受众群体仍然是当下的年轻受众——以"Z 世代"（Generation-Z）的年轻人为典型代表群体。"Z 世代"一词最早出现于欧美地区，泛指出生于 1995—2009 年的一代。这一代也被称为"互联网世代"，即受到互联网、移动通信等科技产物影响很深的一代。从美国的发展历程看，其战后经历了明显的经济周期变化，经济由高速增长转变为平稳增长。在"婴儿潮"一代后，学者们以 15 年为界限，划分出 X、Y、Z 三个不同的世代，这些世代的人也展现出明显的差异。1995—2009 年出生的 Z 世代，受益于经济状况的稳定与富足，在消费观念上更加追求精神满足。同时由于互联网带来爆炸式的信息增长，Z 世代开阔了眼界，更具包容性和接纳性，文化发展方向是多元式。因此 Z 世代身上存在大量的标签，其中包括人口巨大、消费力强、有个性、爱分享、文化包容度高、渴望被认同等。这些标签一同构筑出了一个鲜明的 Z 世代典型用户画像：有一定的经济能力、兴趣爱好广泛独特、热爱分享、渴望交流。从消费及 App 使用习惯看，内容类社交媒体如微博、抖音、Bilibili 等受到 Z 世代喜爱，他们可以自由平等地表达观点，输出具有个人风格的作品。从消费观念看，他们为精神需求付费，更多的是为兴趣和悦己消费。Z 世代系目前整个消费人群中成长最迅速的群体，据统计，截至 2020 年 11 月，中国的 Z 世代互联网活跃用户规模达 3.25 亿人，占全体移动网民的 28.1%，他们上网行为相对重度，月均使用时长为 174.9 小时，高于全网用户的 34.8 小时。此外，Z 世代追求满足与兴趣相关的消费需求，电竞、潮玩、二次元等品类消费高速增长。短视频是 Z 世代最热爱的娱乐活动之一，头部格局初成。经历 2016—2020 年的高速发展，短视频行业已经进入沉淀期，以抖音、快手为代表的短视频平台规模优势凸显，Z 世代短视频平均月使用时长高达 35.1 小时，占上网总时长比例超 20%。因此，移动通信时代下的短视频、直播等形式的社交媒体是人类高质量的对话沟通的重要渠道和平台。品牌和企业要想得到年轻人认可，要实现品牌传播的年轻化，必然要进行社会化公关营销合作。

要实现真正意义上的对话沟通，在话术使用上组织应当采用对话方式，使用简单的观念和语言与受众进行交流，促进受众与组织之间的参与和互动。在传统对话范式中，如果企业或者组织机构用"我们"来称呼自己，那么受众必须被称作"您"。但事实上"我们"和"您"不是优先选择的方式，我们应该让受众感觉到组织提供的服务是个性化的。内容也应该对受众具备诱惑力，而不是说教和枯燥的专业知识，这样的内容会给消费者带来一种自上而下或者绝对权威的压迫感。我们需要通过对话让消费者感觉舒适自在，引起共鸣，与其形成合作伙伴的关系。社交网络基于互联网的社区，以促进其使用者之间的互动、讨论、内容分享而存在。5G 时代已经来临，市场对内容的质量和速度的要求也会越来越高。如何创造优质的内容，并快速精准地触达消费者并得到相应传播效果，已成为企业重要的传播课题。企业对创造和传播优质内容的需求在不断增加，为公共关系行业的发展提供了新的契机。以视频内容为例，如今视频受到了越来越多人的关注、重视和喜爱，市场上的视频越来越多，内容也越来越丰富，甚至可以说，未来可能就是视频内容的时代。但我们也发现，视频优质内容有待于深入、细致、专业的开发，还有较大的提升空间。公关如何利用自身的优势，通过更加科学的技术方法，创造出更多优质的内容，并在已有的公共关系传播策略和方法的基础上进行内容表现形式上的创新？比如，通过短视频、图片等结合的形式，最终实现有效的对话沟通模式，已经成为公共关系行业需要共同探讨和实践的话题。创造并传播优质内容，不仅可以在短时间内引起消费者的关注和互动，而且可以不断扩大传播的广度和深度，从而进一步提高产品的销量，塑造出良好的品牌形象。

三、公关新兴理念之价值共创

（一）价值共创的相关理念阐述

杨学成和陶晓波（2015）认为，价值共创的概念最早可追溯到 19 世纪，指的是消费者与生产者共同创造价值的活动。而随着传播环境的演化，新媒体为个体和组织赋予了前所未有的机会，社会化进程不断深入开启了社会化价值实现由价值链、价值矩阵向价值网转变的趋势。在共同的社会网络中，客户、消费者、公众等利益相关者化身为网络中的节点，公关公司通过与这些利益相关者展开人际互动，形成稳定连接，从而实现价值共创。

（二）价值共创的重要意义

陈先红（2009）曾提出，根据公共关系生态学的研究范式，公共关系的理论研究和公关组织的实践模型应当建立在"组织—公众—环境关系"的动态体系和角色基础上。公关强调组织与多层次社会公众群体打造维持双向性、协调性、互利性的良好关系，通过这种关系的打造和维护，形成利益共同体。宏观生态学公共关系的视角强调组织与公众和环境之间的对称性及多赢性，优化公关活动，倡导组织社会责任，从而提升组织形象和声誉，促进社会发展，最终实现价值共创。价值共创的概念在于多元关系主体通过一系列公关传播管理活动共同创造价值，这一模式挑战了传统的价值仅由生产者创造的观念，提出了公关在发挥其职能作用中所创造的多方的共赢和利益的实现，看到公关营销商业的要义是通过为利益相关者、公众乃至社会创造价值和福祉，实现自身发展。这个模式改变了传统的过于注重企业自身效益，单方利益主体的获利，没有充分关注到利益相关者的价值诉求的一面。

成立于 1996 年的北京蓝色光标公关顾问有限公司在中国经济转型的大环境下将组织、社会与行政体制进行关联，同时对同行竞争者及上下游等利益相关者关系重新梳理，强调利益共同体，凸显企业社会责任，将多方共赢、价值共创的思想提高到企业战略层面。

比如，一家美国素食快餐店希望能加大销量，他们找到消费者做调查，问消费者是不是想要再便宜点、再多点巧克力味、再大块点，消费者当然说是。但即便这家店的奶昔品质越来越好，销量仍不见增加。后来他们观察发现：早晨，奶昔被上班族买来解决饱腹感，越稠越好，而且用吸管食用方便开车；下午，奶昔被奶爸买来哄孩子，杯子小一些更好卖。我们只要清楚对方的需要并满足真正的需求，对于利益主体各方而言就是一种价值共创的实现。

四、公关新兴理念之公关管理的战略地位

（一）战略的概念释义

战略首先是要有目标，其次是考虑实现目标的方式手段。因此，战略层面的规划是重要的，但实现规划需要执行力，在执行中的资源配置至关重要。对于个人而言，我们的资源，包括时间、精力、才干、财富都有限，可能会无意中把资源放在那些能取得立竿见影效果的短期活动上，而不是你的长期战略上，如果你投入的资源和你的战略方向不一致，那么你需要反思自己的资源到底流向何处了。

战略管理学者哥印拜陀·普拉哈拉德和迈克尔·哈默认为：组织的核心竞争力是指组织中的积累性学识，特别是关于如何协调不同的生产技能和有机结合多种技术流的学识。企业核心竞争力指标包括：资源，技术能力，特点，价值性，不可替代性——即难以被竞争对手复制和模仿的能力。公关战略则是指组织围绕着公关这一核心、以未来为导向、为实现组织公共关系总体目标的长期性和整体性的谋划与对策，需要整合组织和企业的各种人力、资金等资源，发挥其技术能力，使其拥有独一无二的不可模仿的核心竞争力，公关将为组织赢得持续竞争力，使组织立于不败之地。

（二）公关在广告营销等运营传播中的战略地位确立

公关的战略地位体现在两方面。一方面是组织企业在正面的运营传播中，监测舆论环境，收集信息，分析各种信息，为企业发展战略和相关工作计划的制订提供依据；对企业形象的定位、设计等事关企业形象整体建设方面的问题进行统筹考虑，并向决策层提出切实可行的建议方案；作为企业的新闻发言人，或是新闻发言人的支持部门，深入把握企业情况，及时向社会公众提供企业的各种信息；制订整体传播计划，通过策划和实施各种新闻发布活动或公共关系专题活动，有效地传播企业或品牌的良好形象；积极、主动地与企业运营有关的社会公众进行沟通，并协调和拓展这些关系，为企业发展营造一个良好环境。

另一方面是每个组织企业都应该有危机防范意识，公关应该协助企业决策层建立科学、务实的危机管理机制，并负责日常危机信息的搜集以及危机预警（防范）方面的工作；具体应对并妥善处理企业随时有可能面临的各种突发性的危机事件，切实维护企业或品牌的社会声誉和良好形象。

学者居延安认为所谓的组织危机常常是突发的、有着明显紧迫性和严重性的危机，而在公共关系的意义上，危机常常带有"事件"的印记。当然危机含有"危"和"机"，即危险和机遇并存，危机处理得不完善组织就有功亏一篑的危险，但若能在短时间内将危机完美处理则给企业带来了再次出名的机会。危机对组织形象的破坏和改造能力也在一时之间达到顶峰，而对危机的应对和处理也对接下来的组织形象建构有着即刻而深远的影响。与以往相比，移动互联网时代导致的社会风险破坏性更严重，出现频率更高，并且是突发的、随机的。因为社交媒体导致的信息爆炸使危机即刻处于人尽皆知的状态，如果危机事件不能及时解决，短期内形成的谣言和负面舆论会不断侵害组织形象，特别是网络世界的网民很容易被激发点燃负面情绪，失去理性思考，易引发负面情绪的群体感染，更会出现"翻旧账"的现象，即有部分危机事件的转发者或评论者会利用该组织之前发生过的危机事件做例证，对组织形象进行二次破坏。伴随着群体极化，危机事件的双重属性也趋向极端化。因此，风险意识对于组织和企业的经营管理来说尤为重要，应该把危机管理当作企业战略的常态化工作，将社会风险降到最低。这也是公关重要战略地位的主旨所在。

第二节　案例分析

一、张家界温暖的疫情防控沟通海报

（一）案例回顾

2021 年 7 月 30 日下午，张家界市政府发布通知，要求该市所有居民非必要不外出，所有居民小区实施封闭管理。当晚，微信公众号"掌上张家界"发布《致居留在张家界游客朋友的一封信》。"亲爱的游客朋友：非常感谢您选择来张家界旅游。因我市出现确诊病例，根据联防联控机制相关要求，我市两个区 11 个街道被调整为中风险地区。全市所有景区景点于今天全部关闭。我们非常抱歉给您带来了诸多不便，也希望在这个特别的时段，能以我们周到的服务，让您感受到张家界的另一种美。为了您的身体健康和新冠肺炎疫情防控工作需要，特别向您做如下提示……"这份政府通报温情又理性，网友称赞"这才是公文的正确打开方式啊"，是一篇精彩的公关文书。当天，张家界国家森林公园的一组闭园海报刷爆朋友圈，海报文案句句见真情，图片张张有美景——"其实想说'你莫走'，只能暂话'你别来'""云开'疫'散，重逢有时""携手战'疫'，见图如面""嗨，离开时，把张家界装进你心里带走"……

（二）案例点评

击中游客内心的已不是"三千奇峰、八百秀水"的美景，而是字里行间彰显的人文关怀，所以网友发出了"我欠张家界一趟旅游"的呼声。可见在公关传播中，我们的对话沟通不但要目标明确，并且针对目标受众群体，要以他们喜欢的语言方式进行表达、传播优质的沟通内容，只有这样才能起到事半功倍的沟通效果。

二、鸿星尔克捐赠河南灾区 5000 万元上热搜引发全网关注

（一）案例回顾

2021 年 7 月 21 日 17 时 45 分，鸿星尔克（厦门）实业有限公司（以下简称鸿星尔克）官方微博发布了向河南灾区捐赠 5000 万元物资的消息；18 时 53 分，鸿星尔克总裁吴荣照的个人微博进行了转发；23 时，黄 V 认证用户"吃瓜族长"转发微博并建立话题 #鸿星尔克的微博评论好心酸#。7 月 22 日晚，#鸿星尔克的微博评论好心酸# 登上微博热搜首位；1 小时后，"鸿星尔克捐 5000 万元驰援河南"登上抖音热榜第二位。

48 小时之内，鸿星尔克登上了微博、抖音、今日头条、知乎、百度、Bilibili 等各个平台的热搜，直播间涌进大量网友，数百万人"野性消费"参与扫货。即便亏了 2 亿元，也要捐 5000 万元的老牌国货、民族企业的形象一下子就立起来了。

（二）案例点评

当下正处于数字化和新媒体时代，信息爆炸速度极快，网民情绪只要有一个燃点就能被点燃。鸿星尔克的捐款事件与其平时运营情况反差极大，在受众对民族企业的广泛认可、鸿星尔克积累多年的平价优质的口碑势能

以及良好直播平台加持下，众多网友对其产生了极大的喜爱和同情，迅速涌入其品牌直播间，最终使日常只有几十人观看的直播间扩大到千万级的流量。这是一个典型的公关利益主体价值共创的案例，激发并见证了企业、员工、消费者甚至是媒体之间的善心传递，体现了具有中国特色的企业责任与大义担当、凝聚一心和团结精神。由于社会化媒体的蓬勃发展，公益捐款事件在网上持续发酵，不断引发话题，所以也可以说是新媒体时代的普通网民成就了作为中国老字号品牌的鸿星尔克的价值实现。

野性消费

野性消费，网络流行语，出自鸿星尔克直播间。为了支持默默捐了5000万元的国牌，大家疯狂购买，完全不听主播理性消费的呼吁，只想买最贵的，还不想领券。

鸿星尔克"野性消费"

三、椰树集团低俗招聘公关广告

（一）案例回顾

2021年3月25日，海南椰树集团官方微博发布一则培养正、副总经理的招聘信息，内容包括："毕业后包工作，升任集团副总后年薪108万元，有贡献就奖励600万元海景房，甚至1000万元的别墅，奖励分红股权。"此外还有"有车、有房、有高薪、肯定有美女帅哥追"等表述。

该招聘信息发布后，立刻引发网络热议。此前，椰树集团曾发布过"承诺以房产做抵押，离开以房产偿还""终身服务"等引发争议的招聘广告。有的网友认为，这次的招聘信息延续椰树集团广告风格，一看就是真的；也有网友批评其故意吸人眼球，低俗炒作，甚至有可能是虚假宣传。3月31

日，陆续有官方媒体对椰树集团的广告提出批评。中央电视台财经频道以《低俗广告为何屡禁不止？》为题进行了报道，中央政法委公众号"长安剑"发表了题为《"椰树风"再惹争议：从小到大，中国企业应有自信！》的文章，并给出"哗众取宠能带来热度，但绝迎不来美誉度"的评价。《人民日报》"人民锐见"栏目刊文《"椰树风"？低俗绝不是一种"风格"》，文章指出"遍览任何地方的商业史，没有一个企业靠博出位、博眼球而基业长青。没有扎扎实实的产品和服务，不可能实现良性发展"。

（二）案例点评

招聘广告是公关广告的一种形式，它并不以推销产品为主要目的，而是以传播企业文化和形象为目的，为企业创造价值的一种专题公关形式。椰树集团的这则招聘广告涉及的公众主体是多方面的，包括消费者、潜在员工、媒体等，主流媒体进行了批判，普通公众对这一招聘广告则持宽容态度。依据主流价值观来进行判断，这则广告确实违背了社会所认可的价值。椰树集团将俗文化当成自己的价值观来进行公关传播，从长远和持续发展的角度看根本无法实现公关多元主体的共同价值，既不利于企业自身的发展，又破坏了企业公关生态系统的平衡，对其他相关利益主体毫无价值，长此下去只能被市场和社会抛弃。

四、华为携手中国文物保护基金共同发起长城保护公益活动

（一）案例回顾

华为技术有限公司（以下简称华为）给公众印象最深刻的就是一直在用极致科技做真正有文化意义和社会价值的事。2020年8月，华为发起了保护长城的公关战略活动。一方面，华为可以凭借长城这个深入人心的文化符号，去诠释抽象的品牌信息。比如：历时10年打造的鸿蒙操作系统，其背后自强不息的精神与顽强奋斗、创新进取的长城精神完美契合；而鸿蒙操作系统链接万物、互联互通的特性，也与万里长城连接历史和地理、时间

和空间的定位不谋而合。另一方面，大家都知道万里长城，却鲜有人知道长城保护的现状，以及一线长城保护员、长城研究者、公益组织和志愿者等"长城守护人"的工作和意义。华为关注到了这个被公众忽视的领域，选择了一线长城保护员、长城文保专家、文创工作者这三个长城守护人典型群体，真实记录和展示了他们通过各自形式保护长城的日常实际工作。华为借着这三个长城守护人的真实经历，更加准确而生动地向公众呈现了华为产品和功能的应用场景。同时，华为还开辟了"万里坚守，万物互联"主题直播间，主播不但分享长城的历史、与长城有关的经典诗词和历史故事，也结合"长城走势""烽火台与敌楼"等问题进行大众科普，讲述了长城保护和长城守护人现状。

长城保护公益活动

（二）案例点评

华为通过自己的方式让长城文化重新走进大众视野，用原色影像技术还原长城自然风貌，记录长城守护人的真实日常，进行长城实景的科普直播，在无数人心中种下一粒关于"保护长城"的种子。华为从企业和品牌长期形象维护角度来进行文化传播和技术传播，给公关战略地位的体现提供了丰富的案例和成功的操作实务经验。华为一直在用技术的力量去助力文化的传承，不但发挥了科技正向的价值和匠人精神，这体现了华为品牌的社会责任意识，更在实践中证明了公关在企业运营管理中的战略地位的重要性，公关只有在目标和正确的价值观指导下执行，才能合情合理地运用资源、人才，将公关战略意义发挥到极致。

五、爱奇艺蒙牛"倒牛奶"事件

（一）案例回顾

《青春有你3》选秀节目策划了一个为偶像助力的投票活动，粉丝需要购买赞助商蒙牛乳业（集团）股份有限公司（以下简称蒙牛）的牛奶，扫瓶盖内二维码为"爱豆"助力，购买得越多，可以投的票也越多。由于只需要扫瓶盖上的二维码，不少粉丝买了牛奶后喝不完便雇人倒进下水道。2021年5月5日晚，针对引发社会关注的粉丝为给偶像刷票"只要瓶盖不要奶""成箱成箱地倒奶"现象，央视新闻官方微博发文评论称："这种荒诞的追星方式，背后是商家和平台的诱导，商家和平台在倒奶事件中难辞其咎。粉丝买奶不是为了喝，进而产生了包括大量倒奶、撕超市包装、开封后不买、奶票黄牛等一系列乱象。"5月6日深夜，爱奇艺发布声明，就"倒奶事件"致歉，并表示从即刻起关闭《青春有你3》所有助力通道。5月7日，蒙牛真果粒通过微博发出致歉声明："作为《青春有你3》的赞助商，我们高度重视并主动与节目组多次协商。我们完全支持并积极配合爱奇艺及节目组的整改措施，确保妥善处理。对于浪费牛奶饮品的行为，我们无比痛心并坚决反对一切形式的食品浪费。对于由此产生的不良社会影响，我们深表歉意，并将深刻反思，积极整改，切实履行社会责任，避免此类事件再次发生。"

爱奇艺青春有你 V
5月5日 01:39 来自 vivo S9 极夜柔光自拍　　　　　　　　＋关注

日前，北京市广播电视局责令爱奇艺暂停《青春有你》第三季节目录制，对此我们诚恳接受，坚决服从。

我们将严格落实广电行政部门有关管理规定，从即日起暂停该节目录制，切实履行平台主体责任，积极承担媒体社会责任，进一步完善节目管理制度，认真核查并整改存在的问题，力求更加严格细致地把握节目制作的每个环节，积极营造清朗健康的网络环境，感谢各界对节目的关心和监督，对其中出现的问题我们深表歉意。

《青春有你3》节目组
2021年5月5日

爱奇艺青春有你微博致歉

（二）案例点评

倒牛奶事件反映了《青春有你3》、爱奇艺和蒙牛分别作为节目组、相关平台和企业没有肩负起自身的社会责任，没有风险防控意识，没有危机管理预警机制，不但损害了企业和品牌形象，而且为青少年群体塑造了不良的价值观，有关部门表示坚决处置，从重从严处罚。从某个角度说，"饭圈"对于平台和节目是把双刃剑，平台做节目的时候，需要更加重视相关内容的政策风险，拥有正确的节目导向和健康的社会正能量。企业需要树立正确的价值观，塑造和维护良好的企业形象，肩负起企业的社会责任，这些也都是公关战略工作所具备的内容。

第三节　本章小结

在如今传播环境变革，公关发展愈发注重国际化、数字化，与广告、营销整合深入的市场背景下，公关新兴理念由此出现。新时代下的公共关系，不只是在新媒体环境下组织与公众所进行的对话沟通，更是能够统合组织与公众的力量，追求社会公共利益，实现彼此间的价值共创。通过与目标受众有效的对话沟通，公关管理可对受众的需求进行整合分析，对于市场环境的洞察也更加清晰，以优质内容为媒，不断吸引受众的注意力，也不断传递品牌的情感价值。

新媒体改变了人们以往的旧媒体习性，消解了媒体边界，改变了大众对话沟通的方式和语境。公关管理借助新媒体，可对外进行更加高效的传播和辐射，为组织树立与维持良好形象。新媒体的出现同时也带动着个体和组织间社会化价值网的转变。在共同的社会网络中，客户、消费者、公众等利益相关者化身为网络中的节点，公关公司通过与这些利益相关者展开人际互动，形成稳定链接，以共同多赢为目标，为利益相关者、公众乃至社会创造价值和福祉，从而实现自身发展。在行为引起争议、争议带动舆论的当下，公关工作愈发困难，也愈发不容小觑。如何与公众有效沟通，如何抢占先机引导舆情，又如何维护好组织与公众之间的关系等问题变得严肃而重要，公关战略地位也随之提升。而在公关的战略地位方面：首先，公关通过对舆论信息的收集分析、积极响应，塑造组织的良好形象，为组织发展营造良好环境；其次，在面对舆论危机时，通过对危机信息的搜集与预防，能切实维护组织的社会声誉与良好形象。

本章案例主要从政府与企业两方面选取了几个案例进行梳理和分析点评。其中有优秀的公关营销管理，如张家界温暖的疫情防控沟通海报、华为长城保护公益活动，通过线上海报、视频等新媒体方式，与公众友好沟通，在传播正能量的同时也在提升自己的品牌影响力；也有在公关管理上有失偏颇的企业，如椰树集团低俗招聘广告等，对于公众的需求、消费者心理与网民情绪并没有做好估量，对话沟通也相对失败。由此可见，无论是政府、企业抑或是个人，在新时代的公关管理方面，仍有许多有待反思与大显其才的地方。

本章思考题

1. 公关新兴理念产生的背景是什么？

2. 新兴理念之对话沟通的关键点是什么？

3. 公关生态系统下如何实现各利益主体间的价值共创？

4. 你如何理解公关的战略地位的体现？

5. 你能举出不同的案例来论证公关的几个新兴理念吗？

参考文献

卡特利普·森特 . 公共关系教程 [M]. 北京：华夏出版社 ,2001.

阿伦·杜卡 . 顾客满意度手册 [M]. 香港：宇航出版社 ,1998.

阿德里安·佩恩，等 . 关系营销 [M]. 北京：中信出版社 ,2002.

肯特·沃泰姆 . 形象经济 [M]. 北京：中国纺织出版社 ,2004.

阿尔·里斯，劳拉·里斯 . 公关第一广告第二 [M]. 上海：上海人民出版社 ,2004.

马蒂·布郎斯坦 . 有效沟通 [M]. 北京：机械工业出版社 ,2004.

迈克尔·里杰斯特 . 危机公关 [M]. 上海：复旦大学出版社 ,1995.

陈先红 . 关系范式下的公关研究 [M]. 武汉：华中科技大学出版社，2010.

张雷 . 公关理论精要 [M]. 北京：高等教育出版社，2004.

胡百精.公共关系学 [M].北京:中国人民大学出版社,2012.

杨学成,陶晓波.从实体价值链、价值矩阵到柔性价值网:以小米公司的社会化价值共创为例 [J].管理评论,2015,27(7):232-240.

陈先红.以生态学范式建构公共关系学理论 [J].新闻大学,2009(4):116-125.

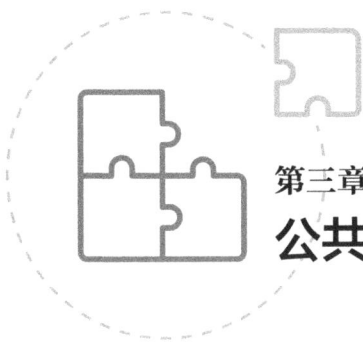

第三章

公共关系与新兴技术

本章概要

距离阿尔法狗击败李世石才刚过去五年，我们身边越来越多的领域已经开始被看不见的机器人替代。从无人驾驶到智能家居，甚至在金融行业，机器人工作已经变成了主流，其效果又快又好。传统生活方式无一例外地受到了科技的冲击，品牌公关行业自然也不例外。近年来，一些传统的广告公司、公关公司开始先知先觉地打造自己的科技团队，以智能投放平台和品牌声誉管理为主。这样直接出现了两个趋势。首先，低附加值的品牌传播重复劳动，逐渐将会由程序和算法代替，这是毋庸置疑的；其次，高附加值的品牌管理、调研等，受到的影响则相对较小。和金融服务一样，广告公关是非常难被科技所驱动的一个行业，因为其中嫁接着大量的"沟通"元素。那么，在这个沟通成本很高的行业当中，新兴技术带来的变革是如何产生的，在个人、组织、国家等不同层面的公关传播中，新兴技术又是如何发挥影响的呢？

第一节　理论概述

一、新媒体技术与公共关系

（一）新媒体技术的概念

新媒体是数字技术支持下对传统媒体的延伸和补充，其拥有的新技术和其创造出的新的传播沟通环境、方式、交互以及对现有信息的整合，向受众提供了大量的信息，并创造了新的信息。

新媒体是在新技术，即数字化技术支持之下进行有效传播的手段，表现出极强的互动性特征，特别重视受众的选择与控制。传播工具的多样化程度的提升，工具的力量的壮大，推动了公共关系的变化。

当前，以数字化为中心的技术时代，新媒体应运而生。新媒体相对于传统媒体最显著的特点在于互动性，它将大众由单一的信息接收者转变成为信息传播的直接参与者。同时，在新媒体的推动下，公关理论和实践进入了新的时代。

（二）新媒体技术的特征

1. 交互性强。新媒体拉近了受众与媒介间，特别是与信息发布者间的距离，更促进了受众之间的交流。新媒体提升了受众的地位，受众在选择信息上变得更积极主动，在获得信息的渠道的选择上更自由。

2. 信息量大。巨大的信息量是新媒体区别于传统媒体的重要特征，这对公共关系产生了重大的影响。

3. 媒介多元化。在当今这个信息大爆炸的时代，各种新媒体不断兴起，科技推动各种新媒体、新媒体手段不断涌现。媒介的多元化弥补了传统媒体在传播方面的不足，进而优化了信息传播渠道。

（三）新媒体技术对公共关系的影响

第一，新媒体技术可以拓展公共关系的影响范围，无论是营销还是危机公关。比如，在传统社会，由于受到交通不便等各种因素影响，信息的传播极其缓慢。信息的第一传播范围也仅限于那些有识字能力且有看报纸习惯的人，传播效果有限。但是如今，随着互联网的发展，信息传播增添了许多可用的渠道。在微博、今日头条迅速发展的同时，偏私人的社交软件，比如微信、QQ，也几乎人手必备。这些渠道都可以达到一传十、十传百的效果，大大地拓展了公共关系的影响范围。

第二，新媒体技术也会影响公共关系的具体手段。比如对于企业的营销来说，相对于传统的、较为单一的广告营销，现如今的企业更加重视隐形公关对于企业形象的正面作用。而他们是如何开展隐形公关以塑造企业形象，从而达到营销的目的的呢？比如通过微博、知乎、小红书、Bilibili等各大平台上的名人来宣传，就是一个常见的方式。因为这些平台巨大的用户群体以及名人的粉丝群体都是他们的潜在客户。再比如，如今的许多媒体采用 H5 的技术，增加用户参与度，增强新闻的可读性。这种新技术的应用也是公共关系进步的表现。

第三，新媒休技术下，公关与目标受众群体之间的关系变得不同。现在，以博客、微博、微信等为代表的各种新兴媒体在全球范围的快速崛起和普及，使受众不再被动地接受信息，公关主体一方不再处于主导地位了，普通受众也能借助新媒体和自媒体掌握话语权，从被动转为主动。接下来，话语权也不再完全被掌握在特定的人的手里，普通的受众就能借助新媒体技术发出自己的声音。

第四，新媒体数字化以及多媒体化的优势能够优化公共关系传播运作效果。新媒体的数字化能够促进信息的有效传送与转化，极大程度地增加信息承载量。新媒体的多媒体化可以给信息传播提供多样化的表现形式，促进文字、声音、图片、视频等的综合展示，得到更加立体的信息传播效果。新媒体对信息的承载量和表现力都达到了一个更高水平，能够让公共关系传播在数量与形式上拥有极大的突破，最终推动公共关系运作水准的综合提升。

第五，新媒体受众的细化能够促使公共关系传播更加人性化。以往的公共关系传播所面向的人群庞大，具备模糊性特征，不能够保证公关传播的准确性。新媒体则因为可以提供点对点信息传播服务，促使公关受众从群体化走向个体化，提升公共关系传播的针对性和精准性，满足公众的个性化服务要求，同时也推动公共关系传播走人性化发展道路。

但新媒体是一把双刃剑，既为公共关系带来了机遇，同时也不可避免地带来一些问题。

新媒体使得人们可以集中到一起交流并分享信息，相对于传统媒体，它更注重速度。以互联网为例，哪个网站先发布了关于某个话题的消息就可能获得更高的点击率，受众也要求信息不断更新，在这种情况下，信息的发布者没有足够的时间来考虑信息的有效性和平衡性，这些信息可能会误导部分受众。大量冗余的信息同样带来一定的问题，人们可以通过搜索引擎快速地查找相关信息，但很多过期的或本身存在疑问的信息同样存在误导受众的问题。信息的发布者可以是任何一个网民，信息的可信性便受到了质疑。这在危机公关中对企业的危害更大，因为负面消息会在短时间内人尽皆知，使竞争对手渔翁得利。

另外新媒体中"守门人"的缺失也使得错误的、负面的消息得以传播。从现代社会心理学家库尔特·卢因（Kurt Lewin）的"守门人"理论中我们可以知道，大量存在的信息按照一定的标准被选择和编辑过后才能确保其有效性和平衡性。然而，互联网等新媒体上的信息大多是没有"守门人"的。通过手机短信和网上邮件传播信息是一种个人行为，没有一定标准。虽然互联网上有版主等可以进行信息的删减修改，但面对大量的信息，很难进行一一检查。

通过新媒体，人们可以快速、经济而简单地达到传播信息的目的，但风险也随之而来，很多重要信息很可能被泄露，这不仅侵犯了受众的隐私权，也损害了其他公关机构的利益。虽然相关的政策法规已经在相关领域实施，但互联网信息安全仍存在严重问题。

二、区块链技术与公共关系

（一）区块链技术的概念

狭义来讲，区块链是一种按照时间顺序将数据区块以链条的方式组合成特定数据结构，并以密码学方式保证的不可篡改和不可伪造的去中心化共享总账，能够安全存储简单的、有先后关系的、能在系统内验证的数据。

广义的区块链技术则是利用加密链式区块结构来验证与存储数据、利用分布式节点共识算法来生成和更新数据、利用自动化脚本代码（智能合约）来编程和操作数据的一种全新的去中心化基础架构与分布式计算范式。

（二）区块链技术的特征

区块链具有去中心化、时序数据、集体维护、可编程和安全可信的特点。

1. 去中心化

区块链数据的验证、记账、存储、维护和传输等过程均基于分布式系统结构，采用纯数学方法而不是中心机构来建立分布式节点间的信任关系，从而形成去中心化的可信任的分布式系统。

2. 时序数据

区块链采用带有时间顺序的链式区块结构存储数据，从而为数据增加了时间维度，具有极强的可验证性和可追溯性。

3. 集体维护

区块链系统采用特定的经济激励机制来保证分布式系统中所有节点均可参与数据区块的验证过程（如比特币的"挖矿"过程），并通过共识算法来选择特定的节点将新区块添加到区块链。

4. 可编程

区块链技术可提供灵活的脚本代码系统，支持用户创建高级的智能合约、货币或其他去中心化应用。例如，以太坊（Ethereum）平台即提供了图灵完备的脚本语言以供用户来构建任何可以精确定义的智能合约或交易类型。

5. 安全可信

区块链技术采用非对称密码学原理对数据进行加密,同时借助分布式系统各节点的工作量证明等共识算法形成的强大算力来抵御外部攻击、保证区块链数据不可篡改和不可伪造,因而具有较高的安全性。

(三)区块链技术对公共关系的影响

1. 获取信息

在传统时代,由于渠道单一封闭,收受"公关费用"后的传媒一般会按公关主体的要求,发布立场较为统一的、认同公关主体的公关信息。

但是,区块链技术下去中心式传播却使这种统一模式无法实施,各种自媒体形成彼此印证的区块链,导致各种本不应呈现在公众面前的"后台信息"大量曝光。

2. 信息安全

区块链为公关人士存储客户机构数据提供了一种安全且不可包装的方法。

除了客户,任何人都不能更改这些数据。利用这种技术可以有效地保护私人信息,这可能成为专业公关人士最重要的资产之一,避免由客户信息外露而导致的客户流失。

3. 精准投放

在公关行业中保持相关性意味着公关人士要高效、精准了解客户需求及特征,并给出有针对性的方案。

区块链技术描绘了用户的精确图像,帮助企业深入了解客户需求。当掌握了能够提升客户声誉的趋势时,这些信息是十分有价值的。

4. 回报机制

区块链的革新性的特点,可以激发内部的底层动力。

参照区块链通证机制,每位员工都有自己的通证,且和贡献度直接挂钩。这样在公关业务当中，团队在前期就约定好分配机制，员工按照自身贡献，获得相应的通证额度回报，多劳多得。

三、5G 技术与公共关系

（一）5G 技术的概念

5G 技术也被称为第五代移动通信技术，各种设备接入 5G 网络后可以高速联网，实现信息交互。进一步说，5G 技术是人工智能、物联网、虚拟现实、机器学习等技术实现大规模商用的基础。5G 技术融合了多天线传输、高频传输、软件定义网络等最新无线技术，是信息时代加速信息爆炸的一个重要里程碑。

（二）5G 技术的特征

1. 传输速度快

相对于 4G 技术，5G 采用一种全新的网络架构，提供峰值 10Gbps 以上的带宽，用户体验速率可稳定在 1Gbps~2Gbps，传输速率是 4G 技术的几十倍到上百倍。信息交互性显著增强，政府公共关系领域的信息互动将更为迅速便捷，政府危机公关能力将迎接挑战。

2. 时延较低

4G 网络时延为 20~30ms，在 5G 环境下，网络时延可缩短至 1ms，大大缩短了用户接受信息的等待时间。有这么一个形象的例子，2019 年 1 月 19 日，一名中国外科医生利用 5G 实时互联互通的特性，在几十公里外对手术机械臂进行精准操控，成功进行了针对实验动物的远程外科手术。在 5G 技术大范围普及之后，网络延迟问题将得到解决，届时政民互动渠道和方式也将发生改变。

3. 安全性高

在 5G 时代，网络安全变成了非常重要的领域。传统的互联网技术主要解决的是信息高速度、低时延、无障碍的传输问题，但信息安全问题也日益暴露。在 5G 技术下，安全性将被摆在重要位置。基于 5G 通信技术的各种协议和框架将充分保障用户的信息安全，全面提高网络安全性。政府公共关系活动也将更加安全、稳定和高效。

4. 万物互联

未来，接入 5G 网络中的终端产品，将不仅仅局限于手机、平板等交互设备。毫不夸张地说，生活中任何一个产品都有可能接入 5G 网络进而成为智能产品。小到眼镜、手表、衣服、鞋子，大到冰箱、电视、汽车、房屋都有可能接入 5G 网络，实现智能化。5G 产生的最大的现实改变就是实现从人与人之间的通信走向人与物、物与物之间的通信。智能终端设备的增长将扩充政府公共关系传播渠道，增加传播工具的数量，进而提升公众对政府的关注程度。

（三）5G 技术对公共关系的影响

2019 年，5G 牌照的颁发标志着我国正式进入 5G 商用元年。各大手机厂商争先发布最新款 5G 手机，移动、联通和电信三大运营商也相继公布和上线 5G 商用套餐，5G 技术开始逐渐从理论转化为商业运用。工业和信息化部副部长陈肇雄在 IMT-2020 峰会上指出："5G 既是网络强国建设的重要内容，也是制造强国建设的关键支撑。"不仅我国重视 5G，世界各国都将发展 5G 摆在战略高度。美国联邦通信委员会制定"强化美国 5G 技术（FAST）优势战略"，旨在推动新一代移动通信频谱的市场化，建立 5G 通信基础设施网络，健全移动通信技术法律规定。与此同时，欧洲各国也不甘示弱，瑞士、英国、西班牙等国先后开启 5G 测试，抓紧 5G 技术的部署。世界各国对 5G 技术的高度重视表明，5G 技术是构建经济社会数字化、智能化和现代化的关键利器，5G 时代将是一个生产生活方式快速更新的时代。同样，聚焦公共关系领域，5G 技术也将带来众多变化，扮演重要角色。作为移动通信的基础和关键，5G 技术方兴未艾，在公共关系领域，5G 技术既是机遇，同样也是挑战。

首先，对于公关而言，5G 技术将增强用户体验并提高公关人分发内容的能力。借助 AR、VR 等技术，5G 推动媒体从平面化、被动式向全景化、参与式、多感官的沉浸化方向转变，也让用户通过视、听、触觉一体化虚拟环境，获得身临其境的体验。这些技术给了公关人更大的发挥创意的空间。

其次，"高速舆情，百变舆论"。不仅公关从业者尽心打造的科普信息、辟谣信息、回应关切等传播速度大幅提高，与此同时，谣言传播的速度也会提升 10 倍到 50 倍，这就给公关工作带来了新的挑战，公关人员必须同时兼具战略思维力和技术运用能力，需要更快速、更全面地应对更复杂的局面。

最后，5G 时代的公共关系将会更加精准化、系统化、立体化。基于 AI、大数据技术的客户分析模型，将辅助抽离出与大量信息数据所交汇融合的有效客户信息。未来可能起到关键作用的情感属性和情绪分析，这些数据将告诉品牌方的网络公关，应该在何时、对哪些客户、采取怎样的具体策略和方法，也就是说未来的公关工作或将具体到对情感因素中更细微的"实时情绪"做倾向性分析，进而从营造环境、语法环境、沟通方式，甚至是时长、渠道、逆向沟通等方面来影响受众的意识与倾向性判断。

四、大数据技术与公共关系

（一）大数据技术的概念

大数据指无法在一定时间范围内用常规软件工具进行捕捉、管理和处理的数据集合，是具有更强的决策力、洞察发现力和流程优化能力的海量、高增长率和多样化的信息资产。大数据技术即对大数据这样一种信息资产进行运用的技术。

（二）大数据的特征

业界通常用 4 个 "V"，即 volume、variety、velocity、value，来概括大数据的特征。

1.Volume——数据体量巨大

数据体量巨大，一般在 10TB 规模左右，但在实际应用中，很多企业用户把多个数据集放在一起，已经形成了 PB（1PB=1024TB）级的数据量。百度资料表明，其新首页导航每天需要提供的数据超过 1.5PB，这些数据如果被打印出来将使用超过 5000 亿张 A4 纸。有资料证实，到目前为止，人类生产的所有印刷材料的数据量仅为 200PB。

2. Variety——数据类型多样

一方面，数据来自多种数据源，数据种类和格式日渐丰富，已冲破了以前所限定的结构化数据范畴，囊括了半结构化和非结构化数据。另一方面，现在的数据类型不仅是文本形式，更多的是图片、视频、音频、地理位置信息等多类型的数据，个性化数据占绝对多数。

3. Velocity——处理速度快

处理速度快，指在数据量非常庞大的情况下，也能够做到对数据的实时处理。数据处理遵循"1 秒定律"，可从各种类型的数据中快速获得高价值的信息。

4. Value——价值真实性强及密度低

数据真实性强且密度低指，随着社交数据、交易与应用数据等新数据源的兴起，传统数据源的局限被打破，在这种情况下，企业愈发需要有效的信息。但以视频为例，1 小时的视频，在不间断的监控过程中，可能有用的数据仅仅只有一两秒。

（三）大数据对公共关系的影响

随着大数据时代的到来，数据规模的海量化使得掌握数据的规模及处理数据的能力成为新的竞争力。从公关的三要素来看，组织作为公关的主体，想要实现期望达到的公关效果，需要抓住公众的特点和找到最有效的传播途径，而抓住公众的特点和找到最有效的传播途径，就必然需要掌握和处理更多的信息。并且大数据的运用使得公关效果无法量化的问题得到解决。因此大数据给公关带来了战略上的转变以及新的发展机遇。

1. 描述公关效果

大数据可以追踪到完整的消费者行为，从用户的品牌认知到消费特性可以形成一系列的公关效果追踪，公关的传播效果越来越多地被数字化地描述出来。

2. 预测用户需求

基于社交媒体交互性的传播平台和智能的数据库管理，可获知用户的兴趣、喜好，使得公关团队可以在恰当的时间，以用户习惯的方式向其推送公关传播内容，提升品牌形象推广的精准度。

3. 定制精准策略

通过大数据分析，可以清楚地知道，哪类媒体采取何种投放方式会取得更好的效果，从而制定更精准的公关策略，达到比较直观的效果。

4. 危机预警的防范性

通过 AI 技术，对海量的同行业（或相关产业）的负面报道进行梳理、分析，可以在实时进行的舆情监控中及时捕捉到危机事件即将发生的先兆并进行预警，令公关团队可以第一时间开始应对，降低危机给品牌形象带来的负面冲击。

5. 优化传播内容

利用 AI 对海量历史数据进行智能分析，然后基于分析结果，有针对性地为每一项传播活动的文案提供最优化的内容组合（引人瞩目的标题、核心信息点、表达方式、发言人角色等），从内容策略层面最大限度地保障公关传播活动达到甚至超出预期的效果，从而实现个性化精准传播。AI 大有用武之地。

五、人工智能技术与公共关系

（一）人工智能技术的概念

人工智能（articial intelligence）的英文缩写为 AI，它是研究、开发用于模拟、延伸和扩展人的智能的理论、方法、技术及应用系统的一门新的技术科学。阿尔伯特·爱因斯坦早就说过，"计算机拥有不可思议的处理速度、精度，但没有'智慧'。人在速度上毫无优势，且常常犯错，但智慧卓越。

人机携手的力量超乎想象"。史蒂芬·霍金也说过，"人类迄今为止最为深刻的影响就是人工智能崛起"。

（二）人工智能对公共关系的影响

对于公关传播行业来说，在众多必备的技术中，AI 无疑是应用范围最广、冲击力最强的技术。面对 AI 的巨大潜能，全球公关领域的专家学者也在思考 AI 的发展将会对公关行业带来怎样颠覆性的改变：是 AI 以人类无法企及的效率取代大批公关从业人员，还是 AI 助力公关同仁以更高效、精准、科学的方式为客户提供投资回报率最大化的专业服务？从公共传播的工作内容和性质来看，无疑是后者。简单来说，AI 将主要承担数据处理、标准新闻稿编写与发布等重复性的"体力"劳动，使公关从业人员将更多的时间用于关系建立与维护、客户化战略制定等更具创造性的"脑力"劳动，并提供基于大数据的更加精准、有效的分析决策支持。具体说来，AI 的应用对公关传播行业所带来的影响主要体现在以下几个方面。

1. 优化传播内容

AI 最强大、最实用的基础功能之一是对海量数据进行精准度相对较高的分析。利用 AI 对海量历史数据进行智能分析，然后基于分析结果，有针对性地为每一项传播活动的文案提供最优化的内容组合（引人瞩目的标题、核心信息点、表达方式、发言人角色等），可以从内容策略层面最大限度地保障公关传播活动达到甚至超出预期的效果，从而实现个性化、精准传播。

2. 早期危机预警助力危机公关

危机管理是公关传播人员最不愿意面对但是又必须面对的挑战，但同时也是最能体现公关团队的价值和能力的机遇。通过 AI 技术，公关团队对海量的同行业（或相关产业）的负面报道进行梳理、分析，可以在实时进行舆情监控的过程中及时捕捉到危机事件发生的先兆并进行预警，从而可以在第一时间开始应对，若应对及时有效，则可以避免危机的发生。一旦负面事件的严重程度导致危机已经不可避免，危机有全面爆发之势，那么同样可以利用 AI：一方面利用 AI 对报道进行深度内容分析，提炼出新闻报道中的核心信息点、自媒体评论中的核心关注点，并结合海量历史数据，提出最佳的危机公关方案；另一方面，针对核心信息点和关注点，利用 AI 撰写新闻通稿有的放矢地进行回应，以最大限度地掌控危机的走势、降低危机给品牌形象带来的负面冲击。

3. 描绘目标客户（受众）画像

公关传播活动的核心是：将正确的信息在正确的时间、通过正确的渠道传递给正确的人。AI 通过机器学习和自然语言处理技术对社交媒体的相关内容进行大数据分析，可以提炼出品牌目标客户（受众）的特点和习惯，进而描绘出不同品牌产品的目标客户画像和宣传活动目标受众的画像，并针对目标客户（受众）所具备这些特点和习惯在接下来的传播活动中进行更精准有效的宣传，从而提升活动的总体产出和效果，提高客户转化率。

第二节　案例分析

一、AI 合成主播

（一）案例回顾

2018 年 11 月 7 日，全球首个 AI 合成主播在第五届世界互联网大会上发布。新华社联合搜狗发布的全球首个 AI 合成主播，运用了最新人工智能技术，"克隆"出与真人主播拥有同样播报能力的"分身"，其不仅在全球 AI 合成领域实现了技术创新和突破，更是在新闻领域开了实时音视频与 AI 真人形象合成的先河。

据悉，AI 合成主播通过提取真人主播新闻播报视频中的声音、唇形、表情动作等特征，运用合成以及深度学习等技术联合建模训练而成。该项技术能够将所输入的中英文文本自动生成相应内容的视频，并确保视频中音频和表情、唇动保持自然一致，展现与真人主播无异的信息传达效果。

此外，不仅有中文 AI 合成主播，同时还有以"连接中外、沟通世界"

为使命的英文 AI 合成主播。无论是在日常报道中提升电视新闻的制作效率，降低制作成本，还是在突发报道中快速生成新闻视频，提高报道时效和质量，AI 合成主播在不同的新闻场景运用中都拥有着不可限量的未来。

AI 合成主播及其新闻播报观看地址

2020 年的两会拉开序幕，新华社联合搜狗将 AI 合成主播再升级，推出了主播"新小微"，这是全球首位人工智能驱动的 3D 版 AI 合成主播。在新小微的发展过程中，以云计算和算法为驱动，只需要在机器上输入相应文本内容，新小微就能实现实时的机械播报，还能根据语义网生成相对应的面部表情和肢体语言。

和前一代 AI 合成主播相比，新小微实现了从单一景深机位到多机位多景深、微笑播报再到多样化精微表情播报等进步，这些细节的改进源于大量数据的采集。

目前新小微的拟人化程度较高，但仍有提升空间，通过持续学习，新小微的拟人化程度将得到持续改进。

AI 在新闻报道中的运用，越来越呈现多点开花的趋势，不仅在运用方式的方面越来越多样，在运用的普遍性方面也得到了发展。

新华社的 AI 合成主播、人民网的 AI 机器人兼引导员、《光明日报》的虚拟主播"小明"、央广网的"知否知否两会 AI 问答"、红网的 AI 短视频，都表明 AI 技术的使用越来越普及，呈现出多点开花的特点，这为新闻的制作与呈现提供了更多的可能性。

（二）案例分析

AI 合成主播是一个典型的对传统公共关系方式方法加以改造的例子。AI 合成主播能够将新闻文本转化为语言进行播报，播报过程中面部动态和真人无异。借助 5G 技术高速度低时延的特性，布局前沿技术，更新传统公共关系方式方法，既能够提高公共关系传播效率，也能够扩大公共关系影响力。

由于具备人工智能的核心技术，AI 合成主播有着远远超越普通的真人主播的强大的信息处理与分发能力、认知与信息监测能力和永续的播报能力。在人工智能技术的赋能下，第一，AI 合成主播可以通过强大的信息处理与分发能力直接进行新闻的生产和信息制造，从而具备集采、写、编、播于一身的超强"战斗能力"，提高了公共关系传播效率。第二，AI 合成主播具有准确而高效的认知与信息监测能力，能够在新闻生产与传播的任何时段对信息进行真实性认知和信息变化监测，保障了报中持续的强真实性。第三，永续的播报能力是机器强于人的属性，AI 合成主播可以忽视工作强度和工作时间长度，进行夜以继日的连续工作，并且不会出现错误，这一点特别适用于突发性事件报道、灾难性报道和主题事件的连续深度报道等。由此可见，AI 合成主播的确有着许多优于真人主播的特点，而这些都是基于人工智能的技术内核而实现的。

然而，也有网友评论 3D 主播"跟游戏效果比差远了""怎么好意思吹""建模僵硬，表情怪异，手部残疾""语气有待改进"，可见尽管 AI 技术有着无可比拟的优越性，但目前仍存在着局限。首先，限于图像技术、语音技术的机械性，AI 合成主播的表情和语言表现出不自然的机械感，情感表达远没有真人饱满。若之后将其用于灾难性事件的报道，其情绪和情感表达上，很难引发受众对灾难的同情与共鸣。同时，这种传者与受者情感纽带的消解，对媒介公信力也会产生一定的影响。其次，依靠数据学习的 AI 合成主播知识和经验有限，面对新闻播报时的突发情况，很难做出优质的应变措施，一旦 AI 合成主播对突发情况做出了不恰当的反应，该媒介的专业能力就会被公众质疑，陷入公共关系危机。相比 AI 合成主播，真人主播在长期的工作中，积累了丰富的实践经验，对突发情况采取有效措施的能力远强于 AI 合成主播，也会在最大限度上降低突发事件对媒介自身的影响。最后，与人类智慧结晶的 AI 合成主播相比，真人主播最大的优势在于其拥有独立思考能力和智慧思想。AI 合成主播的新闻播报是对存储数据的模式化呈现，缺乏个性与独立性，更没有智慧思想的产出，它所营造的"逼真"也是技术和数据创造的"逼真"，并不是真正意义上的"真"。

总之，新兴技术将给人们的生产生活带来翻天覆地的变化，在公共关系领域更是如此。我们需辩证地看待技术的发展，增强自身的综合实力，与技术协同合作，以及充分运用人的智慧思想与思考能力，继承和发扬优秀的公共关系方式方法，在技术的浪潮中站稳脚跟。

二、昆山宝马车主反杀事件

（一）案例回顾

2021 年 8 月 26 日，昆山市发生一起宝马车主砍杀正常行驶的电瓶车司机遭反杀事故，当时的监控视频在各种社交媒体上广为传播，电瓶车司机获得舆论的广泛同情与支持。次日，昆山公安微博发布简短通报，声称将对此进行调查。

五天后的 9 月 1 日 17 时 05 分，昆山公安微博发布长篇警方通报，称电瓶车车主于海明的行为属于正当防卫，不负刑事责任，公安机关依法撤销于海明案件。更难得的是，昆山公安借此机会，向公众详细说明撤销案件的原因，还原了案件经过，并对大家不一定注意到的问题做出了解释，进行了一次及时的普法教育，收获了民意。

据不完全统计，截止到 9 月中旬，仅有 5.7 万粉丝的昆山公安微博，此单条微博收获了 17 万 + 次转发、11 万 + 条评论和 47.8 万 + 次点赞，评论中绝大多数是正面评价，这还不包括通报在微信朋友圈等社交媒体上的转发数量。

（二）案例分析

在此次危机处理中，公关主体意识到自媒体传播的区块链式特点，有意识地将自身的机构身份转向个人身份，彰显其个性化表达，体现出"接地气"的传播态度，收获了一大批的舆论认同。昆山公安微博以长篇警方通报的方式公布调查与评判结论，时效性强，及时回应公众意见，适时进行了一场高效的普法活动，收获了大量"自来水"的转发和好评，使舆论场非常难得地保持了高度一致的正面评价，是一次非常成功的政府公关行为。

区块链的特点之一是防篡改。监控视频尽管人人可见，但解读立场各不相同，因此，警方的法条运用与权威解释是此案定案的主要依据。在各种自媒体已经成为信息传播主力的时代，昆山公安微博及时调查、回应民众意见，并且详细披露和解读，体现其在自媒体时代开展危机公关的专业性特点。

具体而言，昆山公安微博的此次信息公开不是只公布结论，而是在舆论集中关注的时候，采用长微博向公众详细解读办案过程，在顺序安排上也以满足公众知情需求为准，显得长而不乱、逻辑清晰、内容权威、表述清晰、有理有据。

首先是公布最终结果，为案件定性，同时也交代了同案其他人员的处罚情况。比如，除死者刘海龙外，在监控视频上另一个殴打于海明的人刘某某也被依法行政拘留 10 日。其他同车人员因未参与案件不给予处罚。对于公众而言，这是此前并未关注的，但作为执法机关是必须交代的。

其次是以法律语言还原整个事件过程，既规避了民众的情绪化表达和推理性解读，又开展了一次严谨的普法教育。其中，点明死者刘海龙系醉酒驾车，刘海龙取出管制刀具、持续追打于海明，造成死亡的主要原因是失血性休克等。同时重点解释了"二次追砍未中"和"拿走刘海龙手机"等关键细节在办案中的重要性，对网上关注度较高的话题如天安社、涉黑、宝马车来源、其他违禁品、刘海龙见义勇为证书等进行一一回应，对传言性信息进行了辟谣。可见其对区块链上所有自媒体信息的关注程度之深之多。

总之，这篇通报起到了一锤定音的效果，完美回应了公众质疑，堪称是一次完美的危机公关。

三、YouTube 打击虚假新闻

（一）案例回顾

数据显示，青年群体每天平均要观看一小时视频媒体，广告领域的从业者们自然不会放过这个机会。让观众们在观看节目的过程中接受一下广告宣传无疑是每位广告客户的梦想。但实际情况恰恰相反，广告行业正受到欺诈与虚假新闻的严重污染。

2018 年 7 月，YouTube 宣布将投入 2500 万美元搜寻虚假新闻，旨在重振全球客户的沮丧情绪。但以区块链技术为基础的 Verasity 公司则提出更为激进的目标——打击虚假新闻。该平台于 2021 年 1 月公布，通过直接清除广告欺诈内容，能够为广告客户节约 190 亿美元。

（二）案例分析

如果区块链技术发展成熟，公关行业又将迎来一次大变革。

区块链是一个可以改变世界的技术，现在我们看到的是它在金融、医疗、娱乐等方面的应用，但大家容易忽略它对广告真伪效果的甄别作用。随着这些技术的成熟，当前传播营销领域的低效、不平衡以及其他问题有望得到解决。进一步，那些内容不适、收入不佳、交易费用高、广告欺诈、内容创作者收入有限、虚假新闻以及内容发现能力低下的问题，也将不再成为难题。

那这些技术革新是否能盈利？答案是肯定的。当下区块链结合了"去中心化"和"中心化"特质，随着新兴加密货币钱包技术的逐渐成熟，用户在筛选海量信息的同时，可通过观看广告获取代币。这种循环使得广告主与客户之间完全保持透明。区块链技术的介入几乎彻底消除了机器人的存在，而观看证明技术则为广告主带来了其在当前市场上根本无法实现的安全性保障。此外，这也意味着对成功的公关公司而言，存在巨大的盈利空间。由于平台上的用户开始接受代币，新加入的广告商必须给出具有吸引力的每次观看收益——因为如果收益过低，用户可能会转而观看其他广告。

所以，科技并不会削弱了传播的存在感，而是放大了其中数据的力量。当有了数据以后，才会有更深层次的公共传播服务。"科技+"给了广告主更多、更准确的选择，那些无法提供精准数据的渠道，广告主和用户都可以给它打零分。"科技+"定义后的有效渠道，生产力和消费力更强，市场更大，容纳的产品也更多，这对甲乙双方和行业来说，都是一种伟大的变革。未来已经到来，让我们期待这种变革继续发酵。

四、中央电视台点名大数据"杀熟"

（一）案例回顾

大数据"杀熟"是指同样的商品或服务，老客户看到的价格要比新客户贵出许多的现象。企业滥用大数据分析等技术手段，侵犯公众合法权益。

中央电视台财经频道点名某在线旅游平台的大数据"杀熟"现象，文化和旅游部《有关在线旅游经营服务管理的相关规定》（以下简称《规定》）于2020年10月施行，在线旅游服务平台的大数据"杀熟"行为将被明令禁止。

中央电视台财经频道点名某在线旅游平台的大数据"杀熟"现象

《规定》明确：

在线旅游经营者应当提供真实、准确的旅游服务信息，不得进行虚假宣传；未取得质量标准、信用等级的，不得使用相关称谓和标识；

在线旅游经营者应当保障旅游者的正当评价权，不得擅自屏蔽、删除旅游者对其产品和服务的评价，不得误导、引诱、替代或者强制旅游者做出评价，对旅游者做出的评价应当保存并向社会公开；

在线旅游经营者应当保护旅游者个人信息等数据安全，在收集旅游者信息时事先明示收集旅游者个人信息的目的、方式和范围，并经旅游者同意；不得滥用大数据分析等技术手段，基于旅游者消费记录、旅游偏好等设置不公平的交易条件，侵犯旅游者合法权益。

（二）案例分析

企业采取各种销售手段以追求利益的最大化，但如若销售手段有失合理，就会影响企业形象甚至是企业与公众之间的关系，那么企业是否应该沿用该方式以追逐利益？

首先，从关系管理角度来看，企业的大数据"杀熟"行为是组织与其公众之间存在一种操控型关系的体现，企业采用一种不对等的方式或是表面对等的方式去实现自己的利益。大数据"杀熟"行为利用信息的不对等进行，可以被看作对消费者的一种蒙蔽，不利于组织与公众建立双赢的共有型关系。

其次，从消费者的感受和反应来看，大数据"杀熟"行为将会影响顾客对企业的信任度。

再次，从企业层面来说，大数据"杀熟"反映出的企业一味地追逐与新用户建立关系，只会使得企业与原有用户的关系变得疏离。

公共关系是一个组织与公众之间的传播管理，其目的是与这些公众建立互相信任的关系。这对公关的职业道德目标提出了一定的要求，只有保证组织活动的公正公开性，才能获得公众的信任。

总的来说，理想的公关模式是双向平衡的，它符合现代社会通过谈判、协调、合作，追求双赢、和谐、可持续发展的理念。

企业不妨把心思更多地放在如何利用大数据对用户进行精准定位以更好地满足消费者的需求上，而不仅仅将大数据技术作为企业追求利益最大化的工具，这样不仅可以稳定原有消费者，还可以通过口碑传播等方式吸引更多的消费者，从而获得更长远的发展。

五、大数据在重大疫情防控中的应用

（一）案例回顾

1. 对疫情相关情况的动态监测

每日0点，我国国家卫健委和各省卫健委会向社会各界公布当日新冠肺炎确诊病例、疑似病例、治愈病例以及死亡病例数量。目前在大数据技术的支持下，我国确诊数量、疑似病例、死亡人数等数据已使公众能够掌握新冠肺炎疫情基本变化态势，了解自身所处地区新冠肺炎疫情的严重程度，进而在一定程度上增强自身防护意识。同时，数据的及时、准确更新对决策层有针对性地采取措施，促进相关部门精准施策也有重要意义。

2. 对新冠肺炎疫情数据的实时播报

丁香医生等平台根据各地公开的数据，推出"新冠肺炎疫情实时动态"，利用大数据汇总开通新冠肺炎疫情实时动态查询通道，用户可实时查看疫情地图、辟谣与防护、实时播报、疾病知识等相关信息。以疫情地图为例，在这里读者可以直观清晰地看到诸如全国疫情新增趋势图、全国疫情新增确诊病例趋势图、全国疫情累计死亡 / 治愈病例趋势图等大数据综合计算分析后形成的简易折线图。这种依靠数据综合形成的简易信息传播模式，既提升了信息的传播准确性，又便于受众理解并接受，充分展现了大数据传播信息的优势。

3. 对病毒传染源的准确追踪

《人民日报》客户端与腾讯看点联合推出周边新冠肺炎疫情信息查询工具，用户可扫描相应二维码，及时查询周边状况。在获取用户当前所在位置后，系统可自动跳转至该用户所在地区的市级行政单位，并将确诊病例的逗留地点和相应逗留人数细化到市下面各个区县的街道。同时，该系统还可以根据用户地理位置，判断确诊患者逗留地点距离用户距离，提醒用户进行有效防护。如下图所示，黑龙江省哈尔滨市截至截图当日共确诊 128 人，其中五常市共计 8 个地点，涉及逗留 15 人，金泰新区 11 号楼 7 单元累计逗留 1 人，迎宾小区 8 号楼 3 单元累计逗留 2 人等。这种依靠全国汇总信息的大数据分析有助于新冠肺炎疫情信息公开，使读者根据信息进行有效防护。

（二）案例分析

如果说，医院是抗疫的"主战场"，那么大数据就是抗疫的"隔离墙"。相较于 2003 年的 SARS 疫情暴发时期，当下不仅在新冠肺炎疫情防控方面有了更加完备的制度体系和应对措施，而且包括大数据在内的多项创新科学技术也得以运用。各地方政府及其相关部门纷纷借助大数据技术进行防控，通过对新冠肺炎疫情相关情况的动态监测以及对病毒传染源的准确追踪，始终坚持及时、公开、透明的原则，滚动公布确诊数据、就医渠道、病例轨迹，第一时间让群众知晓真实数据，确保了公众知情权；第一时间让群众掌握真实信息，通过有效拓展加更、推送、查询功能，聚焦舆情热点，抢占发布先机，及时公布精准信息，争取了公众认可权；第一时间让群众了解真实情况，通过辟谣、解惑、直播等全息多维手段，帮助群众辨别真假、了然对错、明晰是非，掌握了公众话语权。真实、准确的报道破除了信息孤岛，有效平稳了大众心理。

随着新冠肺炎疫情态势变化，我们可以明显看到海量的信息流、数据流、物质流，仅靠人力显然不能满足防控形势需要，而大数据的智慧整合对其进行了精准管控：一"码"当先、一看一扫，既可动态管理，又可在公共区域等人员密集区域进行红外线体温监测，加强对重点人口的动态监测和行动轨迹追踪，将数据汇入卫健委、公安、民政等新冠肺炎疫情防控部门的基础信息库，适时碰撞比对，能实现对潜在人员的动态识别和管控。智能化的大数据系统在此次新冠肺炎疫情防控治理过程中让疫区人民心安、让全国人民企盼、让世界人民震撼。

六、《锡德拉湾上的云》

（一）案例回顾

2016 年，联合国发布了一部 VR 纪录片《锡德拉湾上的云》。通过 VR 技术，观众可以将自己代入一个生活在约旦难民营的 12 岁女孩 Sidra 的视角中，"身临其境"地感受难民营的生活。新西兰的联合国儿童基金会（UNICEF）邀请奥克兰的居民观看了《锡德拉湾上的云》。影片将观众从 Sidra 帐篷式的家中，带到学校，带到她和其他小朋友一起玩耍的乱石遍布、泥泞的室外。当 Sidra 在描述她想念的有关叙利亚的事情时，以及在营地搭建的住所的时候，观众很难不产生共鸣，将更加了解难民营的生活。据新西兰联合国儿童基金会报道，他们从公众处得到了巨大的反响，当场就有 1/6 的人捐款，是平时的 2 倍。

《锡德拉湾上的云》海报

（二）案例分析

《锡德拉湾上的云》带我们走进叙利亚难民营，它使我们内心充满同情，溢于言表，这是传统电影无法比拟的。影片并非以炫酷的视觉技术出彩，而是以富有冲击力的声效使我们身临其境。

传统的公益和形象宣传片调动的只是我们的视觉和听觉，我们没有办法亲身体验，因此往往缺少共情能力。当 VR 技术越来越成熟时，我们可以"身临其境"，获得私人化、个性化的体验。

人们往往只相信自己的亲身感受，这也值得我们更多地思考。例如在国家形象塑造方面，如果外国人能通过 VR 感受中国，那么他们便可以亲身体验中国的方方面面，这时，无须我们刻意灌输，中国形象就已经深入他们的心了。企业宣传片、城市宣传片也是一样的道理。

第三节　本章小结

随着新兴技术近年来的快速发展，各行各业均发生了翻天覆地的变化。公共关系在传播速度、传播效率、深度挖掘方面不断深入，迅速变化的外界环境对公共关系提出了更高的要求，处理稍有不慎或者反应稍慢，极有可能引发严重的社会负面效应，在一定程度上影响社会和谐发展。与此同时，市场经济转型的持续深入，各类社会矛盾、社会问题的持续产生，使公共危机的发生率不断提升。

但毋庸置疑的是，科技的迅猛发展同时也推动了包括公关传播领域在内的各行各业的飞速发展。政府对网络舆情的管理将在管理思维、工作模式、技术方法等领域发生重大变革。如基于现阶段公共危机管理方面暴露出来的问题，通过建立健全政府公共危机联动体系、基于良好互动及时披露危机信息以及构建舆情监测及公共危机预警体系，全面改善大数据时代公共危机管理效率与质量，将各种网络舆情的负面影响降到最低，为我国社会、经济的有序发展奠定扎实的基础。同时，公关企业建立自己的技术团队，利用 AI、大数据等新技术为客户提供高效的一站式服务和创新的用户体验也是大势所趋。如技术通过提升传播效果评估的准确性推动了公关活动的定制化程度和精准度，进而提高了客户的满意度。

然而，公关传播毕竟是一个以人为本的行业。无论新兴技术将来会发展到多么智能的程度，能够替代人类从事多少种不同性质的工作，人的智能（不是"人工智能"）、人的创意、人的思考、人的信任乃至人的温情是无法被冷冰冰的智能机器所取代的。愈发强大的科技和依旧创造力无限的人进行完美结合，才是公关传播行业在科技日新月异的时代应有的发展方向。

本章思考题

1.什么是新兴技术，它具体包括哪些技术？请举例。

2.新媒体对公共关系带来了哪些影响？你认为是利大于弊还是弊大于利？

3.区块链技术有什么特点？对于信息真伪的鉴别，区块链要如何发挥作用？

4. 简述 VR 技术如何在不同主体（如国家、城市、企业）的形象塑造上发挥作用。

5. 举例说明大数据在新冠肺炎疫情防控中的作用并谈谈你的感受。

6. 你认为"AI 合成主播"会在将来替代真人主播吗？请说明理由。

7. 随着新兴技术的发展，传统的公共关系模式会面临怎样的困境？

参考文献

陈晓冬 . "科技 +"时代的公关行业变革 [J]. 国际公关，2018（4）：38–39.

翟年祥，张玲赟 .5G 技术对政府公共关系的影响 [J]. 安徽行政学院学报，2020（1）：37–40.

段弘 . 去中心化：区块链式自媒体公关 [J]. 公关世界，2018（17）：22–31.

单承峻 . 人工智能如何助力公关传播 [J]. 国际公关，2018（4）：42–43.

张晓庆 . 大数据时代政府公共危机应对途径探索 [J]. 公关世界，2020（12）：27–28.

第四章

公共关系与新兴市场

本章概要

近年来，随着市场经济体制的不断完善，我国经济正在朝着提质增效的方向发展，而其中第三产业占比也日渐提升。2020 年 6 月 4 日，人力资源和社会保障部发布《2019 年度人力资源和社会保障事业发展统计公报》（以下简称《公报》）。《公报》显示，到 2019 年年末，第一产业从业人员占 25.1%，第二产业从业人员占 27.5%，第三产业从业人员占 47.4%。第三产业从业人员占比从 2015 年的 42.4% 上升到 2019 年的 47.4%，第三产业成为吸纳就业人员的主渠道。

公关行业作为第三产业的重要组成部分之一，近年来也出现了一些新变化。在当今时代，互联网的崛起催生了全新的传播模式和手段，重构了信息传播的路径，人们渴望在海量信息中迅速获得有效信息，节约自己的注意力资源。因此，政府、组织和个人都希望利用公关来进行传播，在瞬息万变的市场中占据更有利的位置，以快速触达到用户，培养自身的知名度、美誉度，占据用户心智，培养用户忠诚度，建立属于自己的品牌。

总而言之，面对新兴市场，公关行业正面对机遇与挑战并存的局面：一方面，行业的变化不断催生各种新兴业态，带来了更多可供选择的新机会，公关工作也能够进行前所未有的新尝试；另一方面，变化多端的市场也强化了行业竞争，公关工作在进行时必须考虑更多的内在和外在因素，这对于公关行业从业者的水平能力也提出了更高的要求。

第一节　理论概述

一、公关行业市场概况

2020 年 5 月 28 日，中国国际公共关系协会（CIPRA）在北京发布了《中国公共关系业 2019 年度调查报告》。中国公共关系业年度调查活动由中国国际公共关系协会主办，始于 1998 年。该项调查活动是中国公共关系业唯一的权威性的行业调查活动，每年会对中国大陆公共关系公司的发展情况进行抽样调查，调查采用问卷和访谈相结合的方式进行，通过对调查数据的分析和核实，形成年度行业调查报告。

2019 年中国经济面对下行压力，中国公共关系市场却呈现稳步增长态势，表明市场对公关的需求不断增加。调查显示，2019 年整个市场的年营业规模约为 668 亿元，年增长率为 6.5%，略高于 GDP 增长幅度。虽然行业依旧保持增长，但受全球经济下行压力的影响，增幅与上一年度的 11.9% 相比，有较大的回落。

调查显示，排在 2019 年度中国公共关系服务领域前 5 位的行业分别是汽车、IT（通信）、互联网、快速消费品、制造业。汽车行业依然占据整个市场份额的 1/3 以上，继续高居榜首，且比 2018 年略有提高。IT、互联网、快速消费品排名不变，位于第二到第四位。与 2018 年度相比，制造业对公共关系的需求超过娱乐 / 文化，跃升到第五位。金融业从 2018 年的第八上升到第六，且市场份额略有增加。奢侈品对公共关系的需求略有增加，回归榜单前 10 位，排名第七。娱乐 / 文化、房地产行业受国家政策的影响，行业开支占比明显下降，分别从 2018 年的第五、第七下降到第八、第九。

医疗保健业依然排名第十，但市场份额有一定增加。

在调查的国内 40 家主要公关公司中，33 家开展汽车业务，24 家开展 IT 业务，25 家开展互联网业务，27 家开展快速消费品业务，9 家开展制造业务，13 家开展金融业务，6 家开展奢侈品业务，9 家开展娱乐 / 文化业务，7 家开展房地产业务，10 家开展医疗保健业务。

另外，40 家公司中，11 家以新媒体业务为主，10 家以活动代理及执行为主，13 家以传播代理及执行为主，6 家以顾问咨询为主。新媒体业务、活动代理及执行、传播代理及执行，依然是公关市场的主要业务类型。

40 家公司在新的服务手段应用进展方面，意见领袖管理、政府关系管理、城市营销、投资者关系管理、员工关系管理的应用范围有所增加。其中，36 家开展新媒体营销、33 家开展事件营销、22 家开展意见领袖管理、20 家开展娱乐营销、13 家开展危机管理、12 家开展体育营销、8 家开展客户关系管理、6 家开展海外品牌传播管理、6 家开展舆情监测、5 家开展政府关系管理、3 家开展城市营销、3 家开展企业社会责任管理、3 家开展议题管理、2 家开展投资者关系管理、1 家开展员工关系管理。

以汽车行业为例，目前，中国依然是全球最大的汽车市场，2019 年共售出 2576 万辆客用车和商用车。长久以来，中国汽车市场始终是全球汽车制造商增长战略的基石，更是长期意义上业务成功的关键所在。根据埃森哲 2021 年 4 月发布的《中国汽车销售的未来》报告，中国汽车市场对于汽车制造商至关重要，其市场规模和创新能力令人无法小觑。在 400 多家汽车制造商同场竞技的局面下，运筹制胜赢得客户并不容易。为了保持领先地位，汽车制造商必须从根本上重新考虑自己销售模式，传统的汽车销售方式已是强弩之末，汽车行业对传统销售模式进行转型已迫在眉睫。面对市场新变化，利用公关手段进行营销传播，成了新趋势。

二、公关行业市场特点

第一，市场变化快，互联网属性增强。

互联网的发展带来了海量信息，公关市场也在急剧地变化着，互联网与公关的联系与融合愈发紧密。利用互联网进行公关策划、品牌塑造已成为普遍现象。网络已经把数据的传播、挖掘、整合机制上升到了一个非常宏大的空间。企业通过对数据的挖掘和整合，能因地因时制宜，量身定制具有针对性的公关策略，争夺人们的注意力资源，实现分众传播，甚至点对点的传播，不仅使人力、物力、财力得到优化利用，还能为其各个阶段的运作提供参考。如利用微博热搜榜的话题引导人们关注，利用朋友圈信息流，进行智能化、个性化、精准化的广告推荐。将广告镶嵌在社交媒体的信息流之中，穿插于内容之中。信息流广告在结合了具体的传播情境的同时，实现了技术意义上的精准投放，具有隐蔽性、针对性、互动性和智能性，利用人们的碎片化时间传递有效信息，能很好地达到理想的传播效果。

对于危机公关和突发事件，以往，组织召开新闻发布会是进行公共关系活动的重要方式之一，而现在，取而代之的是微博等社交媒体上的一纸声明。这也要求公关主体必须提高自身的反应速度，在坚持"危机公关5S"原则的基础上，第一时间在各大社交媒体上发布相关信息，确保和受众之间信息的有效沟通。在某种程度上，这能避免与媒体面对面接触，躲开媒体的"盘问"，但声明传递的信息始终较为有限，稍有不慎便会模糊重点，引发更严重的二次危机。

因此，如何写声明，以怎样的形式发布，成为互联网时代公关工作的重要课题。总而言之，不管是召开线下新闻发布会，还是发布互联网上的电子声明，抑或两者结合，都各有利弊，应根据具体情况来选择。虽然就目前而言，微博是营销和危机公关的重要阵地，也是能直接与受众沟通的坚实桥梁，但是新闻发布会是否能被取代仍需商榷，毕竟它所富有的权威性，能够在最大限度上以正视听。如2019年8月12日，有消费者发现美国奢侈品牌蔻驰将中国台湾和中国香港作为单独的"国家"印在T恤上面，随后蔻驰中国区品牌代言人刘雯在微博宣布终止与其合作。在2020年新冠肺炎疫情防控的特殊时期，各地政府选择用新闻发布会的形式来传递最新信息，以安定民心。

第二，发声渠道多元，舆论战场复杂。

舆论是社会中自然产生的、自在的意见形态。在一定范围内，持某种意见的人数超过总数的三分之一，我们才可以将这样的意见视为舆论，这时这种意见可能开始对全局产生影响；如果持某种意见的人数接近总数的三分之二，可以说这种舆论已经掌控了全局。

互联网时代的传播突破了时间与空间的限制，网络信息传播具有去中心化的特点，人人都有麦克风，人们的发声渠道和方式日益多元化，众声喧哗成为常态，这使得舆论场变得错综复杂，甚至会产生谣言等不实信息。由于新媒体的传播特性，网络舆论的本体呈现出与现实舆情相区别的扩散性。以微博平台为例，其中的一种观点不仅能够长时间存在，并且随着评论、转发等方式由"一对多"的传播转变为"多对多"的传染性传播。微博的开放性、匿名性使代表不同利益群体的个人交换观点更为方便、直接，而在不同意见大胆碰撞、博弈的同时不可避免地出现情绪的宣泄，带来了网络的"放大效应"，激化了社会矛盾。非理性的表达造成社会思想、秩序的混乱，甚至产生"群体极化"现象，即群体成员中原本已经存在的倾向，通过群体作用向着某种极端方向转化，即保守的会更保守，激进的会更激进。现在的互联网时代给产生群体极化效应提供了一个极其便利的平台，人们可以在互联网上即时地进行群体讨论，从而使得自己的意见得到加强，进而被激发出激烈的行为。

在这样的环境下，对于公关行业来说，舆论引导比任何时候都更为重要，公关主体若不及时发出权威声音，可能导致自身陷入舆论漩涡。互联网传播愈发讲求时效性，这既加速了信息的传播，也为公关主体带来了全新的挑战。若是没能把握好公关的关键节点，便很有可能给自身发展带来"污点"，毁坏名誉，甚至造成无法挽回的局面。

第三，沟通加强，"共情"打造公关新方式。

公共关系的基本结构由三大要素构成：组织、公众和传播沟通。组织、公众和传播沟通这三个要素构成了公共关系的基本范畴，公共关系的理论研究、实际操作都是围绕这三者的关系层层展开的，而且这三个要素共存于一个社会环境中。

当组织明确了公共关系目标，确定了目标公众，并有了公共关系活动的设想之后，便要考虑如何运用媒介把目标和设想变成行动。传播沟通是联接主体与客体的中介环节，它是组织在运行过程中，争取与公众相互了解、相互合作而采取的行为规范和传播行为，是社会系统不可缺少的重要组成部分。媒介，是连接社会组织和公众的桥梁，是完成传播沟通的工具，也是实现公共关系目标的唯一手段。我们这里的传播指的是狭义的传播，它是人类赖以生存及发展过程中所特有的一种社会现象。这种传播是双向性的信息交流与分享。公共关系的主体与客体之间正是通过这种双向信息交流而建立起相互信任、相互理解的关系。

组织与公众的传播沟通的顶层逻辑就是情感的互通，公众的情绪直接或间接地影响了组织公关活动的效果。告知真相是建立真诚、开放、积极关系的第一步。组织告知确凿真相的背后隐含的是组织的真诚态度，当公众观察到这种态度情感之后，会给予正向的事实反馈。在公共关系领域，无论什么行业，"共情"已逐渐成为一种新的传播沟通方式。依托于情感营销，它能使品牌变得有温度，让企业或社会组织成为"人"，拉近与目标用户之间的距离，引发其共鸣，达到良好的传播效果。

三、公关行业市场发展趋势

第一，公共关系行业分化趋势愈发明显，兼并重组的趋势开始显现，行业整合力度将进一步加大。可以预计，未来市场将形成几大巨头占据第一梯队的局面。这一发展趋势，也与欧美公共关系行业的发展特征吻合。伴随激烈的市场竞争和行业的跨界融合：一部分公关公司会做大做强，成为服务领域广泛、跨界整合明显、国际化趋势不断加强的综合性公司；一部分公关公司则专注于深耕某一垂直领域，成为针对性很强的专业型服务公司。

第二，通过线上服务、直播带货等多种营销手段助力公关已是大势所趋。近年来，科技与公关的融合让一些公关公司成功转型，这些公司结合新媒体的特点，运用互联网技术，进行精准有效的传播，不仅创造出有价值的内容，更让品牌和消费者进行良好的沟通和互动，在拓展业务范围的同时也提升了客户的满意度。

第三，公共事件频发让危机公关再受关注。近年来，突发公共事件愈发频繁，这些事件涉及范围广、行业多、影响大，这让作为公共关系重要职能之一的危机公关再度受到关注。如何在新媒体时代进行危机公关，并取得良好的传播效果，这将对公关从业者提出更高的要求。

第四，"一带一路"与公关全球化趋势深入推进。随着中国企业全球化布局，市场对公关公司的专业化、规范化和国际化提出了更高的要求。尤其是"一带一路"倡议的深入推进，公关行业在面临更多机遇的同时，如何利用自身优势，通过创新手段，帮助中国企业走出去，如何在"一带一路"沿线国家讲好中国故事，成为　大挑战。

第五，资金问题依然是公关公司发展过程中面临的挑战。公关行业的主要服务对象集中于大中型企业，这些企业市场地位较高，这导致公关公司在结算上处于劣势，较长的赊销账期及垫资等问题，使得公关公司资金状况不甚乐观，再加上运营成本的日益攀升，限制了公关公司的发展空间。在外部融资方面，融资难、融资贵成为广大公关公司面临的共同挑战。

第二节　案例分析

一、政府

（一）三星堆文物复苏记

1. 案例回顾

2021 年 3 月下旬，重启发掘的三星堆遗址重大考古发现陆续揭晓，此次事件作为历史和考古圈里的大事件，在媒介助推下成为一个引发全网关注的大型公关事件。

3月20日，中央电视台新闻频道推出《三星堆新发现》直播特别节目，实时报道全景呈现三星堆遗址考古的最新发掘成果。形式上，采用慢直播的方式24小时拍摄三星堆的考古发掘现场。拍摄手法上，以求最大限度减少对考古发掘的影响。启用自制遥控摄像机、鱼竿摄像机、智能手臂机器人摄像机等。2019年国庆大阅兵直播中横跨长安街的"天鹰座"摄像机也再次露面，在考古发掘现场通过一镜到底的方式带领观众进入每个考古区，让观众感受每个考古区。运用虚拟成像技术，带受众身临其境，在中央电视台新闻频道推出的《天下之谜三星堆》特别板块中，利用虚拟成像技术创作了VR产品，构建了一个虚拟在场的状态。用户可通过点击探宝过程中的问题，以及滑动屏幕浏览文物的细节等方式，加强与文物的互动，营造虚拟在场感。同时，创新话语表达方式，让文物流行起来。央视新闻发布文章《这位千年'帅锅'手里到底拿的啥？》，可见，在主流媒体的系列策划中，带有拟人化、互动性特征的推广文案越来越多。央视频更是推出原创的三星堆动画短片《三星记》，把历史人物绘制成动漫人物，融入了当下流行的网络用语，并引入弹幕的方式增强互动性，将传统文化与流行文化拼贴结合，力求让年轻人更容易接受。

此次事件中，纸质媒介的互联网化运作也尤为出彩。《四川日报》旗下新媒体平台川观新闻联合四川省文物考古研究院、三星堆博物馆推出了音乐短视频——三星堆文物版MV《我怎么这么好看》。该音乐里融入了电音、四川方言等声音元素，将三星堆考古发掘浓缩在2分30秒的歌词里，欢快的曲调加上朗朗上口的歌词，很容易让受众产生记忆点。这条音乐视频一度刷屏，在川观新闻微信视频号上的转发和点赞均超过10万。而《四川日报》则推出16个版特刊报道《三星堆：再醒惊天下》，特刊分为四大主题："宝"，金色宝藏——沉睡与苏醒；"人"，寻宝王者——激活与赋能；"魂"，文明之光——溯源与融汇；"谜"，前世今生——发现和寻找。报纸在版面上充分运用了黄色、青铜色、蓝色、绿色，将这些色彩与文物进行匹配，极大地增强了版面表现力。此外，采用配套式的编排方法，让文字与图片相得益彰，增加了版面的感染力、说服力与可读性。

2. 案例点评

时隔 35 年再次启动三星堆的考古发掘，媒体第一时间启动了创意策划报道，进行议程设置，为受众提供了丰富的内容。这也是一种公关手段，激发人们对于考古的兴趣与热情，培养其对于文物的认知。

具体来讲，大众媒介可以通过议题设置来有效引导人们关注某些重要事件，在此次三星堆遗址发掘的过程中，媒体将考古这个对受众来说较为陌生的话题以多种形式包装起来，加上技术手段与连续性的报道，引导受众跳上了"花车"，最终主动加入这场媒介事件中，进行创作与裂变传播。而受众的参与式互动，又为媒体提供了丰富的内容素材，促进和启发了媒体内容的更新，UGC（用户生产内容）和 PGC（专业生产内容）内容有了良性循环。除了央视新闻、《人民日报》，四川本地媒体在本次传播中也发挥了重要作用，通过一系列创新的手段，巧妙地将对文物的科普融入人们喜闻乐见的事物中，促进了广泛的传播。

三星堆文物版 MV《我怎么这么好看》观看地址

（二）嘉兴：传承"红船精神"，助力城市形象建设

1. 案例回顾

嘉兴位于浙江省东北部、长江三角洲杭嘉湖平原腹地，是中国共产党的诞生地，红船起航的地方。近年来，嘉兴市在"红船精神"的指引下，以"举红色旗、打人文牌、走新时代路"为发展原则，发挥独特资源优势，做

强"南湖红船"品牌，探索出了一条在东部发达地区高质量发展红色文化旅游之路。

2019 年暑期以来，南湖景区以红色教育培训、青少年研学旅游等为主题的红色旅游产品持续火热，成为嘉兴红色旅游产品体系的重要组成部分。近年来，嘉兴整合开发"红古配""红绿配""红蓝配"等复合型产品，发布"首创之旅""奋斗之旅""奉献之旅"三大主题的 9 条精品游线，积极推进"红色经典、乡村休闲、运河文化、水乡古镇、工业创新、滨海观潮、康养健体"融合发展，构建了丰富的红色旅游产品体系。

立足于此，嘉兴将红色旅游与其他产业相结合，积极延伸红色旅游产品链条。红色旅游与美食结合孕育了"南湖船宴"等，与文创结合诞生了文创专营商店、"心游嘉兴"文创系列产品，与节庆结合产生了江南网船会等传统节会活动。对内，嘉兴通过构建并完善产品体系，延伸产业链条，不断拓展红色旅游发展空间；对外，嘉兴则以合作交流为红色旅游注入发展新动力。2020 年，嘉兴与上海、吉安、延安、遵义等共同成立红色旅游联盟，建立了"优势互补、市场共建、客源互送"的合作机制。

2021 年是中国共产党成立 100 周年。2020 年 11 月，嘉兴团市委启动队伍组建工作，共招募 430 名优秀志愿者，以确保用圆满、出彩服务庆祝中国共产党成立 100 周年。同时，嘉兴团市委联合嘉兴地区综合性都市报——《南湖晚报》向社会征集志愿者队伍名称，并最终将志愿者队伍名称定为"小嘉禾"。三套志愿者服在色彩定位、图案创作及工艺开发上向"红船精神"致敬，体现了嘉兴青年志愿者们朝气蓬勃、活力优雅的精神面貌。设计者从众多嘉兴历史故事和城市元素中，遴选出南湖水、南湖菱、水稻、石榴花、粽子等题材元素，最终确定了既能代表嘉兴城市精神特色，又符合"中国共产党成立 100 周年"红色主题的市花杜鹃花。此次设计还特别邀请了嘉兴本土国画书法家诸葛卫老先生亲自操刀，他运用国画白描手法结合扇面定位画法，使服装各部位的杜鹃花更加绚丽地绽放。采用的立体数码印花工艺使服装既内敛温婉，又不失张力，更是与"勤善和美、勇猛精进"的新时代嘉兴人文精神相契合。

2. 案例点评

"红船精神"不仅是根植于嘉兴人心中的信念，更是指引嘉兴人创造幸福生活的指路明灯。以建党 100 周年为契机，嘉兴不仅推出了一系列的纪念活动，更打造了一批特殊的志愿者团队，献礼建党 100 周年。这充分展现出嘉兴在人文旅游、文化产业方面的蓬勃朝气，也体现了嘉兴这座城市深深的红色烙印与浓厚的历史积淀。

"小嘉禾"志愿者服装发布

（三）乌镇：互联网经济打造"金名片"

1. 案例回顾

2014 年 11 月 19 日—11 月 21 日，第一届世界互联网大会在中国浙江乌镇举办。这是中国举办的规模最大、层次最高的互联网大会，也是世界互联网领域的高峰会议。该大会由国家网信办和浙江省人民政府共同主办，由浙江省网信办、浙江省经信委、桐乡市政府和中国互联网络信息中心联合承办。

自 2014 年以来，一年一度的世界互联网大会聚集各个国家和地区政要、国际组织的负责人、互联网企业领军人物、互联网专家学者，涉及网络空间各个领域。

作为京杭大运河流经节点，浙江乌镇受"水网"润泽逾千年；运河流淌 2500 年后，以互联网之名的"乌镇之约"再次汇聚世界目光。数度繁华的乌镇香市经时光轮转，变幻为炫酷的科技博览；相比民俗活动中活跃的摊贩，数字连接起的参与者更难以估算。桨声灯影背后的乌镇，是镶嵌于数字世界的"样板间"，感知互联网脉动的"活标本"。2020 年 11 月 23 日至 24 日，在乌镇举行的世界互联网大会·互联网发展论坛上，"信息科技""数字经济""科技抗疫"等成为乌镇"热词"。新冠肺炎疫情冲击和经济寒流，阻不断信息科技领域蓬勃的创新力量，数字赋能下，万物互联、智能制造仍加速演进。

2. 案例点评

"乌镇"，之前约等于一个旅游的符号，到后来演变成约等于戏剧和文化的符号，再到如今成为互联网、数字经济的符号，搭上互联网快车后，乌篷船虽依旧在碧水中慢慢摇曳，但这座千年古镇的数字经济版图却在加速扩张。

自从成为世界互联网大会永久举办地后，乌镇便不再只有"江南水乡"的标签，而是与现代互联网气息融合共生，与世界互联网发展同频共振。乌镇也被冠上了很多新称谓——互联网创新发展综合试验区、大数据高新技术产业园、互联网特色小镇等，这座江南小镇正以蓬勃发展的姿态迈向更高的平台，它也成为展示浙江形象乃至中国国家形象的一张"金名片"。

二、企业

（一）海底捞"老鼠门"事件

1. 案例回顾

2017 年 8 月 25 日《法制晚报》发布的一篇《暗访海底捞：老鼠爬进食品柜火锅漏勺掏下水道》调查报道，称海底捞北京劲松店、太阳宫店两家门店存在诸如老鼠在后厨地上乱窜、打扫卫生的簸箕和餐具同池混洗、用顾客使用的火锅漏勺掏下水道等问题。一时间，媒体舆论哗然，人们在震惊的同时对海底捞进行了谴责，俗话说"民以食为天"，食品安全问题在中国一向是一点就燃、一点就炸的重大民生问题。

然而这种负面谩骂或讨伐的声音却在四川海底捞餐饮股份有限公司（以下简称海底捞）官方微博当天 14 时 46 分发布致歉信、17 时 16 分发布事件处理通报后实现了彻底反转，在海底捞官方微博发布致歉信和事件处理通报后，竟有大批网友评论表示支持、原谅海底捞，甚至不乏称赞海底捞危机公关做得好的。

首先，海底捞的致歉信及时并诚恳，承认了媒体提到的所有负面问题，表示愿意承担法律责任，向公众道歉并向监督海底捞的媒体表达感谢。其次，随后紧跟的事件处理通报更是将点线面上的工作都做充分了。这一份通报有两个最大的亮点：第一，每项整改点名道姓落实公司高层的责任人；第二，不忘安抚基层员工，让涉事店员工无须恐慌，表明责任在管理层，在公司董事会，海底捞没有背锅的"临时工"。这可谓是一个成功的危机公关案例。

2. 案例点评

一些知名品牌遭遇媒体曝光或公众舆论讨伐的时候，或是刻意隐瞒和掩盖真相，或是漏洞百出地撒谎，或是拒绝道歉，或是保持沉默不发声，而海底捞在面对舆论危机时，真诚且及时地认错，最终导致公众舆论情绪反转，制造了从谩骂转支持的成功案例。

在海底捞"老鼠门"事件中，可以看到新媒体在传播信息、发表言论过程中发挥的巨大作用。信息发布方利用新媒体平台短时间内将内容推向公众视野，赢得广泛关注；企业利用网络传播的特征，以新媒体为自身解除危机。海底捞通过发布声明、联合营销号、控制热门微博下的评论等手段，逆转大众舆论方向，保全了企业形象。在现代的企业危机公关中，除了及时制订有效的公关方案，掌握网络传播的规律和特征、使新媒体平台更好地为己所用也是企业需要学习的重要一课。

（二）拼多多员工猝死事件

1. 案例回顾

2021 年 1 月 3 日晚，拼多多（上海）网络科技有限公司（以下简称拼多多）一名 1998 年出生的员工因加班猝死，此事件在脉脉 App 上迅速发酵成热点话题。1 月 4 日 8 时 19 分，有网友截图，拼多多官方账号在知乎该问题下做出了以下回答："你们看看底层的人民，哪一个不是用命换钱，我一直不以为是资本的问题，而是这个社会的问题，这是一个用命拼的时代，你可以选择安逸的日子，但你要承担选择安逸的后果，人是可以控制自己的努力的，我们都可以。"1 月 4 日 8 时 20 分 17 秒，拼多多自行删除了上述回答。随后，拼多多发出官方回应，称"从未发布过网传截图的'官方回应'，坚决反对截图上的观点"。然而，此举惨遭"打脸"，北京知乎科技有限责任公司声明知乎有着严格的审核机制，"拼多多"是知乎注册用户。

1 月 4 日 19 时 45 分，拼多多在不得已之下发布了第二次声明，即关于拼多多同事张 × 霏意外离世的解释说明和道歉，称此前拼多多官方账号在知乎所发布内容为合作供应商李某某利用个人手机发布，该员工参与了拼多多跨年晚会的相关合作，用手机登录了拼多多的官方账号，并保持了登录状态，拼多多官方对该言论表示强烈反对。该公关声明不但没有落款和公章，更是直接将受害者家属的朋友圈截图附在官方声明后，企图拿受害者来平息此次风波，这显然是不合理的，也推动了危机的再一次升级。

2. 案例点评

首先，此次事件反映出拼多多公关缺乏危机预警意识和快速反应能力。公关团队内部应该有健全的危机预警系统，并对这类危机有预先演练和模拟。然而，在员工猝死事件的危机公关中，面对知乎截图，拼多多首先选择撒谎，这种不诚实的回应在自媒体时代早晚会被戳破。选择进行如此不诚信的回应，可见公关团队在此事处理过程中的缺位或失职。

其次，拼多多对细节的把控也不够严谨。拼多多为表家属达成谅解，公布了女孩父亲的朋友圈，截图中"2分钟前""删除"的字眼显得尤为醒目，这表示拼多多在女孩父亲发布朋友圈之后马上就截图了。网友怀疑，公关极有可能在跟进此事，甚至是与家属达成了某种"合作"。当下，危机公关留给公关人的时间越来越短，甚至以分秒计时，但公关不能只追求快速，而失去对细节的把握，一旦处理不好可能引发更为严重的次生危机。

（三）苹果2020年春节贺岁短片《女儿》

1. 案例回顾

从2015年开始，苹果公司（以下简称苹果）都会在春节期间推出具有中国味道的贺岁短片，2020年也不例外。2020年苹果贺岁短片的导演是2017年奥斯卡金像奖提名电影《隐藏人物》的导演西奥多·梅尔菲（Theodore Melfi），她与提名2020年奥斯卡金像奖的劳伦斯·谢尔、中国知名女演员周迅合作创作出8分钟的新春大片《女儿》，来告诉用户用iPhone拍摄的视频可以达到电影级的质感。

该片讲了三代人在除夕夜重聚的故事。周迅（以下以演员名称指代角色名称）饰演了一位单亲妈妈，独自一人带着女儿在重庆开出租谋生。影片开头客人因为周迅带着孩子不愿搭乘她的车，周迅的黄色出租车在一众红色出租车中显得格格不入，也映衬出她作为单亲妈妈的不易。而这位单亲妈妈其实也是别人的女儿，在一段长达15秒的长镜头里，周迅回忆了与母亲发生争吵，带着还在襁褓之中的女儿离家出走，再也没有回来的故事。影片不只是以周迅的角度来讲述，还以她女儿的视角来讲述，小女孩通过一个自制的"万花筒"，看到一个绚丽多彩的世界，而非枯燥艰苦的生活。虽然片中的周迅是一个独立坚强的女性，但和女儿讨论起饺子的时候，还是不禁想起母亲以前过年包的饺子，是她最喜欢的韭菜鸡蛋馅。在一个下着暴雨的除夕夜，周迅正准备提早收车回家，但在女儿的请求下决定载上一位在暴雨中打车的妇女，而这位妇女正是周迅多年不见的母亲。原来，周迅的母亲这么多年来都在寻找她们母女。最后周迅说了一句"妈，我饿了"，母亲则拿出了保温瓶里的韭菜鸡蛋馅饺子，她与母亲多年的恩怨也随之烟消云散。该短片表面上说的是一位单亲妈妈带着女儿开出租车的一路际遇，骨子里仍然说的是一家三口团圆、两位母亲和解的故事。

跟过去两年一样，苹果的春节短片除了剧情本身，也传达出品牌具有人情味、温暖的调性，同时也是在启发人们如何使用 iPhone 在日常生活当中来创作。

对于用户来说，更想了解的可能不是怎么用 iPhone 拍摄出质感媲美电影大片的作品，而是如何在日常生活中更好地记录生活。《女儿》的主创也来到了上海环贸 iapm 的 Apple Store 进行分享，西奥多·梅尔菲和劳伦斯·谢尔在活动现场教授了一些使用 iPhone 的技巧并亲自演示。

苹果短片《女儿》截图及观看地址

2. 案例点评

从 2015 年许鞍华导演《老唱片》，2016 年关锦鹏导演《送你一首过年歌》，2018 年陈可辛导演《三分钟》，2019 年贾樟柯导演《一个桶》，再到 2020 年奥斯卡金像奖提名影片导演西奥多·梅尔菲导演《女儿》，它们除了都是用 iPhone 拍摄外，还有一个始终不变的主题——回家。

"回家"是春节永恒的主题，牵动着每个中国人的返乡情结，这因而成为苹果作为外资品牌在地化的典型范例。春节作为中国传统意义上最重要的节日，已经成为各大品牌广告和公关大战的主战场，如何把握好这个节点，因而显得尤为关键。

三、个人

（一）张丹峰出轨门，愤怒发言再引热议

1. 案例回顾

2018 年 7 月，张丹峰被传与经纪人毕滢有暧昧关系，两名当事人分别发表声明，表示遭恶意猜测抹黑，洪欣也开腔投给老公信任票。绯闻传出后，张丹峰与洪欣于同年 8 月 19 日下午首次公开露面，带 4 岁女儿出席舞蹈学校颁奖礼。张丹峰抱着女儿匆忙入场，洪欣全程甜笑做背后的女人，夫妻关系没受影响，但他们没有接受访问。

2019 年 4 月 8 日，有媒体再次拍到张丹峰和经纪人毕滢在酒店共度一夜的画面。当日大约 22 点两人回到酒店，毕滢从电梯出来就直接进了张丹峰的房间。进去没多久，毕滢出来回自己房间，待了一会儿换上了一套家居装扮，再次去了张丹峰的房间。而这一去直到凌晨 1 点多，她才回到自己的房间。

张丹峰这次出轨事件闹了一个多月，还是没有出轨"实锤"出现。而张丹峰当时并没有马上出来回应，而是沉默了一个月以后，于 5 月 6 日晚上，准备了一篇长文在微博上做出回应，此次回应在网上引来不少的争议。

其实真的不想出来发什么声，该说的工作室已经声明过了！我不是第

一次碰到这种事。去年同样的事情，凭几张很正常的照片已经把事情发酵成那个样子，最后逼得我和我老婆要出来一点一点和你们解释清楚，事情才平息！说到这次，狗仔偷拍者拍到经纪人进出我的房间。刚看到这些照片的时候，我有些意外，本来我就是个普普通通的演员而已，却得到了一线大咖的"待遇"，这背后的猫腻，我一定会追查清楚！开始的时候，我不想再像去年那样，不停地声明解释，浪费公共资源，决定采取冷处理！本来以为你就拍几段视频、几张照片娱乐下大家就算了，没想到网络上的水军带节奏，没完没了地诽谤，我就请来了律师团队帮我解决这个事情。等案情有结果一定告诉大家！至于我太太为什么不发声，为什么删微博：首先这件事因我而起，要发声也是我先发声；其次，关于我的微博是之前我们吵架时她删掉的，结果被你们拿来开始做文章了。我相信每一对夫妻都会有矛盾争吵，这是我们自己家的事，不是当事人就不要来安排我们，难道非要搞得我们家庭支离破碎，这才是你们想看的结果吗？还有一些我素未谋面的"人士"，您对我对我们家的"点评"有何根据？我们根本就不认识你们，甚至连我的朋友都不认识你们，你们凭什么事实来对我评头论足？各自安好岂不很好！至于镐濂清空微博，那是之前他的公司在他出道前的统一安排，请不要在一个孩子身上再做文章了，有些网络自媒体难道连做个人的底线都不要了吗！我出生在东北，骨子里有东北人的倔劲，我不出声不代表你们可以毫无底线地诽谤我！触及法律红线的，我一定追责到底！从小到大，我的父母教育我，"害人之心不可有，防人之心不可无"，我做到了前半句，后半句将是我接下来人生的功课。我原以为世界是美好的，只要你待人真诚、无愧于心就能开心地生活，但通过这件事，我发现现实并非如此。但我还是坚信这个世界大部分是美好的，人与人是友善的！最后，至于我的经纪人，她知道给我带来这么大的影响，已经引咎辞职了，现在处于交接阶段。你们想要的发声我说完了，请不要再伤害我和我的家人了，大家都不容易，感谢！

2. 案例点评

明星作为公众人物，其一言一行应当慎重对待。当面对出轨等关乎社会公德与个人形象的危机事件和相关的视频照片等疑点，应当抓住危机公关的黄金时间，对社会公众反映的疑点进行真诚、友善的公开与沟通。张丹峰自 2018 年 7 月起就被曝与其经纪人有过于亲密的关系，当时事件因张丹峰妻子及时回应而平息。时隔一年左右，张丹峰在面对网上再次流传的真实的图文新闻时，自 2019 年 4 月 8 日事件爆发，到 5 月 6 日晚上微博发声，整整过去了一个月，网络舆论已然难以控制。在发言稿里，针对网友关心的夜间串门的视频照片实情、是否出轨的事件本身，只是以"工作室已经声明过"为由回应，并没有进行过多的确认；而在其余较大篇幅中，重点提及网友和个别有心破坏者等过于关注，故意曲解。"非要搞得我们家庭支离破碎""无底线地诽谤""经纪人引咎辞职"等词句，并未意图与公众进行真诚友善的沟通，而是在表达自己被误伤的愤懑，和对广大网友关注议论的不满，使得负面舆论进　步升级扩散。

（二）罗永浩直播"翻车"，真诚道歉成典范

1. 案例回顾

2020 年 5 月 15 日，罗永浩在直播间推荐了鲜花电商品牌"花点时间"的 520 鲜花礼盒，在即将到来的特殊日子"520"面前，这件适宜的商品很快被一抢而空。然而，5 月 19 日开始，不少买家反映鲜花出现了打蔫和腐烂的情况，货不对板。

5 月 20 日 19 时 46 分，"花点时间的店"在微博主页致歉，表示将为对鲜花不满的消费者进行全额退款。20 时 28 分，罗永浩在微博上就花点时间玫瑰质量事件致歉，同时公布了补偿措施。态度明确，措施诚恳，直接把话题 # 罗永浩致歉 # 顶上微博热搜。

"真诚沟通""承担责任"是危机公关 5S 原则的重要部分，罗永浩开门见山，表示自己直播带货的这个产品有问题，因此他"非常不安，无比愧疚"。紧跟着是他给出的解决措施：全额退款。对于消费者的差评，罗永浩

迅速直接转发到了自己微博，多达 29 条。

首先，对于消费者的问责，他始终保持坦诚的态度，面对危机不逃避、敢担责，设法解决问题，取得了受众的信任和谅解。

其次，罗永浩本人在致歉的时候站在消费者的立场上，具有足够的同理心。他表示，"考虑到 520 节点的特殊性，原价退款也无法弥补大家在节日当天的遗憾"，"也考虑过用应景的礼物来表达歉意，但总觉得作为商业机构，对消费者的补偿没什么比现金更诚恳"。这能传递给消费者积极正面的信息，罗永浩团队在尽可能地弥补过错，消除消费者的不悦。消费者所关注的并不仅仅是危机所造成的破坏或是补偿，他们更关心的是当事方是否在意他们的想法，并给予足够的重视。而罗永浩清楚地知道，受众的愤怒来源不仅仅是花的品质，更是 520 这个节点被破坏的无奈。

最后，他也及时反思错误，明确阐明自己错误的地方，并承诺后续的解决办法。直播带货，涉及品牌、主播、购物平台三方主体，罗永浩作为主播，既然被质疑选品失误，理所应当直面回应。因此，罗永浩在声明里说，其团队对于选品质量问题很重视，知道生鲜类产品容易出问题，很小心，但还是出现事故，表示惭愧。紧跟着就是以后怎么做，即选品的执行标准、额外设计针对容易出现问题品类的补偿措施。可见，声明能围绕问题的根本，从顶层设计层面提解决方案，让消费者安心。

2. 案例点评

从 2016 年"直播元年"，到 2020 年新冠肺炎疫情影响下的直播电商爆发，在直播带货日益崛起的趋势下，除了全职主播，越来越多的明星、网络红人、媒体工作者、企业创始人甚至各地县长，纷纷加入了这个行列。而直播带货的"翻车"事件也数不胜数，罗永浩能把危机转化成个人品牌的信任机遇，是值得公关界称赞的。除了对直播行业倾注了热情之外，罗永浩自身也有着天然优势：他作为个人品牌已经相当成熟，有着坚实的粉丝基础，他也是那个为品牌说故事背书的人，而对于受众来说，对个人的信任会缔造更好的品牌。

在此次事件中，罗永浩就事论事，不卑不亢。他并没有在致歉声明中描述自己的不易和艰辛，而是以言简意赅的文字阐明了自己的立场，抓住消费者最关心的问题，并给出了解决措施，及时安抚了消费者。转发消费者差评，更是充分拉近了与消费者之间的距离，展示出接地气、负责任、敢担当的个人形象。通过这样的真情流露，罗永浩不仅成功化解了危机，更是稳固了自己的品牌，实现了个人形象的提升。

第三节　本章小结

在当今数字时代，互联网已成为人们生活的必需，各行各业与互联网接轨也早已成为大势所趋。各类新兴技术的来临推动行业不断整合与重构，当传统行业面临挑战，公关也在风起云涌的局势中日益革新，市场对公关的需求不断增加，说明了公关在当代社会举足轻重的地位。中国公共关系市场在 2019 年呈现稳步增长态势，也充分证明了这一点。

当今公关行业市场呈现出以下特点：市场变化快，互联网属性增强；发声渠道多元，舆论战场复杂；沟通加强，共情打造公关新方式。不可否认，目前越来越多的公关活动正在朝着数字化的方向发展，互联网已经成为开展公关工作的重要阵地。如何在顺应互联网浪潮的同时，合理引导和利用舆论，将舆论打造为公关活动的一环，制定适合自身的公关传播策略，是互联网时代的公关主体应当关注的议题。

公共关系行业发展趋势有以下几点：第一，公共关系行业分化趋势越发明显，兼并重组的趋势开始显现，行业整合力度将进一步加大；第二，通过线上服务、直播带货等多种营销手段助力公关已是大势所趋；第三，公共事件频发让危机公关再受关注；第四，"一带一路"与公关全球化趋势深入推进；第五，资金问题依然是公关公司发展过程中面临的挑战。2020 年，突如其来的新冠肺炎疫情干扰了行业的发展节奏，行业分化、整合的趋势未来将进一步加快。

　　政府、组织和个人都应当把握好市场机遇，并利用恰当的传播技术和手段，把公关传播活动视为一项日常事务来执行，以更加积极主动的姿态，将公关活动融入信息传播中，更好地掌握话语权。这需要公关从业者时刻对互联网形势保持敏锐度，随时捕捉社会热点，学会适当地利用已有话题进行公关活动。另外，公关传播不仅要服务现在，更要着眼于市场环境的变化以及未来发展的趋势。前瞻性的眼光、前沿的技术以及创新的方式是公关传播活动成功的关键。无论何时，公关传播的本质依旧是为公关主体创造良好的内外部发展环境，而利用有效的传播方式为公关主体创立形象、塑造品牌、化解危机、提供决策依据，仍是公关传播的重要任务。

本章思考题

　　1. 互联网时代的公共关系有哪些"变"与"不变"？

　　2. 新兴市场给公关行业带来了哪些机遇和挑战？

　　3. 面对新兴市场，政府、组织和个人分别应当采取怎样的公关措施？为什么？

　　4. 在危机公关的案例中，你认为做得好的危机公关有何优点，做得欠佳的又在哪些方面失分呢？

　　5. 面对新兴市场中越来越多的突发公共事件，你认为危机公关能为企业带来哪些影响？

　　6. 你认为公关行业未来还将出现什么新趋势？

参考文献

Statista.2009—2019 中国乘用车和商用车汽车销量 [EB/OL].（2021-2-16）[2021-11-29]. https://www.statista.com/statistics/233743/vehicle-sales-in-china/.

夏小淇 . "互联网 +"时代企业公关传播方式的新特点 [J]. 新闻研究导刊，2016，7（12）:364.

陈力丹 . 新闻理论十讲 [M]. 上海：复旦大学出版社，2008.

赖明妍 . 品牌危机事件中的微博舆论引导研究 [D]. 南昌：江西师范大学，2020.

王光娟，赵悦 . 公共关系学 [M]. 上海：上海财经大学出版社 ,2020.

殷琪蒙 . 积极公关视角下突发公共事件的互动、合意与共情——基于麦当劳、老乡鸡、吉野家三家快餐连锁企业公众号的分析 [J]. 中小企业管理与科技（上旬刊），2020（7）:84-87.

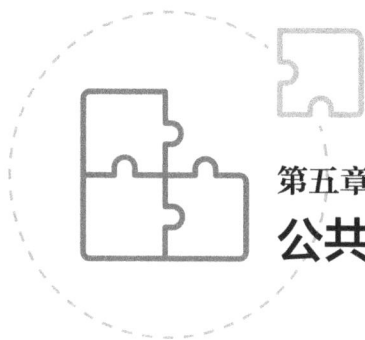

第五章

公共关系与形象塑造

本章概要

20 世纪初，万宝路曾是定位为女性香烟的香烟品牌。1954 年，它一改以往的脂粉气，从品牌的名称设计与包装等方面入手，以西部牛仔等硬汉形象作为广告宣传重心重返市场。这一系列改变不仅让万宝路这一品牌起死回生，创下高额盈利，并一跃成为知名品牌，还令粗犷、豪迈、充满英雄气概的男子汉形象深入人心。

大卫·奥格威（David Ogilvy）在其著作《一个广告人的自白》中也提出了品牌形象论。他指出，一个产品具有它的品牌形象，消费者所购买的是产品能够提供的物质利益和心理利益，而不是产品本身。因此，广告活动应该以树立和保持品牌形象这种长期投资为基础。

现如今，无论是在现实社会抑或是网络世界中，我们总能见到许多个人、社会组织乃至城市所塑造的形象。这些形象承载着独特的品牌魅力，在宣传自身品牌理念、强化受众品牌认知等方面做出了卓越贡献。如何塑造成功有效、受公众喜爱与追捧的品牌形象，维系自身与社会大众之间的紧密联系，已经成为企业等组织在公共关系中最为关注的课题。本章主要分析介绍如何通过公关的手段来塑造个人品牌、企业品牌及城市品牌。

第一节　理论概述

一、公共关系中的形象塑造

（一）国内对于形象塑造问题的研究

随着社会文明程度的提高，各方面人士、组织机构都越来越重视自身形象的塑造，形象塑造问题逐渐成为每个人在生活中会遇到的重要问题，因此关于形象的研究问题值得关注。

宣宝剑（2008）认为，形象是人们对于人或事物认知信息的总和。他对于形象问题的研究将形象总结分类成六个方向：一是文学领域里的形象学；二是公共关系学领域里的组织形象研究；三是经济学和管理学领域的企业形象研究；四是心理学领域的形象研究；五是试图建立独立的形象学的努力；六是栾轶玫等发起的在大众传播领域里关于媒介形象学的研究。壮春雨（2002）认为，形象就是指能够引起人的思想和感情活动的具体事物的具体状态，也即形象是具体事物的存在状态，只有能够引起人的思想和感情活动的具体事物才有形象。但他忽略了形象除了具体状态外还应有更深层次的内涵。管文虎认为形象是一种客观具体事物的主观映像，是客观刺激物经主体思维活动加工或建构的产物，是直接或间接引起主体思想情感等意识活动的迹象或印象。这种观点指出了形象实际上是一个知觉性的概念，是客观具体事物的主观映像，并且是客观刺激物经主体思维活动加工或建构的产物，说明了形象既有直接性质又有间接性质。刘彧彧（2006）认为形象是指能引起人的思想或感情活动的具体印象，它既是一种抽象物，又是一种综合的感觉，而且还是动态感觉。其所观察出来的客观事物，通过视觉、听觉、触觉等感觉器官的掌握，在脑海中再生，就是所谓的形象。但这种观点把形象的内涵限定在了知觉的范围，对于一些非现实的形象也难以说明。江明华、曹鸿星认为，形象是消费者经过一段时间通过处理不同来源的信息所形成的有关对象的总体感知。这种观点提出总体感知的说法，在某种程度上揭示了在形象认知中必须要具有系统的思路，给人以启发。但是感知依然没有超出感知觉的范畴，所以，这个定义的局限性也是明显的。张军（2007）认为企业形象主要包括积极的社会观与价值观、创新与开拓精神、对产品和服务质量的追求等内在精神，以及包括产品、组织／产品名称、标记、广告、标准色、建筑式样和门面装潢、包装等外显标志。外显示物虽然可以表露出内在精神，但更多由企业的目标、行动、策略，以及组织的所有成员的举止言行长期积累而成。罗长海认为，形象有多个层次的含义，不能用一个定义来描述，从低到高大概有五层意思：一是"人之相貌，物之形状"，实质上是个体的感觉形象；二是对各种感官获得的各种现象材料进行归纳整理、去伪存真，将那些和本质相一致的感觉表象归为一类，形成一个相应的"类形象"；三是组织形象；四是"符合理想或理念要求的感性表象"的艺术形象；五是"人的本质力量对象化为客观存在"，或"形象是符合理想本质的客观存在"。因此，企业不仅要能够创造出符合理想的人化自然，而且要创造出符合理想的实际存在着的人格德性、情操和人际关系。

（二）国外对于形象内涵的研究

栾轶玫在《媒介形象学导论》中梳理了"形象"一词的词源："雷蒙德·威廉斯（Raymond Williams）在他的著作《关键词：文化与社会的词汇》（*Keywords of Culture and Society*）中对形象一词进行了历史情境的梳理，认为，'英文词 image（意象）最早意思源自 13 世纪，指的是人像或肖像。其词义可追溯到最早的词源——拉丁文 imago（imago 词义演变到后来便带有幻影、概念或观念等义）……'，介乎'模仿'（copying）和'想象''虚构'（imagination and imaginative）两个概念之间。在英文里，image 后被用于名声，其意思是'可感知的名声'（perceived reputation），例如商业中的'品牌形象'（brand image）或政治家关心自己的'形象'。Image 在文学及绘画中的意涵早已被用来描述电影的基本构成单位。这种技术性的意涵实际上强化了 image 作为'可感知的'名声或特色的意涵，彰显其商品化的操作过程。"

莎尔托夫在其《形象论》中的表述为：形象是作用而非事物，或是在某种情况下的意识、感觉和知觉，并不是在脑海中简单投射出来的东西。这种观点发现了形象是一个感知觉的概念而不是事物本身，并且具有某种作用力，在某种程度上提示人们去了解形象的功能，也具有一定程度的合理性。约翰·菲克斯（John Fiske）等人认为：形象（image），最初是指对现实的某种视觉性表述——或是实际的（就像在图画或照片中），或是想象的（就像在文学或音乐中）；现在一般是指为了吸引公众，人为创造的某种人工制品或公共印象，它意味着其中具有一定程度的虚妄，以致现实难同其形象相符——在这个意义上，我们讨论某个消费品的形象，或是某位政治人物的形象。但关于形象是人为创造的某种人工制品或公共印象这一观点，菲克斯并没有进行性质定义，这反而使其观点流于表述。

（三）公关关系中的形象塑造模型与系统

1. 品牌形象的四个模型

品牌形象是品牌资产的核心成分，品牌形象的内涵和特点是深入研究品牌形象的出发点和基础。由于品牌形象的复杂性和情境性等特点，在不同的时间、地点和使用情境，消费者赋予其不同的含义和内容。许多研究人员，如大卫·艾克（David Aaker）、凯文·凯勒（Kevin Keller）、克里斯南（H.S.Krishnan）和亚历山大·贝尔（Alexander Biel）分别从各自的研究角度提出了不同的品牌形象模型。

艾克模型认为品牌形象模型与品牌权益模型密不可分，他在品牌形象的基础上提出了自己的品牌权益模型。该模型认为品牌权益包括品牌知晓度、品牌忠诚、品牌联想，以及品牌的感知质量和其他独占的品牌资产。

凯勒模型从建立基于顾客的品牌权益的角度把品牌知识（brand knowledge）分为品牌知晓度和品牌联想两个部分。品牌形象并不总是消费者记忆中品牌联想对品牌感知的反映，而是在顾客与品牌长期接触的过程中形成的，反映了顾客对品牌的认知、态度和情感，同时也预示着顾客或潜在顾客未来的行为倾向。品牌联想从总体上体现了品牌形象，决定了品牌在消费者心目中的地位。因此，通过分析品牌联想结构，有助于考察品牌营销的直接效果，揭示出单靠绩效指标和以往的行为模型无法得到的信息，对于指导企业的营销战略特别是品牌战略具有重要价值。

克里斯南模型基于心理学家提出的联想网络记忆模型得出，即人们头脑中的记忆是由一些结点（nod）和链接（connecting link）组成的网络，结点代表了存贮的概念或信息，链接代表了信息和概念间联系的强度。任何信息都可以存贮在这个记忆网络中，包括文字的、视觉的、抽象的和背景的信息。例如，人们通过长期接触企业有关品牌营销的信息，通过直接的消费经验或与他人沟通等途径，在头脑中形成有关品牌信息的记忆网络。在品牌名称的外在刺激下，人们会激发头脑中已有的品牌联想记忆网络。

贝尔模型从"硬性"和"软性"两个方面深入探讨了公司形象、产品及服务形象和使用者形象对品牌形象的贡献，直观地描述了品牌形象的构成要素及其影响因素，更适宜于对品牌形象的实证研究。贝尔模型认为品牌形象通过公司形象、产品及服务形象和使用者形象三个子形象得以体现，而描述品牌形象好的起点是消费者对品牌相关特性的联想。这些联想可以分为"硬性"和"软性"两种属性。

所谓"硬性"属性，是对品牌有形的或功能属性的认知。这种硬性属性对于品牌而言，是十分重要的因素，如果一个品牌一旦对某种功能属性形成独占，别的品牌往往很难再以此属性进行定位，一些市场领导者品牌往往都在某些功能属性方面取得了垄断地位。但是，硬性属性已不再是形成品牌差异的绝对因素。"软性"属性反映品牌的情感利益，如今，软性属性已成为区分品牌越来越重要的因素。因为，这种情感利益一旦建立，就很难为人所模仿。消费者将有关公司的各种信息和使用公司产品的经验组织为公司形象，这是品牌形象的重要组成部分，也可以称之为组织形象。其构成要素主要包括：革新性、历史延续性（如企业的历史、规模、实力等）和社会营销意识，以及给消费者的信赖感。

2. 企业识别系统

企业识别系统，简称 CIS（Corporate Identity System）。在许多情况下，人们对企业形象识别系统与企业识别系统不做严格的区别，并相互换用。企业识别系统是由三个相互关联的系统构成，即企业理念识别系统（Mind Identity System，简称 MIS）、企业行为识别系统（Behavior Identity System，简称 BIS）、企业视觉识别系统（Visual Identity System，简称 VIS）。目前企业识别系统已成为规范企业形象的系统设计方法和成熟的传播工具。

形象是能引起人们的思想或感情活动的具体活动和姿态。企业形象就是人们对企业的一种看法和认识，是决定企业在竞争中生存发展的关键性因素之一，其主要由物质表现形式（产品质量、办公设施设备及环境等）、社会表现形式（员工素质、人才阵容及技术力量等）、精神表现形式（信念、道德水准及口号精神等）三种表现形式构成。企业识别系统是关于企业期望通过人们的描述、记忆和相关的一系列含义、内涵让自己为外界所认识。

企业形象识别最初的实践与尝试可以追溯到 20 世纪六七十年代。激烈的资本主义市场竞争、产品和服务因缺乏革命性的突破而趋同、市场供给与消费需求之间矛盾突出，由此，企业识别系统在美国各大企业出现并得到推广。企业公关的实践者们主要关注企业特点和优势如何通过市场化手段开展传播，考虑如何将企业品牌化以促进其产品和服务更快捷、更有效占据市场、赢得消费者等现实问题，与此同时，许多市场及品牌的理论和方法（如公关定位、差异化策略）逐步开始渗透并运用在企业公关领域。企业形象识别是企业如何概括自己、如何与其他企业相区别、如何持续赢得市场与目标公众关注的一种管理方式和手段（Zinkhan，2003）。从整合公关视角，通过企业形象识别可以整合企业文化、企业价值观、企业品牌、企业视觉标识、企业形象、企业声誉以及企业的产品与服务等概念，进行塑造、传播、管理。企业形象识别的意义在于赢得目标受众的眼球，关注、尊敬和信赖：在目标受众的脑子里开立一个信誉账户，使企业形象识别创建一个声誉、信誉原始档案，通过传播、口碑、消费者体验来以新增企业形象识别声誉、信誉额度。

所谓理念识别系统，是指一个企业的经营理念定位，企业形成自己独特的企业理念，从而树立起在市场中的形象。行为识别系统指企业围绕自己的理念识别系统而呈现出的活动和行为准则。它是企业理念中行为规范的物化表现。它大致包括企业的对外行为活动和对内行为活动。前者有市场调查、促销活动、社会公益性和文化性活动等。后者是指企业的生产管理、员工教育（包括敬业精神、服务水平、应接技巧、行为准则）等。行为识别系统归结到一点上，就是指企业内部人员的活动，以及他们在活动中所表现出来的举止、态度、行为方式等。视觉识别系统是以企业标识、企业名称为中心的系统工程，它通过统一设计企业的标准标识或商标的标准字体、装饰图案和线条来装饰企业的各种建筑物和活动场所，以及一切用品，使社会公众从视觉角度、从整体上认识企业的独立系统形象。其主要应遵循战略性原则、民族化原则、个性化原则、同一性原则、系统化原则以及传播性原则。

侯向平将企业形象识别具体描述为：一是一种组织身份，一个大企业比一个小企业更需要营销企业形象识别；二是企业标志、企业文化；三是一种别人看待企业的方式，也是为企业的产品或服务"买单"的理由；四是一种真实反映企业层面的承诺；五是一种使人相信企业或者产品、服务所具备的特质；六是比品牌更容易使企业与其他相区别并赢得关注的一种资源；七是一种将信息植入目标受众心灵的工具，但用户接触产品和服务的体验是主角。

3. 企业形象力

刘彧彧重新界定了企业形象内涵。产品 / 服务品牌（形码）、企业文化（意码）、企业声誉（声码）这三个来源形成企业形象的三个系统，人们透过企业所传递的各种信息来识别和判断企业，按企业的各种性状将其分成声、形、意三种编码分别贮存。利益相关者通过企业形象声码形成对企业声誉的认知评价，通过企业形象形码形成对品牌的认知评价，通过企业形象意码形成对企业文化的认知评价，三大系统复合集成便构成了企业形象。此外，她还提出了企业形象力的概念，论述了企业形象力的生成机理和存在作用，构建了企业形象力管理内涵——企业主体、客体和主客体形象传播三大内容的体系框架模型，并对三大系统中所含的内容，以及主客体双方如何达到动态平衡，提出了比较具体的思路、原则、测评标准和计算方法。

企业形象力的体系框架模型揭示了企业形象是一个多层次多要素的复合集成体系，它的核心和本质是企业主体基于企业文化凝聚力、产品/服务创新力、企业声誉感召力三大系统的复合集成，这将构成企业形象力的体系基础。从企业客体层面又反映出利益相关者的品牌忠诚度、企业认同度和企业信用度，具有一定的系统性和创见性。企业实体是形成企业形象的基础，但企业形象反过来又能对企业实体产生积极的或消极的影响，从而形成作用力与反作用力的双向互动模式。这也是企业形象力理论比企业识别系统理论更胜一筹的关键，企业形象力理论是一个突出性的理论创新。

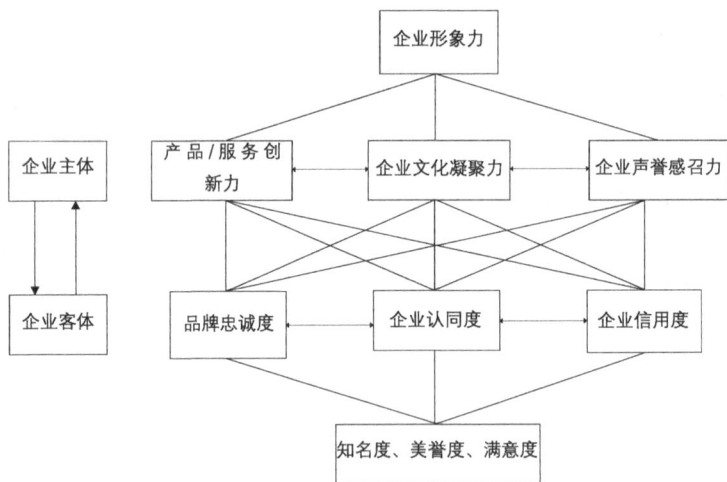

企业形象力的体系框架模型

这些不同领域中关于形象塑造问题的研究与模型，为我们更深入地探析公共关系中的形象塑造问题提供了很好的帮助。

（四）概念辨析

1. 声誉与形象

在经济全球化的背景下，企业之间的竞争越发激烈，企业声誉越来越受到重视。作为企业的无形资产，良好的声誉是企业独有的特性，能够为企业带来巨大的经济效益，使企业赢得消费者的尊敬。企业声誉日益成为企业战略研究的焦点。企业形象和企业声誉是相互关联的概念，但是二者又有着本质的区别：企业形象可以通过商标、广告和公关等企业沟通手段在短时间内获得，而企业声誉是对企业特点的价值判断，塑造良好的企业声誉是一个长期的过程，需要企业有持续的、长时间的优异表现。声誉和形象是两个截然不同的概念，但是它们之间有一种动态的相互作用的关系，二者会相互影响。企业声誉是建立企业形象的总体过程和最终结果。

自20世纪60年代以来，经济学和管理学开始逐渐关注企业声誉的概念，并感知到了其对于企业成功的重要影响。白永秀（2001）认为，声誉是一个人、一个企业或某一团体在公众的头脑中所留下的一个总体印象。它是行为主体的各方面行为能力的综合反映，它依附于主体又相对独立于主体，是行为主体的一项总体性的无形资产，其对主体的作用具有一定的时滞性。刘汉林（2007）认为，企业声誉是企业通过自己的行为在他人头脑中形成的对本企业的一种看法，这种看法源于他人通过自己的感官和掌握的相关信息形成的综合性判断，进而通过这种判断之间的交流、传播在社会上形成的对某一企业的评价。

2. 品牌与形象

不少人认为品牌和形象是一回事，在使用中也没有严格区分媒介品牌和媒介形象，往往是品牌、形象交替使用。从某种意义上来讲，品牌形象随着品牌的产生而产生，品牌的含义决定了品牌形象的内涵。心理学认为，感知（perception）是人们对感性刺激进行选择、组织并将其解释为有意义的和相关图像的过程。形象是消费者经过一段时间通过处理不同来源的信息所形成的有关对象的一个总体感知。品牌形象代表了消费者对品牌的总体感知，是依据消费者有关品牌的推断形成的，这种推断基于外部的刺激或想象，是消费者从经验中形成的对产品的信念，这是品牌形象的本质。

品牌形象本源含义是指某个品牌在市场上、在社会公众心中所表现出的个性特征，它体现公众特别是消费者对品牌的评价与认知。品牌是一个客观事物，而形象则是事物在人脑中的印象。品牌形象与品牌不可分割，品牌形象体现了品牌的实力与本质，因此形象是品牌的根基。品牌形象是消费者在与该品牌长期接触的过程中产生的，并通过消费者的品牌联想得以强化。企业品牌管理的最终目标，就是在目标消费群体心中建立其所希望的品牌形象。

凯勒在其所著的《战略品牌管理：创建、评估和管理品牌资产》中提到人、机构、地方可以品牌化，"在这种情况下，品牌是根据某个特定的地理名称确定的。品牌的功能，就是让人们认识和了解这个地方，并对它产生一些好的联想"。品牌一词最早出现在古斯堪的纳维亚语，发音为"布兰多"，意思是"燃烧、烙印"，用于指代区分牲畜归属的标识。之后，品牌的内涵不断深化，从区分牲畜归属的标记逐渐发展成为承载商品功能性价值、感情性价值、标签性价值等多重价值属性的伟大资产。这种演变归根结底是市场竞争不断升级的结果。根据美国市场营销协会的定义，品牌是一种名称、术语、标记、符号、图案，或是它们的组合，用以识别某个销售者或者某种产品或服务，并使之与竞争对手的产品或服务相区别。人们对品牌内涵的认识经历了一个纷繁复杂又此消彼长的辩证过程，并在这一过程中逐渐显现出不同的本质特征。在营销和市场经济领域深入发展之后，品牌的概念得到了拓展，开始在文化、政治、社会等领域焕发出新的活力。张锐、张燚、周敏在《论品牌的内涵与外延》中提出，凡是需要沟通并且可以沟通的事物都可以被品牌化。

目前关于媒介形象的普遍看法是，媒介形象是媒介本身的一种无形资产，把媒介形象基本上等同于媒介及其产品的品牌。持这种观点的人基本上受到 20 世纪 80 年代以来一些经济学、管理学领域关于企业形象问题研究的影响，把企业形象的研究成果移植到大众传播媒介的研究领域，其着力点主要集中于媒介形象由哪些要素组成、如何塑造良好的媒介形象以及媒介形象对媒介经营的影响等。这种看法的缺陷是显而易见的，因为媒介品牌更多只是看到了媒介的市场属性，而媒介形象具有更为广泛的社会价值与社会意义。

二、公关形象塑造策略

（一）城市形象塑造策略

著名社会学家刘易斯·芒福德（Lewis Mumford）认为，城市形象是人们对城市的主观印象，是通过大众传媒、个人经历、人际传播、记忆以及环境等因素的共同作用而形成的，因而城市形象必然无法脱离媒体的构建。从城市形象的国际传播角度，姚宜（2013）认为：政府可针对政府总体规划与重大活动及时出台对应的对外传播方案；完善日常新闻发布机制，从传播的内容、数量、方式和节奏四个角度切实推行；加强舆情搜集与分析，密切关注信息传播动向，做好危机预警工作；提高紧急危机事件的应对能力，建立常态的危机管理机制。此外，善于组织利用国内外新闻媒体，做好媒体公关，增强政府对外传播能力；设计提供内容有趣、形式新颖、具有亲和力的外宣品和出版物，增强对外传播有效性；根据政府工作策划推进不同规格、多种形式的活动与事件，吸引国内外公众注意力；通过公益广告、形象广告等方式进行政府形象公关；大力推进政府网络公关，扩大信息服务范围、丰富和优化政府英文网站板块与内容。范红认为城市品牌形象塑造工作应当深入调研、精确定位、强调个性并重视传播。

首先，对城市自身历史、品牌形象现状和未来发展趋势进行深入细致的调查研究，是正确塑造城市品牌形象工作的第一核心步骤。基础调研主要通过查阅文献资料、问卷调查和访谈等形式来开展。可以将城市政府官员、市民、游客、投资者和专家列入调查对象：通过对城市政府官员的调研，了解城市经济发展现状、城市的核心竞争力、城市发展的远景和规划；通过对市民的调查，了解城市文化、城市居民的生活方式、市民对自身城市形象的洞察和感悟，提炼出城市文化自身所有的核心价值，总结归纳出市民对自身城市形象的期待；通过对游客的访谈，了解他们对城市的体验，以及城市品牌形象对他们的吸引度；通过对投资者的调查，收集他们对城市品牌形象与投资走向的建议；通过对各类专家的专访，了解城市的文化历史资源、品牌形象、发展脉络，以及专家们对城市现有的品牌形象的评价和期望。品牌形象的调研工作帮助我们深入分析城市品牌现状，预测城市未来发展趋势，从而为城市品牌的重新定位和形象塑造打下坚实基础。

其次，要从城市发展战略、区域定位、竞争优势、人文历史资源等诸多角度出发进行城市定位，容纳城市的历史文化精髓、体现城市市民的生活方式、融会文化与经济共发展的原则，找准自身的脉搏，以城市独有的特性和与竞争者相区别的差异性为支撑城市品牌定位的核心点，给目标受众以明确清晰的品牌形象认知，使城市因具有独特的品牌形象而获得百年长久的发展。城市定位要反映出其城市特色与差异性，城市的品牌塑造和传播围绕核心定位进行规划，宣传的焦点也落在核心定位上。

再次，扩大城市知名度的核心目标是让更多的人对城市的特性与个性感兴趣，让人们更多地关注城市，从而选择城市为其旅游消费的地点或投资的地点，达到最终提升城市品牌形象经济价值的目的。保护城市的文化遗产，传承城市人文发展的脉络和记忆，展现城市独特的地域风貌，是塑造城市个性、体现城市差异化的重要内容。

最后，高度重视城市品牌传播系统工作，需要加强对传播工作的长远规划；加强城市自身网站、宣传资料、招商引资资料及专题节事、会展、海外招商引资推介会的国际化策划和包装；重视使用多种语言传播城市相关信息；重视国内新闻媒体的作用，编撰媒体推广计划；利用重要国际媒体，进行城市广告宣传；定期召开城市新闻发布会，加强城市领导者和新闻发言人的媒体采访技能培训，丰富城市领导者的国际化公众形象与国际礼仪知识；通过优化提升旅游者的城市体验，凸显独具城市特色的品牌形象，提高城市形象的口碑宣传；大力开展公共外交和公关传播，加强城市间的国际交流；建立城市品牌形象营销的组织系统；提高对外传播的专业化水准，培养国际化、专业化的城市品牌策划与传播人才，充分利用国际化公关顾问团队，拓展城市品牌形象营销和经济发展的国际空间。

（二）企业形象塑造策略

企业是企业形象力的主体，信息传播的发起者，能否使企业处于良好的生态环境，使企业的利益相关者对企业产生正向评价，从而反作用于企业的健康发展，取决于企业主体能否依据客体对各种信息的认知处理规律进行传播。企业形象是公众对企业产品/服务、企业文化以及企业声誉三原点信息进行复合集成的结果，而企业实态是企业形象力形成的基础，也即企业只有优化实态，通过将信息传递给公众，使公众认知，才能使公众对企业形象形成好的评价。企业主体可以以文化建设为核心构筑企业形象，以产品/服务品牌为依托塑造企业形象，以传播沟通为手段展示企业形象。在企业公关具体实践中，可以从以下角度出发塑造企业形象。

1. 企业形象识别认知的主要内容包括企业文化、价值观、企业品牌、企业形象、企业声誉及用户对产品和服务的体验。企业技术与运用的深度、管理与创新的力度、人力和文化的厚度，都是使市场、社会公众持续关注企业、产品的一种资源，一种赢得注意力的手段，使不断变化的公众可以作为记住企业、产品的一种记忆力的载体，一种帮助他人信任企业、产品的一种具有亲和力的符号。不少企业特别是头部企业公关已经开始了实践和探索。

2. 企业形象识别以市场营销为手段，以独特的企业文化为基础，以鲜明的企业品牌为依据，以积极的企业形象为目标。还有一些企业专门设置部门进行企业形象识别工作，IBM 公司专门设立过企业形象识别设计中心，主持企业形象识别系统的设计、导入、实施、管理的工作，使企业保持完整、同一的形象。

当今企业面临着各种挑战，竞争同质化加剧，选择多样化和市场国际化，如何使得消费者关注、记住、选择，是许多企业公关追求的解决途径和孜孜以求的方案。

三、公关形象的特性

西德尼·列维（Sidney Levy，1978）认为，品牌形象是人们在心中对品牌的各种要素及概念集合体的认知。第一，品牌必须要有自己的个性；第二，保持品牌形象的长期性，保持品牌形象的一致性。罗子明对品牌形象的特点进行了较为全面的总结，认为品牌形象主要有多维组合性、复杂多样性、相对稳定性，以及可塑性和情境性等特点。

（一）多维组合性

品牌形象不是由单维或两三个指标所构成，而是由多种特性所构成，受多种因素影响。

（二）复杂多样性

企业及其产品市场覆盖率的差别、产品信息传播效果的差异，以及消费者的特点不同等，造成消费者对企业和产品的认知、理解，以及使用情况不一样，从而使品牌形象在不同时间、不同地点呈现多样性的特征。

（三）相对稳定性

品牌形象在一段时期内会保持稳定。符合消费者愿望的企业理念、良好的产品品质、优质的服务等因素，是品牌形象保持稳定的必要条件。只有赢得消费者长期的喜爱，优秀的品牌才能够保持其形象长久稳定。品牌管理的目标是在消费者心目中塑造企业需要的形象。

（四）可塑性

企业通过努力，可以按照自己的意图建立品牌形象、改造原有的品牌形象、增加品牌内涵的新特征，甚至重新塑造品牌形象。

（五）情境性

在特定的条件下，不管是一些重大的事件，还是一些细微的事件，都可能完全迅速地改变原有的品牌形象。这种特点是由品牌形象本身易受心理因素影响所致，虽然建立品牌形象必须具备强有力的客观基础，如长期稳定的企业规模和产品质量、标准化和系统化的服务体系等，但是由于人的心理具有流动性与复杂性等特征，在周围环境与事实的影响之下，人的心理会出现相应的变化，导致品牌形象随之发生变化。个别消费者的心理发生变化，品牌形象可能会出现轻微的波动，品牌形象保持总体上的稳定；而消费者普遍的心理波动，可能会导致品牌形象的重大变化。

四、公关形象塑造的意义

在市场竞争愈加激烈的环境中，企业实施的差异化竞争战略是企业取得领先一步的筹码和资本，也为塑造企业形象提供了持续驱动力，该模式的实践与运用，使得企业形象在识别上与竞争对手拉开差距。建立和打造差异化企业形象识别，是企业追求实现的价值目标，在此参考侯向平（2020）的观点将公关形象塑造的意义总结为以下几点。

一是提升市场和用户的忠诚度，将有助于企业抵御新竞争对手或现有竞争对手的新产品和新服务的进攻；企业的识别度越强，企业的产品和服务的适销性（marketability）就越好，接受度（acceptability）也越高，公众也越倾向认为它所提供的产品和服务质量好，物超所值；一些不利于企业的事件或传闻，在公众心目中就越容易被"屏蔽"或"过滤"掉。

二是提升企业产品和服务方面的竞争力。主要途径有，提升产品与服务的差异：通过不断实施技术创新战略（产品设计、技术专利、创意设计）服务，不断改变市场以及消费者选择取向；改变人们的生活、工作的方式，从而赢得关注和信任。

三是提升产品和服务所能获得的利润。明确清晰的企业形象识别的内涵和外在内容，可以使消费者对这个企业及其产品保持持续的关注、信心、期待与预期，成为这个品牌的认同者、追随者和口碑传播者。

四是促进有效地沟通和接受。通过企业形象识别工作，促使消费者、市场与企业建立起一种关系（关注、信任、偏好），一种纽带。

五是实现品牌延伸。当人们信任该产品或者品牌时，他们更愿意买它的产品、投资它，这对于企业未来产品的开发和推广有极其重要意义。

六是吸引人才。好的企业形象识别可以较容易招聘到执行和实施取胜战略的计划所需要的人才。一个值得尊重、分享个人价值和信仰，并且关注良好的员工关系的企业，能为员工提供值得为之奋斗的事业的归属感。如果识别性很强，企业将在相关受众（股东）心中留下正面印象。

七是对融资、供应商、经销商更具稳定感、更具影响力。良好的企业形象识别与资产负债表上的有形资产同样具有价值，有时甚至价值更高，而由此所带来的信心是关系的基础，信任是关系的资本。企业形象识别管理模式的所有努力是为能在人们的心中播下信任的种子，而这种信任资本是可以不断增加的。竞争对手可以迅速地超过你的产品、服务的质量水平、模仿和跟随你的交货或分销手段，但是他们却无法仿效业已牢固树立的企业个性———一种独特和鲜明的企业形象的识别力。

八是提升声誉，履行企业社会责任。组织形象源自利益攸关者对组织的认知，而这一认知反过来又源自企业组织的传播沟通。一个组织呈现在其利益攸关者面前的整体形象构成了组织的声誉。查尔斯·韦布兰（Charles Fombrun, 1996）定义了声誉的六个层面———视野和领导力、财务业绩、产品或者服务质量、工作环境、公众形象和社会责任。由此可知，企业社会道德和企业建立良好的声誉之间的紧密联系，为遭遇危机和处于社会责任行为压力的企业提供庇荫。

第二节　案例分析

一、政府

　　良好的地方政府形象既是执政能力的体现，又是提升公共服务水平的基础。1997年中央政府开展政府形象战略以来，对政府形象的重视在中央层面达到了空前高度。我国政府也在国外一些传媒平台投放了国家形象宣传片，并以此作为塑造国家形象的重要手段之一。国家形象研究风生水起，颜如春认为，政府形象管理是在政府总体形象设计的基础上，通过对政府工作质量、政府政策形象、公务员形象、环境形象、传媒形象等实施全面管理，提高政府的内在素质和外在表现，从而提高政府美誉度的现代管理活动和过程的总和。张合斌将社会心理学中的印象管理概念引入了政府形象管理研究中，认为政府形象管理是指政府及其相关组织、部门、机构、系统在网络媒介传播情境下对自身的印象管理的一系列过程，包括获得性印象管理和保护性印象管理，以期改变不良的刻板印象和获得社会公众较好的社会评价等要素。如今，随着新媒体时代的到来，普通民众掌握了更加便捷的信息发布工具，政府要赢得公众的认同与支持以实现其职能，就必须注意处理与公众的关系，特别要注重政府形象的建构。地方政府、城市的形象管理已逐渐成为常态化工作，如何形成有效的形象管理模式，运用何种形象管理策略是当前需要解决的问题。此部分以杭州、西安的城市形象塑造为例，进行分析。

（一）杭州：宣传片中塑形象

1. 案例回顾

　　作为一个文化基因与科技基因并存的城市，杭州历经良渚文化、吴越文化、南宋文化和明清文化，有"历史文化名城"之誉。而今，杭州这座江南古城，有了阿里巴巴、网易、海康威视、吉利等公司的聚集，亦已成为"创新活力之城"。2016年G20峰会过后，杭州即将面临的是2022年亚运会等重要机遇，而城市国际化发展趋势也将更为显著。在这"后峰会、前亚运"时期，杭州需要在接下来的战略机遇期中顺势而为，面向国际，讲好杭州故事，通过城市形象宣传片的呈现，全面提升城市自身形象和国际化水平，从而实现"建设独特韵味别样精彩世界名城"的目标。

2007年，杭州市第十次党代会决定把"生活品质之城"作为杭州的城市定位和城市品牌。2011年又提出了"让我们生活得更好"理念，将该理念融入城市生活的方方面面。2017年杭州市第十二次党代会提出"加快建设独特韵味别样精彩世界名城"的发展目标。近年来，也通过多种公关手段，来传播杭州城市形象，如：影视传播方面，《非诚勿扰》《唐山大地震》《80后》《富春山居图》等越来越多的影视剧来杭州取景，将杭州的多种元素融入影视当中；节事传播方面，每年杭州都要举办国际马拉松赛、西湖音乐节、大学生旅游节等各大节事，通过这些节事，吸引更多的目光，打造"休闲之都"；展会传播方面，杭州举办了世界休闲博览会、杭州西湖博览会等，尤其是自2005年开始每年举办的中国国际动漫节，吸引了国内外众多动漫爱好者，带动了杭州动漫产业的发展，也将杭州打造成了"动漫之都"。而城市形象宣传片是城市对外传播的重要载体及"窗口"，在推动城市国际化传播及提升国际影响力上有着重要的作用。

2018年年初，杭州新版旅游宣传片《聆听杭州》正式发布。它不同以往的见物不见人的大美风景宣传片，也不同于以故事情节为主线的宣传片，该宣传片首次将"声音"作为一个城市表达自身的独特方式，精选了20种最具代表性的杭州声音，从西湖长桥边的潺潺流水声，到浴鹄湾悠扬的竹笛声、南屏晚钟清越的钟声，再到胡庆余堂中药师利落的切药声，以及雨水滴落在街道的滴答声，声声入耳，荡心涤尘。创意与艺术表现手法是宣传片的精髓。伏尔泰说，"耳朵是通往心灵的道路"。耳朵所收集到的信息经过大脑的处理，将延展出无限的可能，它连接着视觉、味觉甚至触觉，最终直达灵魂。每一座城市都有属于自己的声音，如同一个人的基因，独特而有趣。声音串联起杭州城市的文化与精髓，"以声带景串情"是此片最大的特色。

2018 年新版杭州城市宣传片《杭州不仅是一首诗》着力在叙述内容和形式上进行创新。在内容上，全片以杭州城最具代表性的自然元素水为媒，划分为"源""汇""润"三个章节，通过良渚玉琮、龙井茶、云栖竹径、动漫画师、"双 11"期间的阿里巴巴办公室、钱江新城等具象元素，全面呈现当代杭州风貌，刻画创新活力之城、历史文化名城、生态文明之都、东方品质之城的城市特色。在形式上，突破常用的宣传片解说词或同期声，转而用影像来讲故事，画面逻辑强又兼具美感。

《杭州不仅是一首诗》观看地址

当前，这一系列区别于以往单纯堆砌视觉城市元素的宣传片，在全媒体时代下，杭州新兴的城市形象宣传片力求以国际化的表达方式，如声音、色彩等，来诠释杭州背后的深厚文化底蕴，寻求共鸣，打造国际化的中国风，将杭州故事进行有效的"国际表达"，产生了不错的影响与效果。

2. 案例点评

城市品牌的传播是通过各种媒介或公关活动来实现的。城市宣传片就是十分重要的传播手段。而将网络等新媒体应用于城市品牌传播，通过与受众的互动与沟通，能让城市的品牌形象更生动地展现出来。通过对杭州城市宣传片这一案例的分析，可以发现，政府已逐步具备形象管理意识。格鲁尼格认为，卓越公共关系的基础是双向沟通与具备良好的公关意识，通过组织与公众的双向沟通和信息共享与互通，能实现公众对组织的全方位理解与支持。公关意识包含形象意识、公众意识、沟通意识、真诚意识、战略意识和危机意识等。只有拥有公关意识，才能更好地完成公共关系工作，从而长久地维护良好的地方政府形象。管理层已具备了维护组织形象、保持良好公众关系的思想。

此外，政府的形象建设既有形式也有内容。卡特里普、森特认为公共关系工作的核心是形象，而地方政府的形象目标不应是固定不变的，必须要随着社会发展而进行调整。自 1997 年我国学界和政界开始对地方政府形象进行研究和实践之后，各地也出现了一窝蜂群起效仿的现象，各省、市、县（市、区）甚至村都开始了自己的形象建设，然而在建设的热潮过后，对于形象的维护却乏人问津了。形象的设计和推广不是简单的模仿就可以完成。杭州市旅游委员会在对欧美市场调研后发现，杭州的文化内涵很难一下子让人产生深刻的印象，欧美市场对杭州的兴趣点恰恰不是人尽皆知的西湖，而是具有特殊文化意义与内涵的禅寺佛塔和龙井炒茶。如果宣传片中的是千篇一律的古城、古镇，以及没有特色的景区，大同小异的市政建设，那么与同类的江南水乡相比，杭州没有特别的竞争优势。因此杭州不能仅呈现西湖等视觉上的城市元素，这一个个场景背后所映射出来的文化内涵，国外受众恐怕很难感同身受。

城市品牌化的力量就是让受众了解到城市独有的竞争优势，产生品牌联想，提升品牌喜爱度。城市品牌化是一个将品牌调研、品牌定位、品牌规划和品牌管理有机地融为一体的工作过程。

（二）"抖音之城"西安：生活化的城市形象

1. 案例回顾

十三朝古都西安，因其特殊的历史地位和深厚的文化底蕴而为人熟知，有着大量彰显其深厚历史底蕴的文化元素，如秦始皇陵兵马俑、钟鼓楼、大明宫等，这些非物质文化遗产都曾是西安吸引人流的"代表之作"，但使全国人民一夜间蜂拥而至的，却不是西安千年古都这张文化名片，人们开始逐渐关注非物质文化遗产之外的网红事物。

永兴坊的摔碗酒，是接待尊贵客人的一种形式。客人将碗中酒一饮而尽，再把碗重重一摔，口中默念"岁岁平安"。此前，不少西安本地人并不看好永兴坊的发展，这片在魏徵故居上重建的仿古建筑群，自 2014 年开业以来，所有店铺的表现确实都一直处于不温不火的状态。2017 年年底的一天，摔碗酒突然火了。一切源于一条网友拍摄的 15 秒抖音短视频，这条短视频收获了上千万个赞。有数据统计，自永兴坊开业，截止到 2017 年 11 月 1 日，3 年的时间里有近 50 万人在此喝过摔碗酒，但其中 20 万只碗都是在被抖音渐渐带火的 2017 年年末摔掉的。2018 年的整个正月，在"西安年·最中国"的城市宣传之风下，8 天时间里，有 2 万人在此摔碗。随着西安"摔碗酒""毛笔酥"的走红，古都西安成为新晋网红城市，于是政府旅游部门开始了解并尝试短视频的场景营销模式。

摔碗酒相关视频观看地址

2018 年 4 月 19 日，西安市旅发委和抖音签订了协议。双方约定基于抖音的全系产品，包装推广西安的文旅产业发展。"抖音提供平台和网红资源，实施具体拍摄计划；旅发委规划特色拍摄路线，承担地方接待费用。"西安市与抖音平台进行深度合作，就是为了开发更多西安城市特色，让城市旅游资源全面进驻短视频平台。文物古迹是西安古城的特色招牌，2018 年 5 月 18 日国际博物馆日当天，一条名为"第一届文物戏精大会"的短视频点击量上亿，陕西博物馆的兵马俑在视频中"唱 rap"，尘封千年的文物们集体"复活"，成为"戏精"。这一创意宣传案例瞬间让陕西博物馆成为话题中心，历史文化与短视频融合，典藏文物融入现代生活，提升公众人文素质，彰显城市文化自信。

此后，2019 年春节，西安又在各大短视频中火爆了一把。西安市文联与西安市摄协组织了"镜头下的西安年：年味儿拍摄分享活动"，以钟鼓楼、回民街、现代唐人街、大雁塔北广场、大唐芙蓉园、大明宫等场地为背景，拍摄西安当地过年的热闹景象。穿着汉服在小雁塔听秦腔、古乐，看武术展演；在古城墙逛灯会，赏皮影戏、吹糖人、葫芦绘画等非遗展演；在永兴坊吃肉夹馍、凉皮、甑糕等美食……一时间，"西安年最中国"话题登上各大短视频 App 的热搜。截至 2018 年 2 月 9 日，"西安年最中国"话题在抖音短视频 App 上的播放量超 5.5 亿。西安年成了文化与民俗结合的特色中国年，许多人为了感受西安年，将春节旅游目的地选在西安。借着短视频的传播效应，2021 年春节西安的旅游数据实现大创收，春节假日共接待游客 1652.39 万人次，同比增长 30.16%，实现旅游收入 144.78 亿元，同比增长 40.35%。《南方周末》、抖音母公司北京字节跳动科技有限公司的官方数据显示，在西安，已有超过 70 个市政府机构开通官方抖音号，西安市公安局、西安市旅发委、西安市文物局等悉数在列。

西安以音乐、美食、美景、科技设施为符号，形成了线上点赞、转发分享，线下"打卡"的双向循环，促进了城市形象的网状传播。

2018 年清华大学国家形象传播研究中心城市品牌研究室与抖音、头条指数联合发布的《短视频与城市形象研究白皮书》将之称为 BEST 方式，即 BGM（城市音乐）、eating（本地饮食）、scenery（景观景色）、technology（科技感的设施）。该方式在抖音平台上得到了完美体现。

一是通过城市音乐渲染城市风情。不同的城市音乐表达了不同的城市文化氛围，渲染了不同的城市风情。音乐的情感渲染、视觉的信息传递会让传播主体和受众达成共鸣，让城市形象更持久地留在受众的记忆中。例如，与西安美食相契合的《西安人的歌》唱出了西安丰富多样的美食文化特色。

《西安人的歌》MV 观看地址

二是通过多样美食体现地域文化特色。透过饮食可以看到不同地域的个性，可以感受到不同地域人们的社会风情，不同风格的美食风味带给了人们多元的消费理念。如西安的毛笔酥、鸭蛋黄肉夹馍表现了西安的历史风俗。

三是通过景观景点流露城市文化。通过抖音平台，广大市民进一步发掘城市的新景观景点，释放了城市的"旧"与"新"、"人"与"景"等文化意蕴与气息，展现了新的文化风情。西安摔碗酒门口的等待队伍一眼望不到头，钟楼、城墙、大雁塔等景点流露出西安历史城市的深厚文化底蕴。

四是通过具有科技感的设施彰显城市魅力。城市的实体形象构建离不开城市的基础硬件设施，通过具有科技感的设施可以充分彰显城市魅力。互联网时代，注意力仍然是短视频内容生产追寻的重点，与以往高度雷同的短视频内容相比，具有科技感的设施能够以新奇取代普遍，快速抓住受众的注意力，使其成为城市形象传播的符号载体。具有科技感的基础设施在西安的城市形象短视频传播中得到了重点呈现。例如，迷雾里盘旋的立交等带给受众奇妙的审美感受，这些也成为城市魅力的体现。通过带有科技感的场景视频，城市传播摆脱了以往印象，呈现出时尚和个性的一面。

每座城市都有属于自己的独特符号，符号构建了我们对一座城市的记忆和感知的基础。抖音短视频传播带来的不仅是城市旅游经济与文化软实力的快速提升，而且也及时更新了城市形象名片。

2. 案例点评

谈及城市品牌形象，人们往往会联想到城市的外观形象这一具象、有形的内容，诸如城市的地理位置、地形地貌、城市布局、建筑风格、标志设计、居民穿着举止这一类可以通过视觉呈现的内容。诚然，城市品牌形象的具象有形内容是生成形象的基础，使人们一接触品牌，便可以马上将其视觉特征与品牌形象有机结合起来，形成感性的认识，从而在视觉上对该城市产生良好的印象，这也是使这座城市区别于其他城市的重要途径。

除了有形的内容，城市品牌形象的无形内容也十分重要，它是指能够被公众感知的城市品牌形象，包括城市的经济特点、文化特点、行政特点、气候特点、饮食特点、民俗特点等。

西安政府积极主动地通过抖音等短视频进行城市自我形象的塑造，引发了公众共鸣。在传统媒体阶段，城市形象以政府为主体进行传播，此时，由于大多数地方政府对于城市形象建设的认知并不成熟，呈现出来的多数城市形象也都显得过于抽象和不接地气。而如今，在移动短视频阶段，政府与民众共同讲述，生活化的城市形象更具区分度，城市形象的定义者群体得到扩充，这些新兴定义者所感知到的城市形象也更接地气、更贴近城市生活、更具区分度。这一阶段，打破了以往地方政府形象塑造曾经存在着的几种误区，如：将地方政府形象宣传片等同于旅游广告，主要是对外宣传本地的特色旅游资源，吸引外地游客；宣传地方政府形象主要为了应对上级政府，不能反映所在区域民众的真实需求以及烟火气息。按照上述错误理念塑造的地方政府形象，自然无法引起公众的共鸣和好感，相反，还会损害公众对地方政府的信任度，为扭转政府不良形象设置障碍。而如今，视频的形式令城市的特色得到更加鲜活的呈现，城市形象的特性与个性逐渐形成，也更具有辨识度。

二、企业

（一）丁香医生

1. 案例回顾

随着新冠肺炎疫情的持续，基础医疗、在线教育、远程办公等一批行业，因与需求直接相关而被推到了前台。其中，拥有"知乎第一大医学KOL"标签、坐拥800万抖音粉丝的丁香医生，作为一个致力于大众医学健康科普的知识平台，在公关形象塑造上始终走在同行前列。

丁香园由李天天于2000年7月创建，原名为"丁香园医学文献检索网"。建立之初是为医学研究生和医务工作者普及互联网知识，是一个利用互联网进行医学知识检索、知识共享的社交型网站。后经不断发展，成为我国较为权威的生物科学领域综合性论坛。丁香园旗下的微信公众号有显著的媒体属性，以丁香医生为代表的健康科普类公众号专注于大众健康科普。这类公众号拥有广泛的用户人群，是主要的商业流量入口。同时，此类公众号的内容在推进健康知识传播、提升健康素养方面发挥着相较其他种类大众媒体更大的作用。

2020 年年初，新冠肺炎疫情在国内大面积暴发。2020 年 1 月，丁香医生设置了实时疫情的菜单入口，并设有疫情地图、谣言征集、谣言排行榜、疫情订阅和孕妈答疑共五个子栏目。1 月 18 日，丁香医生推送了首则新冠肺炎疫情的相关内容《世界卫生组织最新报告解读！预防新型冠状病毒感染的 8 个要点》。1 月 20 日之后，其涉疫报道大幅增加。1 月 21 日，丁香医生微信公众号开始每日进行新冠肺炎疫情实时动态通报，是首批上线的不断实时更新的信息平台，也成为新冠肺炎疫情期间不少人了解新冠肺炎疫情动态最常访问的平台。最早推出全球新冠病毒实时疫情地图，具有共享性、实时性。1 月 27 日上线了疫情动态订阅功能，以推送的形式向用户报道自己所关心地区的最新情况。1 月 30 日上线疫情日报订阅功能。每天的疫情日报，既包含用户关注的地区一天的数据汇总，还有丁香医生撰写的数据报告，该报告对数字背后的意义进行解读，试图提供新冠肺炎疫情发展的信号，累计发布 30 期。除了密集发声，先后推出疫情地图、疫情日报等产品，丁香医生还用科学防治、共克时艰的价值观，输出与用户紧密相连的信息。2 月 7 日，丁香医生还发布的疫情日报题为《向治愈数字背后的医生致敬》，主要介绍了治愈率艰难爬升的状况，使用户在保持警觉的同时坚定战胜新冠肺炎疫情的信心。疫情日报最后向当日去世的李文亮医生表达了悼念，强调医生群体对希波克拉底誓言的信念，这种对医生的关怀与丁香医生的品牌价值观一脉相承，具有人文化的特点。

世界卫生组织最新报告解读！预防新型冠状病毒感染的8个要点

华山感染　丁香医生　2020-01-18

近日，新型冠状病毒感染疫情举世瞩目。世界卫生组织于 2020 年 1 月 12 日发布了针对疑似新型冠状病毒感染造成严重急性呼吸道感染的临床处置指南。

不过，该指南主要是给临床医生提供相关诊治建议，为解答人们对新型冠状病毒的一些困惑，现根据世界卫生组织官方推荐的内容整理了大家关心的 8 个问题及答案，希望能帮助大家增进了解，同时做好预防。

《世界卫生组织最新报告解读！预防新型冠状病毒感染的 8 个要点》截图

　　丁香医生将现存确诊病例以及累计确诊病例的数据与地图相结合，应用地图来分析和展示新冠肺炎确诊病例的数据。该报道将新冠肺炎确诊病例数量通过颜色来进行表示，然后运用深浅不同的颜色在地图上进行绘制，从而呈现出各个国家及中国各省份确诊病例的具体数据，是十分直观的呈现方式。地图中颜色越深则表示该地区确诊病例越多。读者通过疫情地图就可以清楚地看到全球各地的情况。2020 年年初的图表清晰地展现出全球范围内中国颜色最深，新冠肺炎疫情最为严重；中国范围内湖北省颜色最深，新冠肺炎疫情最为严重。

　　由此，丁香园通过公关的手段十分成功地塑造了品牌形象，明确了自身的形象定位。丁香园，本身为专业医生团队组建，医学专业力量强大。在全国新冠肺炎疫情之下，丁香医生第一时间上线疫情地图，随后又陆续开发辟谣与防护、实时播报、疾病知识等功能，做好疫情科普、热点追踪和解读，展现出极强的专业能力和内容生产能力，获取了极佳的口碑，成为万千用户的"抗疫"必需品。事实证明，好的内容是会传播的，丁香园生产的内容成功传播"出圈"。

2. 案例点评

突发公共卫生事件传播是健康传播的一个重要领域，除了健康传播的一般特点，突发公共卫生事件的传播还表现出公共性、时效性、通俗性、灵活性和持续性的特点。新冠肺炎疫情暴发后，丁香医生秒速行动，第一时间在公众号上推出了疫情地图、每日辟谣等专栏，对公众关心的热点保持每小时更新，以至于不少在微博和朋友圈热传的谣言几乎刚传起来，人们就能看到丁香医生的专业辟谣。专业的内容输出、快速的响应加一丝不苟的精细化运营，让丁香医生在为新冠肺炎疫情做出巨大贡献的同时，也收获了更多的粉丝和信赖。在新冠肺炎疫情期间，丁香医生实时新冠肺炎疫情系列栏目的视觉传播具有直观化、共享性、交互性、实时性和人文化的特点，对公众的认知行为和情感态度产生重要影响。丁香园依托优质的产品/服务塑造企业形象，以传播沟通为手段展示企业形象，从而获得良好的企业声誉。

（二）lululemon 从瑜伽裤到热汗文化

1. 案例回顾

1998 年 lululemon 成立于加拿大，2000 年在温哥华开设第一家门店，2016 年正式进入中国。在耐克和阿迪达斯双巨头控制的运动服饰市场，lululemon 从夹缝中成长起来。

lululemon 门店

lululemon 以 98 美元的瑜伽裤和 58 美元的运动背心闻名。一条 lululemon 运动裤的常见价位是 850 元，是耐克、安德玛 3 倍，迪卡侬的 8 倍。偏高的定价并不影响它的销售，反而帮它锁定了客户群。数据显示，lululemon 的客户通常是 24~36 岁，受教育程度高，年收入 8 万美元（或 20 万元）以上，且追求品质、生活态度积极的女孩，这群女孩被称为 "super girl"。

在 lululemon 创立之初，瑜伽服普遍存在舒适感差、排汗性差、不够贴身等问题，lululemon 的新型面料解决了这些问题，女生可以穿出 "裸裤感"。与其他品牌不同，当时大部分品牌都专注于运动性能，缺乏时尚感。而 lululemon 除了穿得舒服、修身之外，还改变了运动裤单一色调的问题，融入各种颜色和图纹，使其使用场景不仅仅是健身房，使得很多不练瑜伽的女生也注意到这个品牌。

2019 年以来，lululemon 开启了更大规模扩张。7 月在美国芝加哥林肯公园开设了全球最大体验店，除售卖产品外，还设有瑜伽室、冥想室、咖啡厅和餐吧等，每天为消费者提供 6~10 个课程。此外，lululemon 在加拿大温哥华举办了第八届 Sea Wheeze 半程马拉松比赛。

"Sea Wheeze 半程马拉松赛是一个强有力的例子，说明了我们如何与消费者建立持久的情感联结，而不仅仅是商品的买卖关系。"CEO 卡尔文·麦克唐纳（Calvin McDonald）表示。在新冠肺炎疫情期间，大多数服装品牌都在苦苦挣扎，但人们对舒适服装的持续需求令 lululemon 受益。在被迫关闭门店数周的情况下，lululemon 线上销售飙升，支撑了整个供应链。2020年 6 月 lululemon 宣布，将以 5 亿美元的价格收购纽约居家健身设备制造商 Mirror。这将扩大双方从 2019 年开始的合作关系，进一步迎合"后疫情时代"的居家健身潮流。

1998 年创立之初，lululemon 就秉持着以传达"热汗生活方式哲学"为初衷，通过瑜伽及瑜伽以外的热汗形式，帮助人们实现更加有意义的生活目标。在 lululemon 看来，每个个体都能通过积极健康的运动生活方式，拥有生活的无限可能。而天猫超级品牌日打造的这系列海报则聚焦"边缘"运动群体，不仅打破了人们对于运动健身的刻板印象，更帮助 lululemon 渗透到多元的人群中，提升了品牌亲和力。经过 20 多年的成长，如今的 lululemon 正在用一种全新的姿态走入大众的生活之中——将品牌精神作为一种全新符号，引领全新的运动生活方式，成为启发并激励人们成就美好生活的灵感源泉。热汗生活是 lululemon 看待世界的理念和视角。这一灵感来源于瑜伽，不仅是身体的探索和习练，更是思想和精神的习练，不仅可以帮助人们在热汗生活中实现超越和突破，也能为生活在各方面的进步创造能量。lululemon 已经不再将自己定位为"以瑜伽为灵感的运动服饰品牌"（yoga inspired athletic apparel），而将自己定位为"以健康生活方式为灵感的运动品牌"（healthy lifestyle inspired athletic apparel），为所有喜爱 sweat life（热汗生活）的健身人士服务，这表明 lululemon 将长期扩张产品品类。

此外，为了提升消费者忠诚度与提高品牌溢价，lululemon 摒弃了耐克和阿迪达斯常用的请顶级体育明星代言的方式，而是选择打造"腰部 KOL"。Lululemon 发起了著名的"运动大使"计划，大使分为"精英大使""门店大使"和"瑜伽大使"三类，每位大使的信息均可在官网中公开查询，包括个人首页、家乡、特长、爱好等，给予每位大使充分的资源和曝光率。lululemon 向新城市扩张时，会联系当地最红的健身教练或瑜伽老师，给他们提供免费的服装，并在门店内挂上宣传海报，在提升 lululemon 知名度的同时，也增加了老师的影响力。截至 2018 年年末，lululemon 在全球拥有 1400 多名门店大使，他们带动了一个热爱运动、追求健康生活的高质量粉丝群体。

基于这样一个社区网络，lululemon 开展了各式各样的活动，以使大使与消费者、消费者与品牌之间建立超越买卖的情感联结，lululemon 也变成了一种生活方式的倡导者，形成一种趣缘群体。趣缘群体是一种以身份认同为基础的亚文化体系，它构建了以兴趣和情感为核心的趣缘"圈子"，并形成了"圈子化"的文化传播机制。例如：在曼哈顿 Bryant 公园里，lululemon 每周举办两次开放式瑜伽课程，每次都有几百人规模；在门店内，也经常开设免费的瑜伽体验项目。免费的线下课程、舒适的下午茶和放松的瑜伽、拳击训练，配合适时推出的运动装备，使得 lululemon 成功吸引到有经济能力并注重健身和生活享受的女性消费者群体。消费者容易与品牌产生共鸣，她们会自发地记住 lululemon 店内及购物袋上无处不在的标语，比如"朋友比金钱更有价值"等，并主动传播此类品牌价值理念。社区课程结束后，lululemon 官方及享受完其课程的活动体验者更会通过社交媒体（微博及微信端）回顾当日活动，完成对于目标消费者及潜在消费者的二次传播。通过线下课程的情感培育和线上"幸福、舒适、时尚"的品牌理念传递，lululemon 高端而又亲切的品牌形象得到提升。

2. 案例点评

在服饰领域，人们的穿着追求从追求极致的美逐渐转变为自我关爱，无论是去性别化的服饰趋势，还是运动服饰类目的增长，其实都离不开消费者对自我的重视。而以 lululemon 为代表的追求舒适的生活方式的品牌在快速增长。服饰在变迁中也承担着新一代用户的表达：舒适是另一种美。Lululemon 与这少数的目标消费者建立情感联系并展现出的"快乐、舒适且时尚"的运动品牌形象，使消费者愿意为其高溢价的产品买单，并对 lululemon 品牌产生喜爱，即 lululemon 的线下小众社群必然成为强关系属性的社群。奇普·威尔逊（Chip Wilson）敏锐地择爱好瑜伽运动的女性这一利基市场作为 lululemon 的目标消费者，致力于为消费者提供既时尚又舒适的瑜伽服，精准定位"服务于女性瑜伽服垂直细分市场"。而在售卖产品的同时，lululemon 也在传递品牌所倡导的热汗生活方式哲学，通过热汗习练和社群空间中的体验，激发更强的联结。

（三）五菱汽车：国企之光

1. 案例回顾

五菱汽车品牌诞生于 1985 年，以"品质驱动生活"为品牌定位，现已经成为中国汽车行业最具价值的品牌之一。曾登上全球权威财经媒体《福布斯》的封面，被《福布斯》盛赞为"地球上最重要的一款车"。报道称，"朴实无华的五菱之光是迄今为止中国最好卖的车，这款汽车在中国任何乡村都可以看到，他们用它来拉任何货物，从电器到甘蔗都可以"。足见这个国货品牌的影响力。

2020 年年初，国内新冠肺炎疫情暴发，急需大量的口罩。在一罩难求的关键时刻，2 月 13 日，上海通用五菱汽车股份有限公司（以下简称五菱汽车）官方微博宣布第一批口罩已批量出货，从想法提出到口罩下线仅用时 3 天。2 月 19 日，五菱汽车又发布一条消息：五菱汽车成为全国第一家既生产口罩，也生产口罩机的汽车企业！它用 7 天的时间，完成了从 0 到 100 万个口罩的交付，又用 76 小时造出了口罩机。五菱汽车这一手硬核操作，赢得大众的喝彩，也让口罩包装上"人民需要什么，五菱就造什么"这句口号刷爆全网，让人听得很暖心。这次五菱汽车生产口罩的举措，不仅为中国战胜新冠肺炎疫情做了贡献，也为自己赢得了一个好口碑。其实这就是一次好的公关行为，体现了大企业的社会责任感。2021 年 2 月 11 日，中央电视台牛年春晚，五菱汽车的口罩又一次刷屏，在春晚现场的所有观众，均佩戴了印有牛年图案的口罩，即"春晚红"口罩。从口罩外观上看，中央电视台春晚 × 五菱汽车联名款口罩上印的五菱汽车红商标与"2021 中央广播电视总台春节联欢晚会"图标交相辉映，口罩中央两头中国生肖牛昂扬向上，周围环绕着朵朵祥云，饱含新年牛运当头的寓意，象征着五菱汽车与人民一起"牛"的美好希冀。

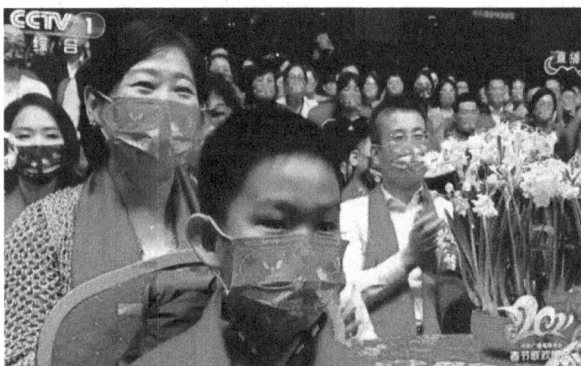

五菱汽车牛年春晚口罩

"地摊经济"成为 2020 年的一个热词。李克强总理 6 月 1 日在山东烟台考察时表示，地摊经济、小店经济是就业岗位的重要来源，是人间的烟火，和"高大上"一样，是中国的生机。随后，"地摊经济"话题火爆，讨论众多，多地市初试新风口。紧接着，6 月 2 日，五菱汽车立即推出"地摊专用车"，并做出完整、详细的介绍。网友大呼其速度之快，实属优秀。五菱汽车则继续在微信公众号推出"地摊经济"系列介绍，趁热打铁。除此之外，五菱汽车在知乎上的运营也可圈可点，在知乎相关问题上有较高活跃度。

五菱"地摊神车"

继"地摊神车"后，五菱汽车还推出了其他网红产品——"人民的代步车"宏光 MINIEV，联合喜小茶、YOHO 等网红品牌开启多样合作，在盲盒热之际又推出限定款式的盲盒以及相关的周边。此外，发源于柳州的五菱汽车"蹭"上了网红美食柳州螺蛳粉的热度，连续推出两波质感十足的"五菱牌螺蛳粉"，有惊喜感的跨界产品让它在网上刷了不少存在感。总之，五菱汽车瞄准更多年轻消费者，不断尝试出圈对话，探索出了更多新玩法。

面对大热的社会话题，企业一定要有足够敏锐的洞察力，能够窥探风向变化，及时定位自身品牌在风向中的位置并发挥能力，五菱汽车这次为业界做出了良好的表率。既清了库存，又提高了身价，还为企业做出了一波"最接地气的"宣传，可谓一举多得，是一次很好的公关行为。

可以看出，五菱汽车通过公关的手段塑造品牌形象十分成功，首先便是对形象定位的创新。面包车、货车、卡车……五菱汽车作为一个平民车企，仿佛已经扎根于我们的生活中，"有路的地方，就有五菱汽车"。在市场竞争激烈的今天，下沉市场有太多新蓝海等待开发，我们不难看到越来越多的企业正在争取这片领域。五菱汽车采取了积极的战略，将时事与自身产品紧密结合，既把握好原有市场，又在新兴市场崭露头角，凭借自身优质的产品和工业底蕴在所谓的大势所趋中"反向出圈",让人眼前一亮。其次就是一系列的品牌营销的公关活动。新冠肺炎疫情严峻期间,五菱汽车着力塑造着"有责任有担当"的企业形象,在制造业寒冬中收获一波赞誉。而地摊经济刚一出现,五菱汽车就迅速将自己包装成颇具"烟火气"的存在,于自己的地盘之外,在互联网世界中迅速火了一把。

2. 案例点评

五菱汽车进行生产口罩的举措,不仅为民众抗击新冠肺炎疫情做出了有力的贡献,也为自己营造了一个良好的口碑。同时,这亦是一次值得借鉴的公关行为,体现了大企业的社会责任感。互联网大数据时代去中心化的特征赋权于民众,改变了过往公众与组织沟通时所处的劣势地位,提升了双方对话的可能性,将单向传输变为双向交流,此时,企业、组织与民众之间的权力关系出现了微妙的转变。面对突如其来的新冠肺炎疫情,当组织为了民众的利益而选择放弃部分自身利益时,如五菱汽车转向生产口罩,或许并不能在短时间内提升车辆的销量,但从长远来看,组织反而可以获得更多。但组织若是依旧秉持着公共关系就是促使民众按照企业所希望的方式行事的观念,反而会适得其反,将公关推向无效的状况与境地之中,从而致使组织的长远利益受损。已有实证研究发现社会责任型的公关活动,在建立品牌关系、推广品牌文化以及品牌形象塑造等方面具有积极影响。如今,企业组织的社会责任是多元复合的,其中还包含了经济、环境、公益与社会发展等责任。企业在履行这些社会责任时,也应走出"宣教式"老路,将责任落到实处,做到"以理念为根基、以技术为支撑、以行动为指南"。新冠肺炎疫情期间,企业组织的公关活动依旧多以公益性的宣传支持和慈善性的社会捐助为主,辅以政治性沟通合作和社区志愿者活动。但面对这类热门的社会话题,仅输出公益性的宣传支持和慈善性的社会捐助会显得企业的行为乏善可陈,无法给人留下深刻的印象,因此,企业需要有足够敏锐的洞察力,能够窥探风向变化,及时定位自身品牌在风向中的位置并采取相应对策。本书的研究案例五菱汽车为业界起到了良好的示范作用。既清了库存，又升值了身价，为企业做出了一波"最接地气的"宣传，可谓一举多得。

三、个人

（一）李子柒：网红界的清流

1. 案例回顾

李子柒，知名美食视频博主、同名品牌创始人。2016 年至今，积累微博粉丝 2600 多万人，YouTube 粉丝突破 1000 万人，累计全球粉丝过亿，被中央电视台点名盛赞，频频上热搜，被称为"网红界的清流"。李子柒 2015 年开始拍摄短视频；同年 11 月，发布短视频《兰州牛肉面》，一炮而红。

李子柒《兰州牛肉面》观看地址

2017 年，正式组建团队；同年 6 月 16 日，获得新浪微博超级红人节十大美食红人奖。2018 年，她的原创短视频在海外运营 3 个月后获得 YouTube 银牌奖。2019 年 8 月，获得新浪微博超级红人节最具人气博主奖 、年度最具商业价值红人奖；同年 12 月 14 日，获得《中国新闻周刊》"年度文化传播人物奖"。2020 年 1 月，入选《中国妇女报》"2019 十大女性人物"。2020 年 5 月，李子柒与袁隆平、申纪兰、冯巩、海霞、冯骥才受聘担任"中国农民丰收节推广大使"，引起网友热议，并迅速登上微博热搜。中央电视台曾评价李子柒："没有热爱就成不了李子柒，没有热爱也看不懂李子柒。外国人看懂了李子柒的热爱，也解释了为何李子柒的很多作品完全没有翻译却依旧火遍全球。没有一个字夸中国好，但她讲好了中国文化，讲好了中国故事。今天起，像李子柒一样热爱生活，活出中国人的精彩和自信。"此外，李子柒的中式田园生活也在海外"圈粉"无数。穿着粗布汉服干农活的她，用中国传统技艺展现了美食、器物从无到有的制作过程。在她的镜头下，中国的田园风光鲜活了起来，如画卷般展现在每一个观众面前。几十个国家的粉丝如痴如醉地翻看她的视频，他们虽不懂中文，却深受治愈。她还激起了许多粉丝对中国文化的兴趣和热爱。有许多网友对她生活的地方心生向往，甚至因此想来中国看看。在互联网时代，文明交流互鉴有了更多载体和渠道，有了更广阔的平台，为世界提供了更多读懂中国、爱上中国的机会。在这个精彩无限的文化传播与交流的时代，讲好中国故事，塑造中国形象，我们需要更多的"李子柒"，需要更多有品质、有温度的好故事。

李子柒通过一系列的公关手段，来塑造个人品牌形象，如：设置名称标签，充满着古风韵味，与李子柒的个人品牌形象相契合；李子柒品牌基调接地气且真实不做作，她以乡村的自然生活环境为蓝本，将自己的日常生活记录下来，就像任何人身边的一个有格调懂生活的姑娘，让人觉得亲切温暖；同时，她扎根中国传统文化，在一定程度上将中国的山水田园梦"具象化"，通过个人的行动轨迹，串联起雨落屋檐、酿酒品茗、踏雪寻梅的中国式禅意生活，在光影流淌中传递出中国灿烂悠久的传统文化与中国人民的无穷智慧，所构建的世外桃源般的梦境，让人们可以片刻逃离现代问题的裹挟，远离现代生活的喧嚣与焦虑；中国风的"标签化"传播，助力李子柒账号在海外社交平台中突围，视频在中华传统美食与生活的垂直领域持续发力，专注于展现传统农村生活的衣食住行，树立主打品牌，使观众注意力高度聚焦，从而形成用户黏性与品牌忠诚度。文房四宝、二十四节气、与长辈亲人间的关心爱护，以李子柒为主角展开，为中国传统文化的宏大、抽象概念注入了微观、具体的内容，使受众情感投射、互动具有了实际对象，更能触及人类情绪、打动受众、引发共情。在海外社交平台传播过程中，其民间身份更易被海外受众接受，淡化了西方国家由于意识形态和制度差异，对中国文化的冲突、对抗心态，打破了对华刻板印象。同时视频是一个个贴近人心的生活故事，故事对人与自然、邻里关系、亲情都有所表现，体现品牌打动人心、接地气的故事。看完李子柒品牌的视频，我们能总结出来几个能够达成共识的关键词，如恬淡闲适、勤劳能干、富有美感等，这些词就是李子柒品牌形象的核心标签。

2. 案例点评

采摘食材、劈柴添火、上山下田、造桥搭屋……李子柒的作品题材来源于古朴的传统生活，她以中华民族引以为傲的美食文化为主线，围绕衣食住行四个方面展开，看似是温婉恬淡的浣纱女，实则英姿飒爽、短小精悍。李子柒干起什么活来都是行云流水，自带美感，通过唯美的配乐和剪辑，李子柒把自己打磨成一个特色鲜明、极具辨识度的 IP。而无论是制作美食还是器物，李子柒都竭力传达出积极向上、热爱生活的态度。此外，李子柒品牌对受众的定位极其准确，同时，亦能持续输出能够承载其价值观的优质内容。在李子柒的短视频中，制造传统面包窑是从测试泥土成分开始的，制作蛋黄酱要从孵鸭蛋开始，视频通常时间跨度较大，短则数月，长则 1~2 年。经过逻辑清晰、节奏明快的剪辑，整个视频充实完整，贯穿了戒骄戒躁、脚踏实地的价值观念和生活态度，展示了她对生活热气腾腾的爱。这种对田园生活的别样演绎能够贴近城市人的心理需求，引发人们对于美好生活的共鸣，网友普遍反映观看后有"治愈感"。李子柒的短视频使受众潜意识中对陶渊明式诗意田园生活的向往得到了极大满足。

在短视频蓬勃发展的今天，李子柒通过挖掘传统文化的价值内涵，将它融入日常生活的题材中，并用艺术化的手法进行表达，给了观众美的感受，为观众构建起他们向往而去不了的田园生活，传递并践行通过辛勤劳动去创造美好生活的信仰，质朴而善良，乐天知命，与人为善。在快节奏的今天，这能给予观众心灵上的慰藉，引起他们的共鸣，拉近与用户的距离。

（二）罗翔与法外狂徒张三

1. 案例回顾

罗翔，中国政法大学教授、刑法学研究所所长。早在 2018 年 2 月就已经有用户在 Bilibili 上传罗翔讲课的视频，但在最初的两年间播放量并不稳定，涨跌具有明显的季节性，平时比较一般，但 7~10 月上传的视频播放量就会突涨。而且此时的视频上传数量还停留在每个月个位数，视频标签仍然以"法考""刑法"为主，知名度仍然停留在专业领域内。

而在 2020 年 1 月到 3 月，用户（包括罗翔本人）在 Bilibili 一共上传了 637 条视频。这个数字是过去两年总和的 2 倍。播放量和出圈度都很高的"粪坑案""看小黄书会被处罚吗？"等案例都上传于这个时期。

罗翔"粪坑案"观看地址	罗翔"看小黄书会被处罚吗？"观看地址

2020 年 3 月 9 日，罗翔受邀进驻 Bilibili，成为 Bilibili 的一名 up 主。仅两天时间，他就创下令人惊讶的纪录——一条视频，一级号，两天，100 万个粉丝——被誉为"2020 最速百万粉传说"。一时间，Bilibili 形成了"千军万马追罗翔法考"之势。2020 年 8 月 5 日，生活在 2G 时代的汪涵和 5G 冲浪的罗翔跨次元联动，进入天猫国潮官方直播间进行直播带货。2021 年 3 月末，罗翔登上《吐槽大会》。

《刑法》的讲解如果脱离实际会变得既高深又枯燥，《刑法》虽然涉及人们生活的方方面面，但公众所受的法律教育并不成体系，对法律的不当理解造成的媒介审判现象比比皆是。而罗翔老师生动的《刑法》讲解巧妙地填补了这一空缺，通过一件件新奇的案例向受众普及了基本的《刑法》知识，提升了部分受众的法律素养。纵览罗翔自 2020 年 3 月入驻 Bilibili 以来的视频更新，里面不乏直接以当下社会热点事件作为选题的视频内容。例如，罗翔以韩国 N 号房事件作为案例，深入解析其中的"罪与罚"。视频前 3 分钟主要讲述了此案件在中国的判处办法，而后引申出我国禁止传播淫秽物品的法条背后的宗旨是道德主义的禁止剥削原则，最后以康德所言的一句话——"人只能是目的，不能是纯粹的手段"，谈及女性在社会中的弱势地位，呼吁大家应当发自内心地尊重人，而不应将他人视作玩物。这条时长仅6分钟的视频，播放次数达到836万，共有8万条弹幕在视频播放期间不断滚动，评论区更有网友留下5万条评论，发表自己的意见与看法。罗翔紧跟时事热点，及时在社会舆论热度尚高期间发布相关视频，以自己法律专业的角度向大众解析案例，并在视频中发表自己的观点，抨击罪恶，褒扬正义，而这正与受众心中的所思所想相契合，从而引发受众强烈的情感共鸣。不仅仅只是讲段子，罗翔还非常喜欢引用康德、爱因斯坦等人的思想名句。3月27日罗翔宣布加入Bilibili激励计划，并表示将该计划所得全部捐给儿童救助基金会，此时他的Bilibili账户关注人数已经达到了450万。

在罗翔的《刑法》知识课堂上，有一个高频出现的人名叫"张三"。在罗翔不断更新的《刑法》知识短视频中，"张三"杀过人、抢过劫，有网友戏称罗翔视频中的"法外狂徒张三"乃中国《刑法》的代言人，他把整部《刑法》的法条触犯得一条不剩。罗翔曾言，"因为人心隐藏着整个世界的败坏，我们每个人心中都藏着一个'张三'，所以日光之下并无新事"。作为施暴者，"张三"胆大妄为的作恶行径击中了受众内心反叛的一面；作为受害者，"张三"向法律寻求帮助的迷糊行径，也让受众在"张三"身上看到了一个不懂法律的普通人在面对自身权利受侵犯时的无助，不禁将自己代入其中。通过"张三"这一人物，罗翔成功把他的科普短视频制作成一部连续剧——《法外狂徒"张三"的传奇人生》，受众也在"追剧"的浪潮下，不断地期待着罗翔新一期视频中"张三"的传奇经历。罗翔通过这样一种喜闻乐见的方式，吸引了大家感受故事背后的沉重，然后向往光明和正义。罗翔通过一系列的《刑法》解说视频，在科普《刑法》知识的同时塑造了理性自省、拥有智识而又幽默风趣的形象。

2. 案例点评

罗翔在课堂选取的一些案例本身就具有的强烈的猎奇性质。猎奇心理是受众心理的一种，即要求了解有关新奇事物或新奇现象的心理状态。那些具有强烈的猎奇性质的元素会迅速吸引用户的注意力，好奇心驱使着他们观看视频内容。

同时，罗翔将《刑法》知识与时事热点案例相结合，用法律的知识与自己最朴素的三观感染受众。伴随着罗翔幽默风趣的讲述，法律的知识与自己最朴素的正义感也被传递给了受众。他不仅对社会热点案例充满正能量地发声，他对家庭责任、社会责任的思考也引起了受众的强烈共鸣，使受众在了解法律知识的同时形成正确的价值观。

此外，传统普法视频虽然法律知识点丰富，但多数需要较长时间的观看且内容过于正统和枯燥。在罗翔的课堂中他通过独特的叙事手法，将法律案例讲述得极具故事性。"法外狂徒张三"这种情景化的方式让受众迅速沉浸在故事构建的框架之中，从这些离奇却又符合逻辑的段子式的案例中学习法律知识。

第三节　本章小结

随着社会文明程度的提高，各方面人士、组织机构也都越来越重视自身形象的塑造，形象塑造问题逐渐成为每个人在生活中会遇到的重要问题。而品牌和形象有所不同：形象随着品牌的产生而产生，品牌的含义决定了形象的内涵。形象是消费者经过一段时间通过处理不同来源的信息所形成的有关对象的一个总体感知。品牌形象代表了消费者对品牌的总体感知，是依据消费者有关品牌的推断形成的，这种推断基于外部的刺激或想象，是消费者从经验中形成的对产品的信念，这是品牌形象的本质。

本章选取了在公共关系的形象塑造上具有代表性的案例进行分析。在新媒体时代，普通民众掌握了更加便捷的信息发布工具，地方政府、城市的形象管理已逐渐成为常态化工作，如何形成有效的形象管理模式，运用何种形象管理策略是当前需要解决的问题。政府要赢得公众的认同与支持以实现其职能，必须注意处理与公众的关系，特别要注重政府形象的建构。新的杭州城市形象宣传片力求以国际化的表达方式，如声音、色彩等来诠释杭州背后的深厚文化底蕴，寻求共鸣，打造国际化的中国风，对杭州故事进行有效的"国际表达"；十三朝古都西安，以城市音乐、本地饮食、景观景色、科技感的设施为符号，在抖音平台上呈现独有的城市特色，通过城市音乐渲染城市特色，通过多样美食体现地域文化特色，通过景观景点流露历史城市的深厚文化底蕴，通过具有科技感的设施彰显城市魅力。在移动短视频阶段，政府与民众共同讲述，生活化的城市形象更具区分度，城市形象的定义者群体得到扩充，这些新兴定义者所感知到的城市形象也更接地气、更贴近城市生活。

　　当今企业面临着各种的挑战，竞争加剧，消费者选择多样化和市场国际化，如何获取使得消费者关注、记住、选择，是许多企业公关孜孜以求的方案。作为一个致力于大众医学健康科普的知识平台，丁香医生在新冠肺炎疫情暴发期间，设置了"实时疫情"的菜单入口，并设有疫情地图、谣言征集、谣言排行榜、疫情订阅和孕妈答疑等子栏目，明确自身的形象定位，履行企业社会责任，依托优质的产品/服务品牌塑造企业形象，以传播沟通为手段展示企业形象，从而获得良好的企业声誉。加拿大运动品牌lululemon，女性熟悉的瑜伽服饰用品品牌，自2018年来迅猛增长，虽然与耐克、阿迪达斯尚有差距，但已经成为运动鞋服领域里的第三名，通过与品牌大使和本土社区的合作，集结线下品牌社群，让顾客产生精神归属感，在与少数的目标消费者建立情感联系的同时，建立了"快乐、舒适且时尚"的运动品牌形象。诞生于1985年的五菱汽车通过公关的手段塑造品牌形象十分成功，创新形象定位，将时事与自身产品紧密结合，通过一系列的品牌营销的公关活动，建立了良好的品牌关系、成功地推广了品牌文化、塑造了品牌形象。

　　除了政府对外传播，企业品牌推广，如今个体也开始注重形象塑造，打造个人品牌。知名美食视频博主李子柒，以自身为主角展开叙事，挖掘传统文化的价值内涵，将它融入日常生活的题材中，并用艺术化的手法进行表达，运用设立名称标签、品牌基调等一系列的公关手段，传递有品质、有温度的好故事，塑造恬淡闲适、勤劳能干、富有美感的个人品牌形象。

中国政法大学教授、刑法学研究所所长罗翔，自 2020 年 3 月入驻 Bilibili，一条视频，一级号，两天，100 万个粉丝，一时间 Bilibili 形成了"千军万马追罗翔法考"之势。罗翔将《刑法》知识与时事热点案例相结合，用法律的知识与自己最朴素的三观感染受众，对社会热点案例充满正能量地发声，帮助受众形成正确的价值观。与此同时，也塑造了一个具有正能量、智识而又幽默风趣的教师形象。

本章思考题

1. 为什么要对不同的主体（如政府、社会组织以及个体）进行形象塑造？形象塑造的意义在哪，能为生活带来什么益处？请举例说明。

2. 个体形象塑造的途径有哪些？请结合具体案例进行说明。

3. 简述并评价贝尔品牌形象模型。

4. 简述并评价企业识别系统。

5. "形象"与"声誉"有什么关系？

6. "形象"与"品牌"有什么关系？

7. 公共关系中形象塑造有什么特点？请结合具体案例进行说明。

8. 在现实生活中，公共关系的形象塑造会存在怎样的困境？

参考文献

白净，吴莉 . 健康传播中的可视化应用：以新冠肺炎报道为例 [J]. 新闻与写作，2020（4）：31-36.

蔡骐 . 网络虚拟社区中的趣缘文化传播 [J]. 新闻与传播研究，2014，21

（9）：5–23+126.

陈先红．中国公共关系学 [M]．北京：中国传媒大学出版社，2018.

陈先红．国际著名品牌的中国公关策略：一个社会责任的视角 [J]．广告大观（理论版），2009（5）：74–83.

范红．城市形象定位与传播 [J]．对外传播，2008（12）：56–58.

范红．城市品牌化及其传播策略 [J]．国际公关，2011（3）：92.

侯向平．企业形象的品牌化管理一种实践模式：企业形象的识别化管理 [J]．公关世界，2020（21）：17–19.

贺嘉雯．"抖音之城"西安 [N]．南方周末，2018-6-7.

黄懿慧，吕琛．卓越公共关系理论研究 30 年回顾与展望 [J]．国际新闻界，2017，39（5）：129–154.

凯文·莱恩·凯勒．战略品牌管理 [M]．4 版．北京：中国人民大学出版社，2014.

江明华，曹鸿星．品牌形象模型的比较研究 [J]．北京大学学报（哲学社会科学版），2003（2）：107–114.

雷蒙·威廉斯．关键词：文化与社会的词汇 [M]．北京：生活·读书·新知三联书店，2005.

刘彧彧．企业形象力 [M]．北京：中国市场出版社，2006.

刘一鸣．耐克、阿迪达斯迎来"劲敌" [EB/OL]．（2019-11-24）[2021-11-29].http：//www.zhuanzhi.ai/document/ez4b1a1f829b5c7b7bfoc7d22e377d90.

刘易斯·芒福德．城市发展史起源、演变和前景 [M]．北京：中国建筑工业出版社，2005.

罗长海．关于形象五层含义的哲学思考 [J]．社会科学辑刊，2002（3）：19–24.

罗子明．品牌形象的构成及其测量 [J]．北京工商大学学报（社会科学版），2001（4）：19–22.

卢蕾．新冠疫情报道中数据新闻的应用、不足及对策分析：以财新网与

丁香园为例 [J]. 新闻传播，2020（2）：15–16.

王怡溪，许向东. 数据新闻的人文关怀与数据透明：对新冠肺炎疫情报道中数据可视化报道的实践与思考 [J]. 编辑之友，2020（12）：69–75.

宣宝剑. 媒介形象系统论 [D]. 北京：中国传媒大学，2008.

姚宜. 城市国际形象对外传播的策略创新 [J]. 新闻知识，2013（7）：14–16.

约翰·费斯克. 关键概念传播与文化研究辞典 [M]. 北京：新华出版社，2004.

张军 .CIS 战略与企业形象塑造 [J]. 中国市场，2007（1）：53–54.

张锐，张炎炎，周敏. 论品牌的内涵与外延 [J]. 管理学报，2010，7（1）：147–158.

壮春雨. 形象与言谈 [M]. 北京：中国广播电视出版社，2002.

清华大学国家形象传播研究中心城市品牌研究室. 短视频与城市形象研究白皮书 [R].2018.

Beallin 活 出 可 能 [EB/OL].（2020–9–14）[2021–11–29]. https：//www. lululemon.cn/article–pinpaigushi_beallinhuochukeneng–254.html.

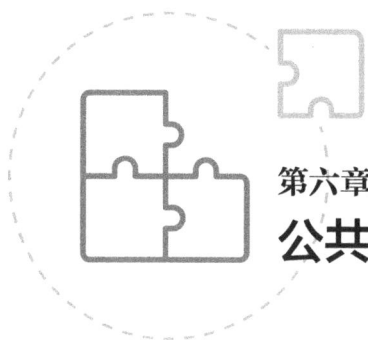

第六章

公共关系与危机管理

本章概要

乌尔里希·贝克（Vlrich Beck）认为，科技和经济的发展使人类社会进入风险期。科技和政策的进步给企业提供了更多的发展机遇和更宽广的发展空间，然而风险社会中不稳定的外部因素也让企业发展面临强大竞争。危机伴随着企业的发展而存在。

危机管理是公共关系实务的重要组成部分，也是受人重视的技能。进入互联网环境，特殊的网络性质让企业时刻曝光在聚光灯下，使得近几年来企业危机频繁发生。随着互联网在公众生活中占据的位置越来越重要，网络在成为公众最为依赖的媒介的同时，也变成加剧企业危机的重要因素。互联网的急速扩散性使企业危机信息在第一时间传遍整个网络，并将影响延至传统媒体环境中；网络特有的"放大镜效果"使企业危机不断扩大……网络的诸多特性让企业危机公关变得愈发重要。

实际上，危机公关的主体不仅是现代企业，大到国家政府、职能机构，小到明星、普通个体，都离不开危机公关，实际上它与我们的生活息息相关。了解危机公关，首先要学习危机公关的相应理论，掌握危机公关的内涵、程序和策略，了解危机公关要避免陷入的误区以及预防机制，学习维护与媒体的关系等内容。在此基础上分析研讨典型的危机公关案例，剖析其危机意识和公关思维，学习成功的案例，吸取失败案例的教训，理论与案例相结合有利于掌握扎实的危机公关的基础知识。

第一节　理论概述

一、危机公关概述

（一）危机公关的内涵

1. 危机公关的定义

"危机"一词在现代汉语中有两层含义：一是潜伏的祸端或危险；二是严重困难，例如金融危机、战争危机。根据荷兰学者乌里尔·罗森塔尔（Uriel Rosenthal）对危机的定义，所谓危机是指对社会系统的基本价值观念和行为准则构架产生严重威胁，并在时间紧迫性和不确定性极高的情况下，必须做出关键决策的事件。而学者斯格（Seeger）认为，危机是一种"具有高度不确定性和威胁性，特殊而不可预测的一系列非常规事件"。由此观之，危机具有突发性、显著威胁性、高度不确定性、时间上的紧迫性等特征。

危机公关，完整的称谓是"针对危机事件处理时期的公共关系工作"。其主要工作内容是：在公共关系理论和实践原则的指导下，公共关系人员运用公共关系的策略、技巧，积极介入和扭转当前危机事件所造成的不利局面，减轻突发危机事件带来的损失，消除其长远的负面影响，挽救陷入危机的组织形象。

需要注意的是，危机公关的主要内涵不仅指针对正在发生的危机事件的应对措施，还包括危机事件发生前公关人员敏锐的危机意识、为了预防危机发生而设立的危机预警系统，以及在危机风波之后重塑和维护组织形象而进行的公关活动。

2. 概念界定

无论是学界还是业界，都存在将"危机公关"和"公关危机"两者混同使用的情况。实际上，公关危机指源于组织内部或外部的某种因素，对组织的生存和发展构成威胁，影响到组织的正常运转，抑或是使组织陷入社会舆论风波之中，损害其声誉与形象的一种非常态。而危机公关则指公关人员面对危机时的一系列应对措施。从性质上比较，公关危机更多是一种状态，而危机公关指向一种能动的行为过程。从现代汉语词语组合的角度比较："危机事件处理时的公共关系"，"公共关系"为中心词，被"危机"所修饰和限定；"公关危机"则反之，意为"公共关系的危机"，重心在"危机"。在具体的话语运用上，"公关危机"并非本环节探讨的重点内容。

此外还存在没有厘清"危机公关"与"危机管理""危机传播"等词组区别的现象。危机管理是指社会组织为了预防和扭转危机而采取的一系列维护社会正常运行，使其摆脱逆境、减少损失、化"危"为"机"的积极介入的行为。因而，危机公关不代表所有的危机管理。但同时，如果缺少危机公关，危机管理也难以达到预期的效果。而危机传播则是危机公关过程中重要的信息沟通手段，是危机处理阶段的一个环节，无法替代危机公关本身。

（二）危机的特征

1. 突发性

危机之所以被称为危机，在于其发生时难以预测。危机带有突发性的特征，其爆发的具体时间、实际规模、具体态势和影响深度，都是始料未及的，因此常常使人感到意外和不知所措。公共关系要面临的危机，大多数是突发性的事件，一般在难以预料的时刻突然爆发，对涉事组织造成一定程度上的破坏，使之运转混乱。

2. 危害性

由于危机具有突发性，故而常常对组织形象、生存环境和发展前景造成一定的破坏性影响，并造成混乱和恐慌。由于决策的时间和所掌握的信息有限，组织在危机爆发的初始阶段往往容易决策失误，从而带来生命财产上的损失，使人心涣散。因此，处理危机常常需要组织调动各方面力量，不惜代价前往处理。

3. 复杂性

危机的产生、爆发和影响都有着显著的复杂性。危机的控制、处理、消除，往往涉及组织的方方面面，解决危机需要投入比平时更多的人力、物力和财力。在重大灾难事故中，还会造成人员伤亡，这一过程中涉及的单位主体往往是多样的，影响波及范围非常广。

4. 聚焦性

危机事件由于事发突然，又往往与公众利益攸关，因此极易成为媒体和公众高度关注的焦点。互联网时代，危机的信息传播比危机本身发展要快得多，与此同时伴随着巨大的社会舆论压力，这是危机公关工作处理中最有难度的问题。

5. 紧迫性

危机常常呈现蔓延之势，如果不能及时控制和消除，将产生二次冲击，使组织形象和生存环境蒙受更多损失。这也就要求危机公关必须具备"速度第一"原则。

（三）危机的类型

对危机进行精准分类，有利于对危机的性质、影响范围等层面进行全面的评估，是进行危机公关的前提条件。

1. 硬实力危机与软实力危机

根据危机爆发的主、客观原因及其对组织实力造成的影响，可以将其分为硬实力危机和软实力危机（也称非人为危机与人为危机）。

其中硬实力危机（非人为危机）是指由于自然环境和宏观社会环境等并非由人的行为直接造成的一类危机，例如地震、水灾、旱灾等自然灾害，以及环境污染、经济萧条、战争等宏观社会环境改变，这类危机主要对组织的硬实力造成危害。硬实力危机大部分难以预计且不可控，相比于软实力危机更能得到社会公众和内部成员的同情和理解。

软实力危机（人为危机）指由人为因素造成的危机，例如组织负责人的不当言论、企业生产假冒伪劣产品，这类危机主要是人为地破坏社会公德，造成的损害主要在组织的形象、立足社会的信誉，以及美誉度和忠诚度等软实力层面。软实力危机具有可预见性和可控性，如果组织平时具备危机意识，采取相应的预防措施，是可以减轻甚至避免危机的发生。

需要注意的是，硬实力危机和软实力危机也有重叠的部分，例如由人为因素引起的灾害事故、不当竞争引起的商业危机，这些破坏活动不仅造成组织硬实力的损伤，也造成软实力的损害。因此组织要做的是同时挽救两种危机。

2. 内生危机与外生危机

按照危机关系对象的不同，可将危机分为内生危机和外生危机。

内生危机是指发生在组织内部的危机，例如内部关系纠纷、上下层级的信任问题、贪污腐败、管理缺失等，内部危机波及范围不广，主要影响本组织的利益，具有可预测性和可规避性的特征。

外生危机是相对于内生危机的一个概念，指由组织外部因素造成的危机，例如不同组织之间的矛盾纠纷，组织与政府、社会之间的信任危机等。外部危机波及范围较广，常常影响到具体的社会公众。其不可控因素较多，不可预测且处理较为复杂。

3. 有形危机与无形危机

危机通过不同的表现形态可以被分为有形危机和无形危机。有形危机是指造成直接而明显损失的危机，例如生产事故、人员伤亡、财产损失等，有形危机造成的损伤较为直观，往往易于评估。

无形危机是指给组织带来的损失并不明显和直接的危机，主要损害的是组织的形象和信誉，这些损失难以用数据评估，更多是潜在的、慢性的。组织应在无形危机发生或发展之前，及时采取补救措施，以免事态扩大，造成更严重的危机。

4. 政府危机、企业危机与其他危机

根据应对危机的组织主体性质不同，可以将危机分为政府危机、企业危机和其他危机。

政府危机是指政府面对地震、传染病、金融危机等对社会公共生活和公民生活秩序造成重大损失的危机事件。政府面对危机所建立的预警系统，应对危机的态度、方式与效率，都会影响公众对政府的信任度。

企业危机是指发生主体为企业的危机。企业需要通过日常的危机管理工作、处理危机的技巧和原则、危机的预防与监测等方式，做好危机公关的每一项工作，努力将损失降到最低。

其他危机指事业单位、社会组织以及个体层面发生的危机。

5. 一般危机与严重危机

根据危机的影响程度，可以将危机分为一般危机与严重危机。一般危机与社会公众的冲突程度较轻，组织形象与声誉受到的损害可控。严重危机指组织面临的重大事故，将对组织的声誉造成毁灭性打击，直接威胁到组织的生死存亡。公关人员在面对组织的严重危机时，必须马上全身心地应对，以挽救组织的声誉和生命。

二、危机处理时期的公关策略

（一）危机公关的处理原则

危机公关 5S 原则由著名危机公关专家游昌乔提出，旨在为组织管理者处理危机时提供实践准则，避免踩踏"雷区"，陷入更深层次的危机之中。危机公关 5S 原则具体包括承担责任原则（shoulder the matter）、真诚沟通原则（sincerity）、速度第一原则（speed）、系统运行原则（system）以及权威证实原则（standard）。

1. 承担责任原则："我错了，是我的责任"

危机事件通过舆论发酵后，会成为公众关注的焦点。此时无论谁是谁非，即使涉事组织在危机中不一定有过错，也应该主动承担责任。公众除了利益上的关联，还有情感上的问题，亟须明了谁应该为受害者负责。如果此刻各执己见，相互推诿，只会激化矛盾，引起社会公众的反感，因此组织在此刻站在受害者的立场向公众致歉，有利于赢得公众的理解和支持，为后续危机的解决创造良好的舆论环境。

2. 真诚沟通原则：与媒体保持持续的沟通

危机事件发生后，涉事组织的一举一动都将成为公众和媒体关注的焦点，因此不能有任何的侥幸心理，企图蒙混过关，而应该主动与媒体联系，通过媒体渠道与公众真诚地沟通，说明事实真相，消除公众的疑虑与不安。这里的真诚主要指诚意、诚恳与诚实。为了掩盖事实真相而说谎是危机公关的大忌。

3. 速度第一原则：第一时间，最快速度

在社交媒体时代，任何有重大新闻价值的事件都会在极短的时间内形成舆论狂潮。所谓"好事不出门，坏事行千里"，危机信息会像病毒一样，以裂变方式高速传播。此时，可靠的消息往往不多，社会上充斥着谣言和猜测。如果涉事组织没有及时地发布信息，就会让谣言和不确定的信息满天飞；如果丧失在舆论场中的首发话语权，组织就会处于被动地位。因此组织必须当机立断，快速反应，果决行动，第一时间表态，与媒体和公众进行沟通。否则就会扩大突发危机的范围，甚至可能失去对全局的控制。

4. 系统运行原则：环环相扣的运行系统

现如今，无论是政府机构还是企事业单位，建立危机管理制度和危机管理体系，是社会政治、经济、文化生活高度发展的必然结果。处理危机的工作是一个完整的过程，组织要按照处理危机的预案程序，系统运行每一个环节的工作，用以化解危机。

5. 权威证实原则：第三方替你解释证实

危机发生后，无论是事故调查结果还是企业产品的质量检验报告，都必须请第三方权威机构出具，才能使社会公众信服，才能解除公众对涉事方的心理戒备。组织自行发布的报告将难以取信于人，往往会加剧双方的信任危机。

（二）危机公关的处理程序

1. 启动预案，成立小组

在危机发生后，相关组织在评估危机事件的性质和级别的基础上，要在最短的时间内启动危机应急预案，成立由组织领导层亲自负责、各职能部门负责人参与的危机处理小组，并制订危机处理的具体计划，明确小组分工和责任，以最快速度开展公关工作。

2. 赶赴现场，深入调查

危机处理小组开展危机处理工作后，要第一时间赶赴危机现场，深入调查，主要负责人现场坐镇指挥，收集现场数据，厘清危机发生的原因、波及范围、人员财产损失等情况，分析危机的症结所在，评估危机的后续影响，采取有力措施控制事态进一步发展。

3. 迅速处理，安抚公众

危机发生后，一方面要迅速处理危机以防事态蔓延，另一方面要马上锁定事件的受害者和利益攸关者，与他们展开对接和真诚沟通，积极主动地承担事故责任，了解对方的难处，做好赔礼道歉、赔偿损失和各项善后工作。将一系列危机处理工作公之于众，真心实意表达歉意，以期取得受害方和社会公众的谅解，缓和公众的负面情绪。

4. 联动媒体，引导舆论

危机管理的实质是对信息传播的管理，而危机管理的核心是危机信息的公开化和透明化。新闻媒体在舆论风波中扮演着关键的中介作用。危机发生后，各种传闻、流言蜚语都在传播，媒体也会跟进报道，此时涉事组织要在第一时间委派负责人与媒体进行联动，通过媒体发布及时而可信的信息，组织负责人抑或新闻发言人要与媒体保持常态化的联络，填补信息真空，引导和掌握舆论主动权。

5. 总结危机，吸取教训

危机处理完结并不代表整个处理程序的结束，组织要全面调查危机发生的原因，吸取教训警惕再犯。此外还要总结危机处理各环节的得失。例如危机预案在执行过程中是否有偏离实际的地方，组织的形象和信誉是否恢复如初，对在危机处理过程中有突出贡献的人和怠慢渎职的人进行相应的奖惩公示和处理。

（三）危机公关的处理策略

1.主动认错，博得同情

一如上述所言的承担责任原则，涉事组织要及时而主动地承认错误，不能等待危机蔓延、舆论沸腾之后被动出来回应，回避危机只会加重危机的程度。因此要掌握危机舆论场中的主动权，获得社会公众的同情，唯有主动认错，这是缓解舆论压力的一种重要方式。

2.切实行动，深挖本质

危机事件出现后，不仅要主动承认错误，向受害方和社会公众道歉，还要采取切实行动，深入调查危机发生的原因，深挖危机的本质。一场危机的发生，主动认错和舆论引导固然能在一定程度上阻止危机蔓延，但却不能治本。对涉事组织而言，唯有做"行动上的巨人"，才能根除危机。

特别在互联网环境中，失实的报道和谣言满天飞，如果只做口头上的道歉和声明，很难正视听。危机公关如果要扭转危机，就需要针对危机源头的问题进行深挖，及时纠偏，只有采取切实行动，保障公众利益，才能达到危机公关效果。

3.统一口径，突出宣传

上文提到，在危机事件的处理过程中，组织需要设立新闻发言人，建立与媒体的实时沟通的渠道，引导网络上整体舆论走向。而在信息发布和新闻宣传上，必须做到"统一声音"。在危机事件的处理过程中，未经允许，任何组织的领导层和成员都不能擅自对外发声。有些未经证实或不宜过早向公众公开的组织内部信息的泄漏，将对组织的危机处理宣传工作带来极大困扰，干扰公众视线和舆论的整体走向。

因此，处理公关危机时，组织上下必须统一口径，组织发言人代表的是组织对危机的态度，组织发言人要在发言中突出危机事件处理过程中的实际行动。

4.滚动跟进，公布真相

在危机处理过程中，要向社会滚动发布事件处理的最新进展，稳定公众的心。最后，及时公布危机发生的真相，是安定人心和消除公众疑虑的最好办法。舆论哗然，有时针对的不是事件本身，而是事件的处置方法，是公众未知事件全貌前的质疑。

需要注意的是，在公布真相的对外声明中，要避免文过饰非，不能隐瞒部分事实，亦不能护短，不能让人觉得被糊弄，要将危机诱因、损害和下一步发展趋向等信息毫无保留地告知公众。

5. 只说自己，不涉同行

有些危机并不是该领域的第一次危机，在危机公关的过程中，组织需要避免提及同行曾经发生过的同类危机，用以开脱自己的责任。这将引起公众的反感，有"五十步笑百步"之嫌。面对危机，最好的办法是检查自己的问题，寻求危机发生的诱因，而不是攀咬同行，试图转移危机，这将对组织未来在同行间的立足造成阻碍。

6. 善后处理，挽回形象

危机事件处理的结束不代表组织危机公关工作的结束，组织形象在危机风波后的挽回和修复显得至关重要。修复组织形象，要把重心放在以下三个目标上：第一是利益修补，即对内尽快恢复常态秩序，创造效益渡过难关；第二是信任重建，例如企业要尽快整改，提高产品质量，并能被权威机构证实；三是意义输出，组织在危机结束后，要构建并输出人们普遍认同的公共理念（例如真诚、善良、关爱、以人为本等），要把组织的自我角色重新纳入社会的运行系统中去。

（四）危机公关的应对误区

1. 零预防，危机公关反应迟缓

"生于忧患，死于安乐。"在市场竞争异常激烈、网络舆论快速发酵的今天，树立未雨绸缪、居安思危的危机意识刻不容缓。网络的扩大效应、长尾效应、多次传播效应都将加深组织的危机，扩大危机传播范围。在以快取胜的网络时代，零预防只会延缓组织危机公关的反应时间，让组织在危机到来后面临恐惧、手足无措。因此每一个组织都必须审时度势，及时实施危机公关预警策略，才能最终赢得危机公关胜利。

2. 鸵鸟心理，放任危机扩散

鸵鸟心理是一种逃避现实的心理，是不敢面对问题的懦弱心理。该词组的本意是遇到危险时，鸵鸟会把头埋入草堆里，以为眼睛看不见自己就是安全的。由于部分组织缺乏危机预警机制，并将自身利益看得比公众利益更重要，加上"家丑不可外扬"的心理作祟，其在危机爆发后并不会主动向公众解释并进行弥补，而是采取"鸵鸟策略"回避质疑，放任负面危机信息的传播，阻碍了危机公关的开展。

3. "欺，删，瞒"与信息紊乱

"信息是最好的武器，它越是详尽全面，被剥夺了秘密的敌人也就越能被彻底地解除武装。"当危机发生后，如果涉事组织只是一味欺瞒和删除与之相关的负面信息，而不对危机事件进行正面回答，就容易引发公众自身对危机的焦虑，从而出现信息真空，形成谣言。谣言一旦出现，在互联网和社交媒体上迅速传播，就会诱发网络暴力和群体性事件。组织只有立即回应，公开真相，才能填补信息真空，阻止危机的进一步加深。

4. 过度危机公关，激发公众逆反心理

上文提到，在危机事件处理过程中，组织内部要统一口径对外声明。然而危机爆发后，有些涉事组织过于急迫地澄清和表态的做法，让危机信息混乱不一、模糊不清和反复无常，这只会加速企业形象的崩塌。互联网时代，信息舆论越来越碎片化，如果组织急于表态，朝令夕改，不仅不能扭转公众危机负面思维，反而会强化公众的叛逆，刺激危机扩大。所谓关心则乱，组织在危机中的混乱发声、过分依赖媒体和权威机构的过度危机公关，容易引发公众的逆反心理。

三、危机公关的预防机制

（一）树立全员危机意识

公共关系的危机虽然是突发的，但大部分是可以预防的，或者在发生时可以通过预案去尽可能地消除影响。在危机管理过程中，组织应树立全员危机意识，对危机进行日常预防。预防危机要依靠全体成员的共同努力。具体而言，要树立如下危机意识。

1. 提高警惕性

在危机发生之前，组织各成员要保持充分的警惕性，将危机萌芽与爆发的可能性维持在最低水平。从组织管理层的角度出发，提高针对危机的警惕性，关键在于对组织的经营和管理工作保持高度的谨慎；而从员工的角度出发，只有员工具备危机意识，才能深切体会到组织的产品或服务存在的隐患，有可能给公众带来的潜在损失。提高警惕性，有利于增强组织日常运行的高效性、提高内部成员工作时的自我要求。

2. 培养洞察力

危机在发生之前会出现一定的征兆，通过对组织成员进行培训和日常性的演练，成员可以在一定程度上具备识别危机先兆的能力。如果组织的每一位成员都能对此类危机来临前的征兆了然于心，组织的危机就能得到充分抑制。

3. 增强行动力

充分有效的危机意识，能使组织在危机发生时沉着冷静、正确有效地处理危机，防止危机的进一步恶化和扩散。只有在正确的危机意识指导下，组织才能培养出对抗危机的行动能力。

4. 拥有判断力

拥有判断力是指组织能够在危机发生后，通过对关键时机的把握，转危为机，变被动为主动，力争在危机之后推动组织发展的新阶段。在危机面前，组织不仅应做到应付自如，还应善于把握隐藏在危机中的新的组织发展机遇，实现危机制胜的远大目标。

（二）建立危机预警系统

1. 预警系统的建立

危机预警系统根据组织外部环境和内部条件的变化，建立一套能够感应危机来临的信号，通过对危机风险源、征兆进行不断监测，从而在各种信号显示危机来临时能够及时向组织发出警报，提醒组织采取行动。构建公共关系危机预警系统的步骤如下：

（1）确立需要发出危机预警的对象，并按重要性排序；

（2）根据预警对象，确定危机监测的内容和指标；

（3）确定危机预警系统所需的技术和资源；

（4）评估危机预警系统的性能，包括准确性、可信度和稳定性；

（5）向组织成员讲解系统功能及作用，指导成员根据危机预警做出反应。

2.专家队伍的组建

专家队伍是整个危机管理过程中的核心与灵魂。危机管理专家队伍和危机公关小组由相关行业的权威人士、政府官员、高级记者、公共关系专家等组成，是预防危机的智囊团。在组织内，每个关键环节都要有专家参与，这样才能确保危机发生时的应对效率与质量。

（三）制订预警方案

1.危机预警方案的拟定程序

（1）搜集和整理危机信息。对组织可能面临的危机问题，依据危机产生的原因、危机的影响程度等不同性质进行分类，制订相应级别的危机预警方案。

（2）评估和选择危机预案。将搜集的信息移交给专家队伍和危机公关小组，他们将运用各种评估工具对制订的预警方案进行全面、详细的评价，选择最佳方案。

（3）检验和完善危机预案。在确定危机预案后，组织需要定期采用实战模拟的演练方式对危机预案的成效进行严格的审核。开展危机预演，同时也是对全体成员危机意识和危机应变能力进行提升的有效手段。

2.危机预警方案的具体内容

（1）危机公关小组的组织结构

在危机预案中，需要明确当危机来临时，处理危机事件的公关小组具体人员的组成，以及中心的组织架构问题。

（2）危机信息发布的责任人员

危机预案要规定危机信息的发布由哪位成员来进行，统一对外发布声明和公告，与媒体建立沟通。

（3）危机信息发布的对外渠道

预案里要明确一旦发生危机，如何建立对外宣传的传播渠道，怎样制订回应公众质疑以及引导舆论走向的方案。

四、危机公关与媒体关系

1.成立公关机构

各类组织都要成立公共关系部门，要有专人管理和应对媒体。国内的企业大都设有公共关系部（企划部），政府部门普遍设立新闻办（新闻发言人办公室）。这些机构的主要职责是：关注和宣传本组织的形象，通过活动策划和新闻宣传等方式提高组织的知名度和美誉度；制订突发危机的应对预案；为新闻发言人提供事件的全貌和背景信息；联系媒体，定期给媒体供稿，维护和宣传本组织形象；联系和聘请自己的公关顾问。

2.与媒体沟通的先后次序

危机事件出现后，媒体纷至沓来，媒体前来采访的主要目的是最大限度地报道危机事件。为此，组织要厘清不同媒体在报道中对组织形象的不同影响，按如下顺序进行沟通：

（1）和地方媒体相比，中央媒体优先；

（2）和非主流媒体相比，主流媒体优先；

（3）和一般媒体相比，关系好的媒体优先；

（4）和外地媒体相比，本地媒体优先；

千万不要冷落网络媒体，不要轻视网络舆论的力量；同时让部分媒体替你说话，为你所用。

3. 与媒体合作的注意事项

（1）危机发生后，组织要迅速成立临时记者接待机构，维护好与媒体的关系，并由专人负责发布消息，集中处理与事件有关的新闻采访，提供权威可信的资料。

（2）对于新闻媒体，涉事组织应尽量主动合作，要展现诚恳的态度。如遇不便发表的消息，应妥善说明理由，不宜用"无可奉告"来搪塞，努力得到记者的同情与谅解。

（3）当记者发布失实报道时，应注意及时纠正错误信息，并向新闻界提供全部与事实相关的真实、详尽的材料，安排相关人员参观、接受专访，新闻发言人可接受咨询、访谈，表明真实、客观、公正的立场，尽量避免使公众产生敌意。

第二节 案例分析

一、政府及事业单位

（一）新冠肺炎疫情大考：温州市政府的危机公关策略

1. 案例回顾

2020 年 1 月下旬，新冠肺炎疫情席卷全国，牵动着每个人的心。在社交媒体上不乏大量的负面信息。这一互联网时代重大的媒介事件，其衍生的各类事件引爆民间舆论场，成为很长一段时间内公众关注的焦点。

在武汉拥有 18 万温商的浙江温州，在 1 月底新冠肺炎疫情蔓延最开始的时候，成为除湖北省外新冠肺炎疫情最严重的城市，因此温州市政府面临着艰巨的新冠肺炎疫情大考和网络舆情挑战。为此，从 2020 年 1 月 23 日温州紧急召开防控会议，至 2 月 15 日 24 点，关于"温州新冠肺炎疫情防控"的舆情信息在网络上达到 428 条。

2 月 2 日，中央电视台《新闻 1+1》主持人白岩松采访温州市市长姚高员，就温州新冠肺炎疫情问题进行提问，温州市市长的这次回应被夸上了热搜。

主持人：温州确诊比例为什么多？

姚高员：一、在外温商多，特别是在武汉和湖北其他城市的。在武汉的温商有 18 万人左右，春节之前有 2 万人左右返回温州。二、除夕开始返乡人员增量还是特别多。制造业外地用工人员中，去年来自湖北的有 33 万人。

主持人：防控新冠肺炎疫情，温州眼下最急的是什么？

姚高员：关键还是要抓住两个问题：一、已经在这里的人怎么防扩散的问题；二、防新增速度，这一块是一个新的变量。

现在重点工作对象是三类：一、来自重点地区的人员，进入温州的包括已经在温州的、即将进入温州的；二、已确诊病例的密切接触者，这一块是特别危险的对象，因为发病概率相对高；三、有发热症状的病人。

我们将不惜一切代价，通过人防加技防，通过大数据加基层网格，这几天已经排查了 762 万人次。

主持人：怎么保证各项措施都能落实到位？

姚高员：全市几个县都在查，发现有工作不到位的，第一时间处理。我们昨天处理了 6 处责任不落实的情况，处理了 14 名干部，第一时间进行通报。这其实也是对其他干部进一步压实责任的倒逼。基层干部很辛苦，我们要关爱他们，也要严格要求，这就是为人民服务。

主持人：温州医疗资源够不够？有没有做好充分准备？

姚高员：第一步我们确定了 10 个定点医院，一共有 1474 张床位，目前都能够保障就医需求。我们在市区又准备了两个医院，温医大附一医院有 150 个床位，瓯江口医院有 800 个床位。

第二步，10 个定点医院有 510 个医生直接投入救治当中。第二梯队已经准备了 1100 名医护人员待命。

　　第三步，现在医疗物资的准备压力是最大的，医用口罩、防护服每天的消耗量很大，大致能够维持两三天的量，因为温州病人多一点，所以在调拨全省资源向温州倾斜。在外温商也捐赠了一些物资。

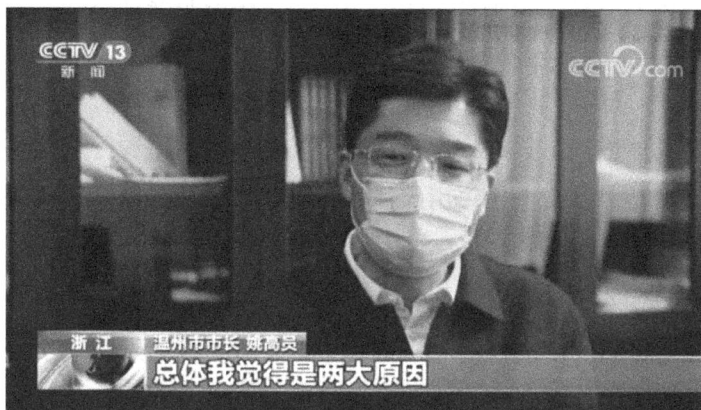

温州市市长姚高员接受中央电视台《新闻 1 + 1》采访及观看地址

　　在短短两分半的节目采访中，姚市长回答了温州市确诊病例众多的原因、新冠肺炎疫情防控的当务之急、政府防控新冠肺炎疫情所采取的措施等问题，思路清晰，内容实在，都是干货，不打官腔。这段采访也因此登上微博热搜榜，被网民称为硬核访谈，收获网民好评，促成了网络舆情的高涨。

　　2. 案例分析

　　新冠肺炎疫情对各地政府而言都是一次大考，新冠肺炎疫情引发的网络舆情危机，也越来越被决策者所重视。借由传统媒体节目的权威性、新媒体平台传播的快速性，温州市政府成功地树立了"硬核市长"这样的人物标杆，为温州市政府的新冠肺炎疫情管控工作加分；同时，这样的传播内容也让温州因为新冠肺炎疫情而紧张的气氛得到了缓解，给公众吃了一颗定心丸，使公众对温州的新冠肺炎疫情治理工作增添了信心，也成功地对一部分负面的舆情进行了化解。

从危机公关的具体要求来看，从2月1日到2月3日是温州市新冠肺炎疫情舆情爆发的高峰期。2月2日，温州市市长受访中央电视台《新闻1+1》的视频在微博等新媒体平台播放，第一时间就本地的新冠肺炎疫情危机向公众做出解答，符合危机公关的"速度第一"原则。

姚市长在回答温州市政府面对此次严峻新冠肺炎疫情的举措时，详细展示了政府的各项具体措施，数据精确，资料翔实，深挖传播源，赢得了网民的好评。与此同时，温州市还善用媒体，时时保持微信公众号、微博等各大新媒体渠道的信息更新和统一，及时、高速、准确地公布每日新冠肺炎疫情信息，并及时肃清不实信息，防止谣言滋生和传播。

面对危机，温州在新冠肺炎疫情处理过程中，实行了滚动发布最新信息的策略，曾要求"政策不过夜"，很多工作办法在晚间紧急下达。新媒体平台的即时性，让所有的政策、数据能够马上传达到基层民众，也能第一时间通过微信群等方式，下达给政策的执行者。2月20日晚间，温州公布了关于《撤销检查卡点，同步恢复高速出入口》的通告，并通过微信群将之下达到各个社区街道。当晚，各社区街道第一时间执行指令。如温州市龙湾区永中街道，就在21日凌晨拆除了该街道的所有卡点。

经过多日的新冠肺炎疫情防控，温州的新冠肺炎疫情得到了很好的控制。2月18日，温州当日新冠肺炎确诊病例迎来零新增。

（二）故宫"大奔门"：雪崩式的信任危机

1. 案例回顾

2020年1月17日，微博认证为"国航空乘"的用户"露小宝LL"通过微博发布了一组照片，并配文字："赶着周一闭馆，躲开人流，去故宫撒欢儿。"四张照片的背景均为故宫的太和门广场，照片里的两名女子均穿便服，没有佩戴任何故宫工作人员的证件。而其中三张照片上均有一辆黑色奔驰车出现，价格不菲。该微博在短时间内即引发轩然大波，并引起网友愤慨。

值得注意的是，早在 2013 年，故宫就开始实施禁车令。时任故宫博物院院长的单霁翔曾解释道：英国的白金汉宫、法国的凡尔赛宫，都不允许车辆穿行，这是一个文化尊严的问题。同年，法国总统弗朗索瓦·奥朗德来故宫参观，一路步行参观了故宫。自此以后，所有贵宾，无论中外，再无例外，进入故宫，一律不得自行驾车。

因此，该事件本身带来的强烈反差和隐约的特权色彩顿时让故宫陷入一场声誉危机之中。自媒体开始掀起舆论风波，深挖该博主的身份：国航空姐、红三代、炫富、豪宅……网民对社会不公的强烈反应宣泄在故宫的博文之下，官方媒体也开始发声声讨。《人民日报》说，"故宫，不容碾压"；《环球时报》说，"今天的故宫是全体人民的，这不该被忘记，更不该被特权所碾压"；《新京报》评论，"在文物保护面前，人人平等"。

一个事件牵涉多个危机：中国国际航空股份有限公司声明涉事博主2018 年已离职，只是微博认证没有改；而陷入风波的长春理工大学也声明说，该涉事博主为本校 2009 级研究生，其在网上炫耀的考试携带手机并拍摄试卷的做法，"因当时未被监考老师发现而未做处理"；被曝与开奔驰车进故宫博主炫耀的美国大宅相关的忠旺集团，也发声称与该女子无关联。

直到 6 小时后，涉事主体故宫的官方微博才做出第一次回应，全文如下：

针对今日有网民发布周一开车进入故宫事件，经核查属实。故宫博物院对此深表痛心并向公众诚恳致歉。今后，我院将严格管理，杜绝此类现象。感谢社会各界对故宫博物院的关爱与监督。

短短 76 个字的危机公关并没有获得民众的认可，难以平息愈演愈烈的网络舆情。人们对特权的深恶痛绝，使得负面舆情持久发酵。1 月 21 日深夜，故宫博物院院长王旭东通过官方微博再次发表致歉，全文如下：

故宫博物院院长王旭东向公众致歉

近期发生的"开车进故宫"事件引发社会高度关注，引起公众对故宫文物保护的担忧，我代表故宫博物院再次向社会公众诚挚道歉！

1月13日，经过故宫博物院批准的闭馆日活动有200余人参加。因原定停车场车位已满，我院相关部门引导车辆停放时，临时改变停车位置，未严格执行报批的接待方案，将原定的西华门内西河沿停车场，变更为午门内金水河南侧临时停车场。该区域地面是历年来不断更新的现代材料，多年来一直作为闭馆时段的车辆通道和闭馆日活动的临时停车场所。

此次事件反映出我院在内部管理和社会服务中存在的短板不足。经研究决定，对负有领导责任的故宫博物院分管副院长和保卫处处长停职检查。我院将汲取教训，以此为戒，全面加强管理，认真进行整改。对故宫内所有车辆通道、停放场所进行排查，确保不对故宫文物造成损害，确保故宫安全，全力守护好故宫，为社会提供更多更好的公共服务。

2020 年 1 月 20 日

在社会舆论压力下被动回应的故宫，并没有给出能够令人信服的解释，仍然没有平息民众对特权、炫富等敏感词由来已久的抵触情绪。雪崩式的信任危机错过了最佳的挽回时机。

2. 案例分析

故宫面对这次严重的舆情危机，并没有很好地呈现危机公关的意识及其实际行动。公众对于特权的厌恶由来已久，而故宫又曾经对外树立"外国领导人也要下车步行进入故宫"的品牌形象，这种反差在"露小宝LL"的这次事件中呈现得非常强烈而负面。

从危机公关的处理原则上看，故宫方面首先没有做到"速度第一"原则。其首次回应时间与舆情的发生时间相隔已 6 小时，回应不能算及时。2010 年，人民网舆情监测室提出了"黄金 4 小时"法则，而学者曾胜泉则提出了"黄金 2 小时法则"，认为突发事件的危机公关只能以 2 小时作为期限，才有可能在互联网舆论场中抢占主动权。因此，故宫的回应已经错过了首次发声的黄金时机。

而从内容上看，故宫的简短回应非常缺乏诚意，没有做到"承担责任"和"真诚沟通"等原则。故宫的第一次回应虽然带有"歉意"，但并没有"诚意"，完全看不出向公众沟通和解释的意愿。例如对该事件的"经核查属实"，即承认有车开进故宫，但并没有对此行为是否违规做出判断。

"今后我院将严格管理，杜绝此类现象"的回应也含糊不清。既然上文没有提到此类行为是否违规，也没有具体解释，那要杜绝的到底是开车进故宫，还是拍照炫耀？

整体而言，故宫的首次回应非常糟糕，并没有回应网友对特权的质疑，存在避重就轻之嫌。该博文下的评论留言充满了对特权的质疑，以及大量的不满情绪，这反而助长了负面舆情的二次传播。同时，故宫也没有表态会采取实际行动去深入调查和解决危机，难以让公众信服。

事实上，公众最关心的并不是故宫是否道歉，其核心议题在于对特权的质疑，寻求真实而合理的解释。例如：为什么外国领导人都要在午门下车，而奔驰却可以开进故宫？这样的行为是否违规？如果违规，为什么管理人员会允许此事的发生？对相关人员该如何处理？如果不违规，之前的规定做何解释？

危机发生后的第四天（1月21日）0时30分，故宫在其官方微博发布了第二条回应，致歉公众。然而这第二条长回应却依然犯了危机公关的几个"大忌"。

其一，官方声明发布时间为深夜，被网友质疑有意躲避网友在线的高峰时段，仍然缺乏诚意，这成为舆论不满的一个原因。

其二，第二条回应依旧没有回应公众关注的核心问题，避重就轻，公布信息不完整。回应中称，当日批准的闭馆日活动有200余人参加。因原定停车场车位已满，才临时改变停车位置。但通篇声明没有提及所谓的"闭馆日活动"是什么，具有怎样资格的人才可以参加，涉事人员为何有资格开车进入午门内……这些公众最关心的问题被一笔带过，联想到当事人"找熟人打点"的自述，此次回应依旧难以服众。

其三,,由于没有对事件是否违规的定性，故宫此次的处理——"对负有领导责任的故宫博物院分管副院长和保卫处处长停职检查"，只会被视为

"找人背锅"的敷衍行为。

因此，故宫面对此次危机的两次回应，都没有很好地体现危机公关的处理准则和策略，其不当做法反而引起了公众的质疑和不满，修补长久积累起来的网红形象将任重道远。

（三）《黑龙江日报》为雪乡"喊冤"：盲目引战致危机加深

1. 案例回顾

2020年11月27日，有网友爆料雪乡（黑龙江牡丹江）的食品价格过高，其中15元一根的烤肠引发游客吐槽。为此，牡丹江文化广电和旅游局的工作人员做出说明：雪乡一年的经营时间只有两个月左右，景区离市区较远，其物流成本会比其他地方高很多，和其他景区相比，"它（景区）卖得并不贵"。实际上，工作人员的解释中规中矩，也获得了一些理性网友的理解。

然而《黑龙江日报》发表了一篇题为《叹一声雪乡"窦娥冤"》的评论文章，将原本渐渐平息的热点事件，彻底变成一场舆情危机。这篇为雪乡"正名"的文章，字里行间透露出一种高高在上的姿态，"洗白"用力过度，一味"喊冤"，不仅没帮雪乡解围，反而让读者进一步心理不适。其中还未经证实地拿同行——泰山景区的矿泉水价格做对比，导致后续的"翻车"。

叹一声雪乡"窦娥冤"

今年黑龙江雪大。黑龙江的雪乡雪量多、雪质好。说起雪就想起窦娥，我不免为雪乡叫声"窦娥冤"。因为总有个别人，想给洁白的雪乡抹上一点黑。

冤，从一根明码标价15元的烤肠说起。有人嫌烤肠贵，并由此引发陈芝麻烂谷子的"回忆杀"，借此翻炒旧闻，甚至故意编造谣言，或将八竿子打不着的丑闻恶意嫁接给雪乡。蹭热度者有之、博眼球者有之、赚流量者有之。雪乡太冤了。就好比你家的孩子，几年前犯了错，被老师批评教育了，如今已经改好了，却有人抓住不放，非得要往死里整不可，你憋气不憋气？又好比你穿戴得漂漂亮亮出门去，有人把别人家的脏水泼到你头上，还嚷嚷着你破坏了环境，你冤还是不冤？

冬天的雪乡，是名副其实的"网红"。在许多网络平台上，雪乡有多"红"，就被"黑"得有多狠。然而，雪越白、越好，越能照出一些人的阴暗心理。

15元一根烤肠贵不贵？如果和你家楼下或小区超市里的相比，肯定是贵了。可是，你可以参考一下泰山山顶的矿泉水价格吗？市场规律在那里摆着：无论从交通还是资源供给上，这根在雪韵大街上烤熟的香肠都具有稀缺性；况且商家还明码标价了，给了游人更多选择的自主性。烤肠又不是刚需，你可以吃也可以不吃嘛。

树立一个口碑可能需要很长时间，但是要毁掉它，在纷纭的网络间就是分分钟的事。不可否认，几年前由于游客量激增，雪乡暴露出了基础设施薄弱、服务水平欠佳、监管措施不力等问题，引起大家的关注。可经过多年改进，雪乡已经加强了基础设施建设，加强了综合监管，提升了服务水平。再翻旧账再扣帽子，就太"不讲武德"了。

近年来，黑龙江的旅游发展环境发生了不小的变化。黑龙江省委书记率先为雪乡"站台"，以"服务员"的身份向来自各地的游客承诺；旅游部门拿出了真金白银，"出行给补贴、投诉先赔付"；雪乡所在地的牡丹江还开通了24小时畅通旅游投诉举报热线；雪乡经营者、管理者也不断改善服务水平。不仅有改善的决心，也有整套措施和具体行动让游客更舒心。当然，服务还需要不断完善，对于那些承诺以较低价格就能游遍雪乡的低价游、黑心导游，黑龙江监管部门必须坚决打击。

雪乡别具一格的"雪色浪漫"不断引来八方来客，对待不同的声音要有不同的办法：

对于合理的投诉，必须认真解决；

对于有助于加快雪乡补齐旅游短板的合理建议，要耐心听取并改进；

对于游客和消费者不解、疑问或质疑，通过各种渠道该解释的解释，该回应的回应；

对于"键盘侠"们故意抹黑"碰瓷"的"喷子"行为，雪乡不会答应，黑龙江不会答应，热爱雪乡的人也不会答应。除了喊冤，必要时，还得让"喷子"切身体会一下什么叫"互联网不是法外之地"。

飘雪的季节，好客的雪乡人诚邀天南海北的朋友来看雪，这里比你想象的还要美。但，请别戴着"有色眼镜"来。

值得关注的是，针对文中对泰山山顶矿泉水价格的质疑，12月1日，《山东商报》派记者到泰山景区实地走访，并发布采访视频，证实泰山中天门农夫山泉、冰露等品牌矿泉水价格在3~5元不等，南天门（泰山山顶）农夫山泉、冰露等品牌矿泉水在5~8元不等，均由人力挑上山。随后，《山东商报》发布短视频，向公众宣传泰山挑山工工作的艰辛。而《泰山晚报》则趁机发布视频《挑起泰山的"脊梁"》，在介绍泰山挑山工故事的同时又宣传了泰山风光。

山东媒体调查后的回应

相比于《黑龙江日报》的评论，山东媒体的一系列做法对于景区的公关效果可谓是"高下立判"。

2. 案例分析

危机公关，需要尽量缩小针对的对象范围，让尽可能多的人认同，争取最广泛的支持，博得同情，并采取实际行动整改问题、平息争议。雪乡景区的烤肠相比于其他景区略显贵，但不至于贵到引发多大的舆情危机，这对雪乡造成的负面影响并没有多大。而《黑龙江日报》的这篇评论，将原本渐渐平息的舆情再次点燃，明显用力过度。

首先，该文没有做到"真诚沟通"的原则，反而激化了原有的矛盾。"烤肠又不是刚需，你可以吃也可以不吃嘛""再翻旧账再扣帽子，就太'不讲武德'了"，其对于普通民众呈现一种高高在上的姿态，这与服务业本应展现的降低姿态让游客舒心的风格完全不符，更像是一种管理者的姿态。面对质疑，公关要给出回应，不一定是"低眉顺眼""卑躬屈膝"，但肯定不是激化、加重冲突。针对烤肠不是刚需，就有网友评论"雪乡也不是刚需"，表达对该文的不满。

其次，危机公关的大忌是为了开脱责任或转移目标而"涉及同行"，这将引起公众的反感，有"五十步笑百步"之嫌。该文在对比价格时拉上泰山景区的矿泉水，却又没有求证，结果山东的媒体澄清了这一说法，他们的矿泉水全部由人工搬运，只要五元一瓶。之后，主流媒体也参与报道，最后其他媒体纷纷转载。《中国经营报》直接评论，"雪乡，没有大厂的命，却得了大厂的病"，可以说是完全"打脸"该文了，降低了文章的可信度。

退一万步讲，就算其他景区也有类似情况，那只能说明整个行业都普遍存在问题，如果想要传达"普遍的问题就不是问题"，公众是不会买账的。

再次，危机公关的首先要做的就是主动认错，博得同情，而该文却背道而驰，盲目树敌，扩大冲突范围。文中提到，"蹭热度者有之、博眼球者有之、赚流量者有之"，"对于'键盘侠'们故意抹黑'碰瓷'的'喷子'行为，雪乡不会答应，黑龙江不会答应，热爱雪乡的人也不会答应。除了喊冤，必要时，还得让'喷子'切身体会一下什么叫'互联网不是法外之地'"，这些强硬的说法，一反标题"喊冤"的姿态，更像是"声讨"，只会将原本参与讨论和关注雪乡发展的人划入敌对阵营，只会让还未来到雪乡的人们对雪乡留下"霸道"的印象。

最后，危机公关要求谦虚，要有客观的叙事视角。该文开篇提到，"冬天的雪乡，是名副其实的'网红'。在许多网络平台上，雪乡有多'红'，就被'黑'得有多狠。然而，雪越白、越好，越能照出一些人的阴暗心理"，一开始就自我定义自家雪乡有多"网红"，批判一些人的"阴暗心理"，读来令人不适。实际上，总体而言该文不是一篇公关文，而是一种负面情绪的宣泄。但作为官媒，实际上力挺雪乡本就会被视为一种公关行为。

值得注意的是，山东媒体在面临这次危机时所做的公关表现出色，第一时间派记者去实地求证，公布真相，符合危机公关的"速度第一"和"权威证实"原则，在获得了网友好评的同时，也联动了其他媒体的转载，化"危"为"机"，树立了自家景区的良好形象。

二、企业

（一）海底捞：危机公关的出色代表

1. 案例回顾

2020年4月初，海底捞恢复堂食，随后，多地网友在社交媒体上反映海底捞门店菜品价格上涨。对此，海底捞承认：由于疫情和成本上涨，公司调整了部分菜品价格，整体价格上涨幅度控制在6%，各城市实行差异化定价。海底捞涨价上了微博热搜。在业内看来，涨价是海底捞挽回损失的一个市场销售策略，但消费者对价格很敏感。4月10日，海底捞发布《致歉信》，全文如下：

致歉信

亲爱的顾客：

　　您好！

　　海底捞中国门店复业之后，于3月下旬上调部分菜品价格，之后我们陆续接到来自顾客及社会各界的批评、反馈和建议。谨在此检讨如下。

　　1. 此次涨价是公司管理层的错误决策，伤害了海底捞顾客的利益，对此我们深感抱歉。公司决定，自即时起，所有门店的菜品价格恢复到2020年1月26日门店停业前的标准。

　　2. 海底捞各地门店实行差异化定价，综合考虑门店所在地的经营成本、消费水平、市场环境等因素，每家门店之间菜品价格会存在一些差异。

　　3. 海底捞各地门店推出的自提业务，目前提供69折或79折不等的折扣。我们将在4月25日前改良包装材料，并持续优化成本，希望顾客能够满意。

　　再次向因此次错误受到伤害的消费者和社会各界表示诚挚的歉意！

海底捞火锅

4月10日

　　海底捞官微称此次涨价是公司管理层的错误决策，伤害了海底捞顾客的利益，对此深感抱歉。公司决定，自即日起，所有门店的菜品价格恢复到2020年1月26日门店停业前的标准。海底捞各地门店推出的自提业务，目前提供69折或79折不等的折扣。随后，海底捞道歉的话题冲上微博热搜，并且赢得不少网友的好评。

　　实际上，海底捞出色的危机公关不止这一次。早在2017年8月，《法制晚报》发表了一篇关于记者暗访两个多月的报道，报道称海底捞后厨有老鼠爬进食柜里、清洁工具和餐具放在一起、洗碗机内部闻到腐烂的气味、用火锅漏勺清理堵塞的下水道等现象，一时间将海底捞推到舆论的风口浪尖。事发后不到三小时，海底捞就通过官方微博公布事件处理通报，全文如下：

关于海底捞火锅北京劲松店、北京太阳宫店事件的致歉信

尊敬的顾客朋友：

您好！

今天有媒体报道我公司北京劲松店、北京太阳宫店后厨出现老鼠，餐具清洗、使用及下水道疏通等存在卫生安全隐患等问题。经公司调查，认为媒体报道中披露的问题属实。卫生问题，是我们最关注的事情，每个月我公司都会处理类似的食品卫生安全事件，也会将该类事件的处理结果公告于众。无论如何，对于此类事件的发生，我们十分愧疚，在此向各位顾客朋友表示诚挚的歉意。

各位顾客及媒体朋友可以通过海底捞官方网站（www.haidilao.com）上的"关于我们—食品安全—公告信息"或海底捞微信公众号（ID为haidilaohotpot）"更多—关于我们—食品安全—管理公告"查询我们以往对于该类事件的处理结果。

这次海底捞出现老鼠，以及暴露出来的其他在卫生清洁方面的问题，都让我们感到非常难过和痛心。今天，媒体的朋友为我们提供了照片，这让我们十分惭愧和自责，我们感谢媒体和顾客帮助我们发现了这些问题。

我们感谢媒体和公众对于海底捞火锅的监督并指出了我们工作上的漏洞，这暴露出了我们的管理出现了问题。我们愿意承担相应的经济责任和法律责任，但我们也有信心尽快杜绝这些问题的发生。我们也已经布置海底捞所有门店进行整改，并会公开发出后续整改方案，希望所有的媒体和支持海底捞的顾客监督我们的工作。

再次感谢社会各界对海底捞的关心与监督。

四川海底捞餐饮管理有限公司

2017 年 8 月 25 日

网友总结海底捞道歉信中的三大要点：我错了，我会改，员工不必自责。因此，海底捞仅用了不到三小时时间，就扭转了舆论风向。没过多久，海底捞再发《关于海底捞火锅北京劲松店、北京太阳宫店事件处理通报》

（以下简称《通报》）。五条整改措施，每条都由公司高管甚至董事挂帅。从几次声明下的评论可以看出，这些措施大都获得了网友的认可和好评。

2. 案例分析

海底捞的几次道歉声明，可以说几乎囊括了优秀危机公关声明的几大元素：道歉、诚恳认错、不回避事实、乐意负责、给出整改方向。道歉信每一段对于信息的表达都非常清晰，而且最终结果对消费者利好，无论是响应速度还是反思力度都很强，因此海底捞收获了诸多美誉。将道歉行为、道歉原因、改正行为和营销融合，海底捞不仅化解了危机，还借机塑造了积极形象，可以说这是主动的公关行为。

从具体的公关内容上看，在 2017 年海底捞的卫生问题和食品安全风波中，从反应速度来看，暗访新闻曝光后，海底捞大约在四小时后发布道歉声明，基本符合舆情处理的"黄金四小时"法则，符合危机公关的"速度第一"原则；并且在不到三小时内发布处理方案，由公司董事带头负责，表明决心，体现海底捞在危机处理中的务实态度，做"行动上的巨人"。

此外，《通报》中的"涉事停业的两家门店的干部和职工无须恐慌""主要责任由公司董事会承担"等内容，一反以往危机公关处理涉事人员的做法，海底捞主动承认自己的错误，旗帜鲜明地展现自己承担责任的公关原则和态度，利用受众同理心，既解决了问题又让受众读起来心里很舒服。此外，海底捞的做法也有利于挽回和重新赢得自身在公众心目中的形象。

（二）钉钉的自黑与自救：二次元的危机公关

1. 案例回顾

阿里巴巴开发的中国领先的智能移动办公平台——钉钉于 2015 年年初正式上线，2020 年 3 月底宣布用户人数破 3 亿，也就是说，平均每 4 个中国人就有一个在使用钉钉，企业组织用户数超过 1500 万。据了解，在新冠肺炎疫情期间，钉钉支持了全国 14 万所学校、300 万个班级、1.3 亿学生在线上课。600 万名老师在钉钉上累计上课超过 6000 万小时，累计批改超过了 25 亿份作业。

新冠肺炎疫情突发，导致全国中小学生不得已延期开学并在家上网学习，钉钉因其稳定性而成了众多学校首选的网课应用之一。在家的小学生把不愿意上课学习的怨气都撒到了钉钉上面，听说钉钉的评分如果在一星以下，就能下架，这样就不用在家上课。一大批小学生开始拿平台出气，疯狂给钉钉 App 打一星。结果钉钉的评分一度从 4.9 降到了历史最低的 1.3。

最终钉钉发布视频，在线求饶："各位都是我的爸爸！求放过！"钉钉的这次公关引起了网上广泛的关注及好评。实际上，一般软件被打差评，企业公关危机都是发文澄清或者进行说明。然而这次公关的对象是一群小学生，讲大道理没用，讨论对错也没用，连利益诱导都不好使，除了求饶好像确实没有别的办法。3 月，日本也开始停工停课，刚得知这个消息的日本小学生们前脚还表示非常难过，后脚就得知了要在钉钉上网课的消息，真可谓："同一个世界，同一个钉钉。"不少日本网友给钉钉打了一星，钉钉立即推出了日语版的"求饶"视频，获得了不错的效果。

钉钉"求饶"视频截图

之后，钉钉推出 5.0 版本，名为"巴颜喀拉"。巴颜喀拉是中华民族母亲河——黄河的发源地，孕育了华夏 5000 年的璀璨文明。钉钉新版如此命名，希望唤起用户保护水源地的公益之心，让自然更纯净，让生活更美好。同时，趁热打铁推出了二次元主题曲《巴颜喀拉》及 MV，获得网友的好感。

整支 MV 除钉钉吉祥物钉三多外，还新增了两个虚拟歌姬人物形象，无论是颜值还是声音都很符合二次元风格，是年轻用户喜欢的类型。

此外，在春季招聘时，在线宣讲、笔试面试福利大礼包、学长学姐分享求职经验……这些通用的招聘伎俩，钉钉通通都不用，而是推出了一首二次元的广告招聘神曲《极乐净土钉钉》。钉钉真正抓住了现在青少年对于虚拟形象的喜好，这几乎成为公关营销史上的一座里程碑。而"钉钉在线求饶歌曲""钉钉又去折磨日本小盆友""钉钉 5.0 出圈""钉钉崩""风月同钉""全球钉化"等网红热词，也频上热搜，让钉钉的知名度和影响力进一步扩大。

《巴颜喀拉》MV 观看地址

2. 案例分析

作为一款能满足各种需求的智能化办公软件，钉钉凭借着强大的功能，深受企业欢迎，然而这次却在小学生这里惨遭职业生涯滑铁卢，在这场特别的差评风波中，钉钉的危机公关还是处理得非常成功且有效的。

首先，钉钉通过机智自嘲来博取好感，表明自己鲜明的态度和不一样的个性。在互联网环境下成长起来的小学生，深谙网络潮流，对表情包、"鬼畜"视频可谓手到擒来，钉钉借机通过短视频这种点对点的方式去迎合小学生的口味，萌炸的动画配上各种表情包，再通过魔性鬼畜 rap 进行自嘲求饶，不仅向大众塑造出一个有趣味、人性化的形象，同时缓解了受众的抵抗心理。从危机公关的角度而言，自嘲也是主动认错、真诚沟通的表现。

所谓自嘲营销，就是使用逆向思维，通过接地气、自我调侃的方式，将别人吐槽自己的黑点，做成公众喜闻乐见的内容，这样既能展示大度、化解恶意，又能收获用户好感。自嘲的第一要义是要有趣有料，内容要有相关性，才能激发用户的参与感，钉钉此次正是站在学生角度精准把握用户心理，在娱乐用户的同时也提升了自身的知名度。这波"卖惨求饶"的操作获得了众多网友们的心疼，大家都跑去为钉钉打高分。

从"鬼畜"视频、虚拟偶像、动漫、"马校长"站台等一系列操作可以看到钉钉对在线教育行业市场的战略布局。而这次新冠肺炎疫情无疑是一次催化剂，钉钉加速推进这个战略发展。这场由小学生打低分引起的"钉钉风波"，不仅没有拉垮钉钉，却把钉钉推向了另一种可能——打造呆萌且颇具网感的品牌IP。可以说这是2020年最懂公关、最会借势营销的案例。从一个偶然的"差评"事件开始，钉钉的一系列操作都可圈可点。先是在线求饶、卖惨（堪称公关危机的典范），再用"自黑""卖萌"的方式（打造一个可怜又可爱的萌货IP），赢得一大批粉丝的心，体现国内顶级互联网公司旗下团队的应变能力，放低姿态，吸收和运用亚文化，抓住了现在青少年对于虚拟形象的喜好。

（三）全棉时代：全面失败的自夸式道歉公关

1. 案例回顾

2021年1月7日，一向以优质形象占据广大女性消费市场的深圳全棉时代科技有限公司（以下简称全棉时代），在社交媒体发布了一条标题为《全棉小剧场防身术》的广告，旨在展现其产品——京都玉露卸妆湿巾的效果。视频内容为：一个面容姣好的女孩在深夜被一男子尾随，她灵机一动，从包里掏出一盒全棉时代京都玉露卸妆巾，迅速卸完妆后，变成了一个丑陋的男人，回头与歹徒对视，因为"太丑"而把歹徒吓跑。视频的最后，穿着同款衣服饰演卸妆后女生的这位男士，用谐音梗说出了广告的台词，表达产品非常好的卸妆效果："一'布'到位。"

这条视频上线后引发巨大争议，被指"侮辱女性""物化女性"。一开始，面对网友的质疑，全棉时代在微博评论中回应称：

您好，视频为广告创意，仅为突出商品的清洁功能，非常抱歉给您带来了不适，目前已经将此视频下架。我们尊重并且爱护每一位女性，也致力于研发好用、便利的女性用品，希望创造对女性友好的环境，对于造成您的困扰我们再次深感抱歉。

然而该简短的回应并没有平息人们的怒火，反而助力此次广告事件冲上热搜。面对如此轻描淡写的回应，《中国妇女报》发文评论：

事关女性安全，如此严肃的主题，商家却轻飘飘地以所谓的"创意"为说辞，美化犯罪者、丑化受害者，充满了偏见、恶意、无知。女人是消费者不是消费品，侮辱女性的"创意"广告遭到舆论指责，是必然的。被冒犯的广大女性消费者会用脚投票，不会为侮辱性"创意"买单。

面对舆论危机，1月10日，全棉时代官方微博发布的一封名为《歉意表白》的道歉信，内容如下：

歉意表白

关于卸妆湿巾短视频事件，公司管理层仔细阅读了大家的留言及建议，感谢广大网友和消费者的批评和指正！经公司整改小组全面调查，是我们内部的工作失误，让不符合品牌标准、违背企业价值观的视频上线，辜负了大家的信任，伤害了大家的情感。为此，我们深感痛心，郑重地说声："对不起，我们错了。"

接下来我们将认真梳理和检查内部管理机制，诊断和优化审批流程，清除漏洞，进一步完善员工培训机制，确保公司上下的行动与价值观保持一致，杜绝类似情况再次发生！同时对涉事管理层和责任人严肃处理，立即停止与该内容供应方的合作，以此警醒在岗人员。

全棉时代品牌11年，该事件也让我们再一次审视当年创立的初衷。

2009年，全棉时代研发第一张纯棉柔巾，通过店员一张张派发，消费者不断试用、接受并口口相传，开创了一个全新的品类，为用户带来全新的使用体验。

2010年，纯棉湿巾上市，天然亲肤、不添加荧光剂，填补了市场空白，宝宝们用起来更加安心。

2010年，全棉全表层奈丝公主卫生巾诞生，全新的舒适健康理念提升了女性朋友的体验感和安全感，并带动市场朝着环保材料——棉的方向发展。

2012年，推出全棉全表层婴儿棉尿裤，让宝宝的小屁屁回归棉的怀抱。

2013年，一次性全棉内裤上市，为出行提供了舒适、环保的便捷体验。

……

11年来，全棉时代已被授予了238个专利，创造了10个填补市场空白的全新产品。这一切的努力，都是为了将更多的全棉用品带入人们的日常生活，呵护家庭的每位成员，特别是广大妇女和儿童。但此次事件的视频内容远离品牌的初衷和理念，我们倍感愧疚。

全棉时代成立之初就制定了品牌经营的三大核心原则："质量优先于利润、品牌优先于速度、社会价值优先于企业价值。"

当质量和利润发生矛盾时，我们把质量放在首位。如2013年，工厂生产的一批贴身衣物，按质量标准评判是合格的，但试穿过程中发现水洗后有轻微变形现象，基于对消费者负责任的态度，公司选择不以任何形式销售这批产品，而将这批产品做整批报废处理，以免伤害消费者的体验，直接经济损失超百万元。公司有数据记载的类似产品报废金额累计超过3000万元。

当面临品牌和速度选择时，品牌优先。如，为了确保产品和服务始终跟得上消费者不断升级的需求，全棉时代60%的产品完全自产，即使另40%是合作伙伴加工的，也都是由全棉时代自行设计、指定配棉等级，并全流程管控的。全棉时代确保每一件产品都符合国标和企标，从未因追求速度而降低品牌的责任。

作为新时期的民族品牌，自成立以来，全棉时代一直将品牌美誉度和用户体验放在首位，不盲目追求扩张规模。截至目前，全棉时代线下直营门店数量260余家，十年磨一剑，直到2020年才初步探索加盟模式。

当企业价值与社会价值发生矛盾时，全棉时代始终坚持社会价值优先。比如全棉时代始终坚持只选用一种纤维——棉作为企业发展方向，哪怕棉的成本再高，生产和加工再复杂，流程再长，再困难，我们也从未放弃"全棉改变世界"的愿景。正是这种坚持，推动了全社会对棉的了解和认同，引领了消费者用棉、爱棉的习惯，带动了棉农的积极性。2008年年初，新疆棉花种植面积2938万亩，产量281万吨，至2018年，新疆棉花种植面积已达到5019万亩，提升70%，产量达到500万吨，提升78%（数据源自国家统计局、新疆维吾尔自治区统计局和新疆生产建设兵团统计局）。越来越多干旱而贫瘠的土地变成可耕种的绿洲，环境越来越好，棉农的收入水平也在稳步提升。

这些年来，全棉时代携手壹基金发起系列公益活动，邀请国际知名摄影师三次远赴新疆拍摄棉花生长周期系列视频，联合《国家地理》杂志举办国内首个"棉、自然、人"摄影大赛，携手宝宝树及复星基金会联合开展"祈福中华，共同抗疫"公益项目，全程参与深圳广电公益基金会"为爱发声，点亮星光"的义卖活动，冠名了国内首个全程女子专属马拉松等。特别是2020年新冠肺炎疫情暴发之初，全棉时代第一时间将2万条奈丝公主安睡裤、7000多件全棉保暖衣物等捐赠给湖北各大医院及机构，解决前线医护人员战时所需，为白衣天使送去贴心关爱。

11年来，是消费者的支持和厚爱，让全棉时代一路走到了今天。11年来，我们无时无刻不战战兢兢，如履薄冰，生怕因为我们的失误伤害了消费者。很遗憾的是，在营销方面我们还有很长的路要走，需要不断地虚心学习。在这里，真诚感谢每一位消费者的宽容和建议、支持和爱护，感谢媒体朋友的监督和指正，感谢各级政府的支持和鞭策。

我们将以此事件为警戒，认真反思并从中吸取教训，坚持初心，坚持研发和创新，坚持为用户提供更有价值的产品、内容和服务。

深圳全棉时代科技有限公司

2021年1月10日

据统计，全文只有约1/6的篇幅为致歉内容，其余大段内容都是企业创立初衷、专利技术、质量把控、原料选择、公益活动等。然而，这篇"道歉表白"不但没有收获好评。反而遭到了网友的嘲讽：借着道歉把自己昔日的荣光和贡献都梳理了一遍。

2. 案例分析

全棉时代危机公关的全面失败，原因在于没有深刻意识到自身推广过程中的关键问题所在。

一个合格的危机公关，涉事组织首先要做到主动认错、承担责任。从最初回应来看，全棉时代将"锅"甩给创意，第一步就做错了，没有做到"承担责任"原则；而在第二封自夸式的道歉表白中，道歉部分仅占全文的1/6，其余大部分都在歌颂自己曾经的功绩，这很难让网友感受到其道歉的态度与诚意，难以被公众所接受。

需要注意的是，道歉信的核心是"你为什么事道歉，以及你对于此事的反省"，其中最关键的内容体现在行动上，即提出解决问题的措施以及整改的具体行动。通观全文，全棉时代几乎没有能让人感受到其采取切实行动的诚意，也不见具体的整改措施，其仍打算以"严肃处理"几个字来平息舆情。

全棉时代的第二次回应本应将负面影响降到最低，却因为自夸让这次危机公关本身变成了危机。实际上，社会责任包括为社会创造的价值、所做的慈善等功绩，是企业重要的评判指标，因为企业不是冷冰冰的利益链环节与产品输送方，而是一个有温度的大集体。但全棉时代却把企业的社会责任放在一封道歉信里，并且占据道歉信的主体部分，这就大错特错了，因为场景不匹配。自然，这样一封没有诚意的道歉信，只会火上浇油，加剧舆情的恶化。

三、个人

（一）何炅发文化解"收礼"危机

1. 案例回顾

2020年12月21日，有媒体曝出主持人何炅大量收取艺人和粉丝的礼物且涉及金额比较大，一时间引起热议。作为娱乐圈口碑和主持水平双佳、尤以控场能力和反应能力见长的主持人，何炅在圈内很少出现负面舆情。在这次爆料中，何炅因被指"收礼"而站在了舆论的风口浪尖，也让《快乐大本营》陷入危机之中。

事实上，这次的爆料并不新鲜，2019年何炅在节目《口红王子》的花絮中调侃："艺人粉丝送的应援礼物上的不干胶贴太牢撕不掉，只能自己用。"而整体的爆料比较碎片，无法窥见全貌。借着热度，有网友发帖称何炅每次收的礼物都比较昂贵，近几年何炅可能收了几百万元的礼物等内容，虽然这样的说法没有根据，但是往往会引起较大的关注，也会对何炅的形象造成较大的负面影响。

12月22日凌晨，何炅迅速做了回应，全文如下：

录了一天《明星大侦探》，刚收工看到热搜。一年多以前节目花絮中我的调侃被拎出来，现在再看我自己也觉得不妥。原本想引导不要浪费的，怎么没头没尾地变成这样，反而成了不好的引导，这一点我真的很抱歉。我说过很多次粉丝不要送礼物，录节目我没和各家粉丝接触过，但是艺人和团队有时会来问好送礼物，当时也没好意思拒绝，这以后必须重视。借这个热搜再次明确拒绝，不再收任何的礼物。希望粉丝朋友，艺人朋友和团队谅解配合。

何炅在回应里否认了所谓的收礼视频画面，称那是一年之前节目的花絮视频，表示原意是引导不要浪费，并表态那段视频"没头没尾"。在该微博评论下面，理解、支持何炅的热评居多。

2. 案例分析

首先面对危机何炅在凌晨3点多进行回应，可以认为是意识到并重视这次的舆情风波，做到了危机公关的"速度第一"原则。而在具体的回应内容上，何炅的回应也可以被视作危机公关的范文，内容简短但讲清楚了重点。他主要表达了以下几点意思：

（1）所谓的爆料视频并不是收礼画面，而是节目花絮；

（2）本来是正能量的举动，引导不要浪费，结果被曲解、被误解、被断章取义；

（3）否认与各家粉丝有接触，否认收过粉丝礼物；

（4）主动承认曾经收过艺人和团队的礼物，但只是碍于面子；

（5）明确表示以后绝不再犯，谁的面子都不给，再也不收礼物了。

何炅的回应风格非常委婉，没有高高在上的态度，也没有对爆料者一追到底的强硬做法，面对一些不实的质疑，他非常委婉地责备某些媒体断章取义——把一个本来引导不要浪费的正能量举动说成了收礼，并同时表明自己的态度：拒绝任何形式的收礼。

（二）辛有志假燕窝事件

1. 案例回顾

2020年11月，有消费者反映，在被称为"快手一哥"的主播辛有志（网名辛巴）的一次直播中购买的燕窝疑似糖水，怀疑产品造假。几天后，针对网友的质疑，辛有志在直播间态度强硬地表示，燕窝没有问题，并现场打开燕窝进行固体含量的检测。他在直播间表态：

您拿到的是正儿八经的燕窝，这些全都有检测报告。我上了三次架，次次空，这次就突然出现了这么多视频集中恶意黑我。

辛有志同时扬言对于那些刻意抹黑自家产品的人，即使倾家荡产也要维权。然而辛有志的维权热情仅仅维持了几天，就被检测报告"打脸"。

11月19日，职业打假人王海拿着辛有志直播间销售的茗挚牌即食燕窝做了检测，结果显示该产品不含蛋白质和氨基酸，唾液酸含量仅有0.014克，价值0.07元。王海表示，真正的燕窝中含有30%~50%的蛋白质，也就是说，如果该饮料中加了燕窝，蛋白质含量不该为0。

面对这一"实锤"，辛有志团队不得不反转态度，在一周后，辛有志在其个人微博发表声明，全文如下：

辛有志写给广大网友的一封信

广大的网友、媒体朋友们：

大家好，我是辛有志。

茗挚品牌燕窝事件，一直处于舆论的风口浪尖，占用了公众资源，给用户、网友带来诸多疑虑，在此，我深表歉意。

自 11 月 20 日"燕窝事件回应声明"已过去 8 天，在此期间，我们团队做了深度的产品链路还原并对产品进行送检检测。

处理方案

经检测，这款茗挚品牌燕窝产品在直播间推广销售时，确实存在夸大宣传，燕窝成分不足每碗 2 克，辛选与广州融公司（下文统称"品牌方"）签署的《品牌推广合作协议》（附件 1）明确约定：品牌方必须保证提供给"时大漂亮"做销售展示的产品说明、介绍、图片等信息资料不存在虚假、不侵犯任何第三方的合法权益，并且符合生产国及销售国的相关法律、规定、政策等，否则产生的一切责任和损失均由品牌方承担。跟品牌方按照合同规定协调，希望品牌方按照《消费者权益保护法》关于虚假宣传相关法律规定对所有用户进行赔偿。本应由品牌方与我方共同面对此次事件，但由于品牌方一直回避不见面，沟通不积极，方案不明确，所以我决定主动积极回应解决此次事件。

辛选现提出先行赔付方案，"召回辛选直播间销售的全部茗挚品牌燕窝产品、承担退一赔三责任"（共销售 57820 单，销售金额 15495760 元，共需先退赔 61983040 元），先解决问题。此外，辛选会依据合同及法律规定追究品牌方的责任。无论结果如何，辛选都应该优先维护我方消费者的权益并坚决负责到底（专项处理窗口天猫"辛有志专属店"客服在线等您，没有看到此声明的用户，客服也会主动进行联系）。

这款茗挚品牌燕窝产品实为一款燕窝风味饮品，不应被当作燕窝制品进行推广。此事件中，辛选团队在选品、质检方面因为对燕窝行业相关专业知识储备不够，未能甄别出品牌方提供的产品信息存在夸大宣传的内容，存在疏漏，以及我本人冲动回复，引发舆论风波，对此我再次向广大消费者和社会各界诚挚道歉。

团队整改

深刻反省内部管理，严抓品控，启动内部整改升级，所有主播和团队加强专业学习与培训。

主要措施如下：

a）全面梳理和优化合作伙伴引入机制，提高资质审查门槛；对已有合作伙伴进行复查；

b）对公司品控环节进行整改，全面加强品控审查力度，对于产品标准模糊的特殊领域，重点加强审查；

c）引入各行业"专家"，进入选品和品控团队，并与专业检测机构、高等院校实验室等建立战略合作，为我方选品提供强有力的专业指导；

d）经会议决定将成立辛选质量监督委员会，并设立专项基金完善选品标准，监控质量，保护消费者权益，诚邀广大粉丝用户积极参与提出宝贵意见。

我的一些心里话

内疚，也很自责，看见舆情的第一时间，没有意识到自身的问题，也没有找第三方机构核实产品，去了解行业的真相，而是急于根据品牌方提供的信息，匆忙回应，闹了个乌龙笑话。

回看了我的回应视频，甚是可笑，面对所有的嘲讽、谩骂，我欣然接受。

须接受磨砺，有错得认。挨打立正，我虚心接受大家的批评。

辛选成长得快，但更需要的，是成长得好。

从燕窝事件的表象，我看到了更深层次的系统性问题。

无论何种原因，我虽已不再年少，却还带有锋芒。这是我难以自欺的真相，作为公众人物，应学会自控，一言一行不能给用户和网友带来负面影响。

这份总结和道歉，也当是我代表辛选团队第一次给用户和所有公众做的汇报，遗憾的是用这种方式。真诚地感谢用户、网友、媒体朋友的监督，让我们发现了问题。我依然相信辛选会是一家好企业。用户的信任和支持是辛选的基石，未来将更加努力地给用户提供更好的服务以及更具性价比的产品。请大家未来继续监督和关注我们。望社会各界给予辛选一次涅槃重生、品牌重塑的机会！

辛有志

2020 年 11 月 27 日

在这封写给全网的信中，辛有志承认其在直播间销售的燕窝存在夸大宣传——每碗的燕窝成分不足 2 克。他在声明中承诺向购买燕窝的消费者"退一赔三"，共计赔付约 6198 万元。随着事件的发酵，12 月 8 日，广州市白云区市场监督管理局开启对辛有志公司的立案调查。

2. 案例分析

对辛巴假燕窝事件的分析可以分为两个部分。辛巴的第一次回应是失败的，其高高在上的傲慢态度，完全违背面对舆情危机和网友质疑时的公关准则。作为直播带货的头部人物，面对消费者的质疑：一方面要把对自家产品的质疑和批评当作善意的提醒而并非"有罪推论"，需要做到承担责任和真诚沟通原则；另一方面，对于消费者的质疑，要尽快通过第三方可信机构验证真伪，向公众展现权威结果，以证清白，做到权威证实原则。而辛有志面对质疑，在没有证实的情况下将矛头指向爆料方，是缺乏善意、非常不负责任的行为。

需要提及的是，首位质疑"假燕窝"的消费者遭到了网友的私信谩骂，有网友扬言，"等着收律师函吧"，"辛有志直播间门口跪下求饶也许还能得到原谅"。11 月 29 日，自称该消费者姐姐的人发文，称没想到吐槽只是自己妹妹"噩梦的开始"，"电话的泄漏让她遭受了网暴、威胁、恐吓、电话骚扰，她不敢出门不敢工作，看过医生，医生说抑郁焦虑厌世轻生，需要人每天陪同看护"。

在被权威检测报告"打脸"后，辛有志团队的第二次回应，从真诚道歉到先行赔付，再到具体的整改措施，是不错的危机公关回应，但囿于第一次回应的"翻车"，辛有志团队仅凭第二次回应很难再取得公众的谅解。

第三节　本章小结

进入 21 世纪以来，尤其是互联网舆情快速演变的今天，无论是国际环境还是国内环境，突发性危机事件频繁发生。作为全球最大和最具力量的通信载体，互联网成就了流媒体、论坛和移动网络交流工具等特殊的媒介和平台，永久改变了公共关系的各个领域。

由此，放眼全球，危机公关不仅是各种类型组织在公共关系事务上的重要组成部分，也逐渐成为其所必备的管理工具。随着国内企业界在现代化发展过程中对公共关系事务日益重视、时常陷入风波、危机时可能面临不可估量的危害，越来越多的国际和本土的专业公关机构和团队得以发展。与此同时，危机公关理论和实务案例分析开始形成和完善。

实际上，危机公关的主体不仅是现代企业，大到国家政府、职能机构，小到明星和普通个体，在互联网舆情实时井喷式爆发的当下，危机公关意识已经有意或无意进入人们的生活之中。树立正确的危机公关意识，掌握恰当的危机公关手段，对于组织的生存具有至关重要的作用。寻求适合的危机公关策略已成为现代企业不得不学习的一项生存技能。正如诺曼·奥斯古丁（Norman Augustine）所说，每一次危机既包含导致失败的根源，又孕育着成功的种子。虽然危机不可避免，但只要危机公关策略得当，就不仅可以挽救企业，还能促进企业进一步发展。

本章首先对危机公关、公关危机和危机管理等概念做了界定，明确不同概念之间的不同用法和所指。随后对危机公关的特征和类型进行了梳理。面对危机处理时期的公关策略，本章对危机公关的 5S 原则进行了具体的解释，并着重探讨了危机公关的处理程序和处理策略，以及危机公关的应对误区。由此得出结论，组织面对危机时的态度和及时行动非常重要，面对社会公众做回应时需谨言慎行，以免造成二次舆情风波，激化矛盾。

危机的传播发展阶段一般分为酝酿期、爆发期、扩散期、处理期和处理结果与后遗症期。身处不同的危机阶段，危机公关策略也会不同。奥斯古丁提出了危机管理六阶段：危机避免，危机管理准备，危机确认，危机控制，危机解决，从危机中获利。互联网舆情使得企业危机传播方式和公众行为发生极大改变，但有些企业没有认清当前网络环境给企业危机公关带来的形势，依然采取传统时代企业危机公关策略。这种认识不到位、故步自封的危机公关并不能帮助企业有效解除危机。

事实上，危机公关不仅体现在危机来临时的应对过程，危机事件虽然是突发的，但大部分危机是可以预防的，或者在发生时可以通过预案去尽可能地消除影响。在危机管理过程中，组织应树立全员危机意识，对危机进行日常预防。此外，组织还需要建立一套能够感应危机来临的预警系统，通过对危机风险源、征兆进行不断监测，及时向组织发出警报，提醒组织采取行动，以实现对系统未来可能出现的危机进行预测和应对。最后，媒体是将危机发生和事件进展公布于众的传声筒，组织的公关部门（小组）应重视维护与媒体之间的关系，并学会应对不同记者提问的技巧。

在案例分析部分，本章在政府及事业单位、企业、个人三个维度各选取了2~3个案例，对危机事件的来龙去脉进行梳理，对事件的危机公关行为进行评价，用相关理论和原则进行具体的分析。在这些案例中，既有教科书式的成功应对危机的公关案例（如温州市政府面对新冠肺炎疫情危机大考的举措、海底捞教科书式的危机公关等），也有"翻车"的失败案例（故宫"大奔门"、辛有志假燕窝事件、全棉时代对歧视女性风波的不当回应等），还有一些案例比较复杂，各方在其中扮演的作用和成效均有待深思。

本章思考题

1. 什么是危机公关，它和公关危机、危机管理的区别与联系是什么？

2. 危机公关有哪些类型和特征？

3. 谈谈你对危机公关 5S 原则的理解。除了 5S 原则，危机公关还有哪些受到认可的处理原则？

4. 危机公关有哪些应对策略，有哪些应对误区？

5. 了解危机公关的预防方法。

6. 公关部门要如何维护与媒体的关系？

参考文献

马志强 . 现代危机公共关系概论 [M]. 北京：首都经济贸易大学出版社，2015.

周小波，曾霞，芦亚柯 . 公共关系学 [M]. 北京：北京理工大学出版社，2018.

胡百精 . 公共关系学 [M].2 版 . 北京：中国人民大学出版社，2018.

赵志立 . 新闻传媒在危机管理中的地位和作用 [J]. 当代传播，2005（2）：4–6.

郑成武 . 媒体危机公关 5S 通用原则 [J]. 中国行政管理 ,2007（6）：87–88.

鄢灵慧 . 网络环境下企业危机公关策略研究 [D]. 南昌：南昌大学 ,2013.

齐格蒙特·鲍曼 . 被围困的社会 [M]. 南京：江苏人民出版社 ,2005.

Rosenthal unreel. *The Management of Disaster*[M].New York:Thomas,2009

林羽 . 钉钉在线 "求饶"，上演 "教科书级" 危机公关 [EB/OL].（2020-2-18）[2022-1-4].http：mp.weixin.qq.com/s/5xNaxMtFkT3Iocll7XGYh4w.

王荷荷 . 新媒体时代温州市政府网络舆情管理研究 [D]. 福州：福建农林大学，2020.

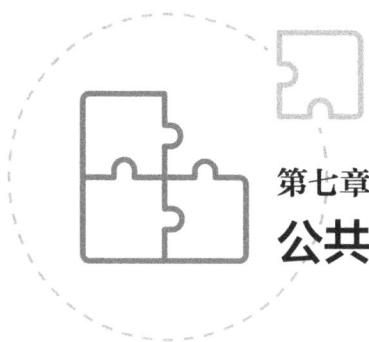

第七章

公共关系与营销传播

本章概要

在 20 世纪，广告作为营销传播的主要手段，无论是在产品设计、产销沟通、市场拓展还是市场竞争中都发挥了重要的作用。但是随着商业环境，特别是媒体环境的深度演变，广告的发展遭遇可信度下降、费用高等问题，企业开始越来越看重公共关系在营销传播中的地位和作用，公共关系也随之成为营销传播理论的重要组成部分。美国西北大学教授唐·E. 舒尔茨（Don E.Schultz）提出的整合营销传播理论明确把公共关系列入营销传播手段中；阿尔·里斯（Al Ries）、劳拉·里斯（Laura Ries）甚至在《公关第一广告第二》一书中写道，"几乎所有国际品牌的成功都是公共关系的胜利，而不是广告的成功"；齐尔曼（Sergio Zyman）和布瑞特（Armin Broit）则是在其书《如我们所知的广告业的终结》中高喊"广告已死，公共关系万岁"。那么，公共关系与营销传播之间究竟有着怎样的关系呢？在现实的营销案例中，公关主体又是如何利用公共关系来进行营销传播的呢？

第一节　理论概述

一、营销传播中的公共关系

　　随着公共关系理论的发展和细化，公共关系研究学者大致形成了四大学派：以詹姆斯·格鲁尼格为代表的"系统论学派"，以伊丽莎白·拖斯（Elizabeth Toth）和罗伯特·休斯维（Robert Hughesville）为代表的"语艺修辞学派"，以玛丽·佛格森（Mry Ferguson）、卡特利普、约翰·莱丁汉姆（John Ledingham）为代表的"关系管理学派"，以及20世纪80年代出现的以唐·E.舒尔茨为代表的"整合营销学派"。不同学派对公共关系总有不同的定义，例如：詹姆斯·格鲁尼格和托德·亨特（Todd Hunt）在《公共关系管理》中提出"公共关系是一个组织与其相关公众之间的传播管理"，着重强调传播、管理、组织和公众四个关键词；英国的弗兰克·杰夫金斯则认为"公共关系是社会组织为了实现与其公众之间的互相了解目标，而有计划地采用一切向内和向外传播沟通方式的总和"，强调了组织和公众之间的互动关系以及向内传播和向外传播的双向沟通。

　　如果从营销传播的角度来看，公共关系的定义更强调企业营销的流程和目的，以及在营销传播中的作用。例如菲利普·科特勒（Philip Kotler）就在《营销管理》中将公共关系解释为包括用来宣传或保护公司形象或个别产品的各种计划，并提出了营销公共关系（marketing public relations，MPR）的概念，认为营销公共关系的目的是支持营销部门进行公司产品宣传和树立形象，能够影响公众知晓度，其成本是广告成本的一部分，且通常更加可信。美国公关学者雷克斯·哈罗则提出了一个既包括概念性又包括可操作性要素在内的定义："公共关系是一种独特的管理职能，它能帮助建立和维护一个组织与其各类公众之间传播、理解、接受和合作的相互关系；参与问题或事件的管理；帮助管理层及时了解舆论并且迅速做出反应；界定和强调管理层服务于公共利益的责任；帮助管理层及时了解和有效地利用变化，以便作为一个早期警报系统帮助预料发展趋势；并且利用和研究健全的、符合职业道德的传播作为其主要手段。"

张树庭在其《有效的品牌传播》中对公关传播做了如下定义：一个企业或组织为获得内部及社会公众的信任和支持，为自身的生存、发展创造最佳社会关系环境所采取的各种科学的手段与活动。综上，我们认为营销传播中的公共关系是指企业或组织作为主体，以传播品牌形象、文化、理念，培养内外部关系为目的的一系列手段和活动。

二、公共关系中的营销传播

公关营销将销售产品的过程变为塑造形象、传播信息的过程，其显著特征是将单纯的产品销售转变为企业、企业家和产品的全方位的整体推销。如果说营销传播中的公共关系是整合营销传播的战略模式、是营销战略的组成部分，那么公共关系中的营销传播就是借用营销传播的方式和手段，使公共关系能够以一种受众更加容易接受和认可的形式进行，产生更好的传播效果和渗透作用。公共关系不再只局限于一部分媒体，而被拓展到任何一个有机会和受众进行接触的渠道。

公共关系按照对象的不同可以分为内部公共关系和外部公共关系。内部公共关系包括员工关系、部门关系、股东关系等；外部公共关系包括消费者关系、媒介关系、社区关系、政府关系、竞争者关系、供应者关系、经销商关系、特殊团体关系等。1998 年美国市场营销专家帕托拉（W. Perttula）和汉姬（M.Hanke）在《市场营销》一书中提出：公共关系的目标是影响公众对公司的看法。公共关系的目标是促进与不同公众的良好关系，首先是消费者、雇员、供应商、持股人、政府、一般民众、工会等。"公共关系结合其他促销组合（广告、营业推广与人员推销）可以树立品牌知名度，建立有利于品牌的公众态度以及鼓励消费者购买行为。"在建立公共关系中，使用诸如广告等营销传播手段有利于实现树立知名度、树立可信度、刺激销售队伍和经销商、促进消费者理解和支持、降低销售成本等目标。

总而言之，公共关系和营销传播的融合，既是两大学科发展的必然，也是两大行业发展的必然，从此公共关系有了产业化的依托，营销也进入了"大营销"的时代。

三、公关营销传播的方式

在 20 世纪 90 年代，菲利普·科特勒教授曾以"PENCILS"模型形象地提出公关营销传播涉及的 7 种主要方式：P（publication）——出版物；E（event）——事件；N（news）——新闻；C（community relation）——社区关系；I（identify media）——确定媒体；L（lobby）——游说；S（social cause marketing）——社会理念营销。随着媒体环境和公关营销传播环境的变化，尤其是新媒体盛行的今天，受众的主动权越来越大，公关主体与受众接触的渠道越来越多，公关营销的方式也发生了相应的变化，主要有新闻、媒介事件、公益活动、出版刊物、形象宣传片、自媒体营销等。

（一）新闻

公关营销新闻包括由社会组织、企业发布的消息及其他形式的新闻性信息，也包括由新闻媒体报道发布的与社会组织、企业相关的新闻性动态和信息，还包括新闻媒体为塑造自身品牌形象等而发布的新闻。按照新闻内容来分，公关营销新闻主要有三种基本类型：一是事实性新闻，是以传播事实为主要内容的形式，用于及时向公众报道、传递动态信息或是在特殊时期澄清某一事实，起到告知信息、吸引注意、改变态度等作用；二是服务性新闻，以传播常识性、知识性和指导性的内容为主，用于帮助公众增进知识、开阔眼界，起到培养市场、教育受众的作用；三是娱乐性新闻，以消遣性内容为主，用于丰富公众的娱乐生活和文艺活动，起到吸引受众、提高知名度、增添人情味的作用。对于公关主体来说，在公关营销新闻宣传中，需要尽可能地发展或创造对组织有利的新闻，争取宣传媒体使用企业新闻通稿和参加企业组织的记者招待会。

（二）媒介事件

公关营销传播中的事件，一般是指媒介事件，即公关主体为了吸引媒体报道、扩大传播范围所专门策划组织的活动。公关营销传播中的媒介事件一般由公关主体即社会组织或企业进行策划，邀请公众直接或间接参与，并由媒体进行直播或间接报道传播。媒体在媒介事件中起到了不可替代的作用，在移动互联网媒体日益兴盛的今天更是如此。艾丰就将媒介事件称为"宣传性现象"："它不是日常运转所产生的现象，而是因为同传播联系起来以后才产生的现象。"由于在公关营销传播媒介事件中，公关主体一般处于主导地位，在与媒体的合作中更具有主动性，因此公关营销传播媒介事件的走向往往会更符合公关主体的预期。例如，2019年滴滴邀请《吐槽大会》背后的笑果团队，举办了一场《七嘴八舌吐滴滴》的脱口秀，并邀请乘客、司机、产品经理和老板作为观众，接受各方的"吐槽"，又在接受吐槽的同时，对"大数据杀熟""司乘体验""功能体验"等危机话题进行了解释和优化，巧妙地用"自黑"进行危机公关。

《七嘴八舌吐滴滴》及观看地址

（三）公益活动

公益活动是公关营销传播最常见的方式。公关主体通过主办公益活动或赞助公益组织，来塑造关心社会、热心公益的形象，以此来提高其在公众中的知名度和美誉度。菲利普·科特勒在《营销革命3.0：从价值到价值观的营销》中曾说，当进入3.0时代，营销与1.0、2.0时代将消费者视为被动营销对象不同，营销3.0时代是价值驱动营销时代。产品和服务不仅满足功能和情感需要，还有精神需要。企业需要具备更远大的服务世界的使命、远景和价值观，营销理念要提升到关注人类期望、价值和精神的新高度，将情感营销与人文精神营销结合，营销目标要上升到让世界变得更好的层面。如何提升品牌价值显然是当下的企业都要思考的问题，而公益营销无疑是一把利器。因此，公关营销传播中的公益活动大多以关心人类生存发展、社会进步为出发点，利用公益活动与消费者沟通，凭借公益活动对企业的口碑进行传播和扩散，在产生公益效益的同时，使消费者对企业产生偏好。

公关公益活动的内容形式较为丰富，根据内容不同可被分为救济扶助活动、教科文体赞助活动、环境保护活动、社会公共建设活动等，根据组织形式不同可被分为捐赠、赞助、设计产品、举办活动等。当下还有很多互联网平台推出形式新颖、互动性强的公益活动，吸引用户的主动参与，例如，支付宝客户端推出的蚂蚁森林公益行动就是基于绿色金融概念衍生的公益产品，鼓励用户通过步行、地铁出行、网络购票等低碳行为，将消费者的低碳行为转化为平台上虚拟树的成长能量，虚拟树能量经过不断积累就可以养成虚拟大树，获得一个大树编号，支付宝将联合阿拉善SEE等公益组织为用户在西部荒漠地区种下这个编号对应的真正的树。消费者通过日常消费就可以在西部地区种下一棵树，成为环保大军的一员，在消费的同时，响应了社会倡导的绿色行动口号，使个人完成化身环保大使的形象转换。这一活动吸引了消费者的广泛参与，目前蚂蚁森林的用户人数已达5亿。

蚂蚁森林种下的树

（四）出版刊物

公关营销传播中的出版刊物主要是指以宣传组织或组织活动、接近目标市场为目的制作的图片、文字等宣传材料，包括组织内部刊物、年度报告、商业信件、品牌专著等，使得组织信息和品牌文化能够及时、准确、全面、深入地传达目标受众。例如《一往无前：雷军亲述小米热血 10 年》等著作，既满足了公众对企业和组织运营内幕、成功秘诀的好奇心，又能够以出版物为媒介更加详尽地宣传组织的品牌文化、品牌理念，加深公众对品牌的理解，使组织与公众产生更紧密的联系。

《一往无前：雷军亲述小米热血 10 年》

（五）形象宣传片

公关营销传播中的形象宣传片主要是指为了组织公关或宣传需要，以短片、电影、综艺、vlog 等形式公开向公众传递宣传信息的音视频材料。与广告片不同的是，公关营销传播中的形象宣传片不以产品为中心，而是以讨论社会话题、传递品牌价值观、倡导生活方式为目的，从而与目标受众形成情感共鸣，实现深度关系的建立。例如，SK-Ⅱ邀请了人气女演员有村架纯和科洛·莫瑞兹（Chloe Moretz）、搞笑艺人渡边直美、英国著名主持人詹姆斯·柯登（James Cordon）参演首部真人秀。这部形象宣传片通过个性化的艺人明星搭配、强有力的网络社交话题去参与消费者的生活，与消费者建立了更加紧密的关系，这几位勇敢做自己的娱乐圈代表，也恰恰契合了SK-Ⅱ"敢素敢言"的品牌理念，让消费者能够更加直观地感受到 SK-Ⅱ品牌想要传达的品牌理念和生活价值观。

Bare skin chat（敢素敢言）宣传片及其观看地址

（六）自媒体营销

公关营销传播中的自媒体是指企业等组织利用社会化网络，在媒体开放平台上建立自己的账号进行营销、公共关系维护和客户开拓服务的一种方式。目前常见的自媒体营销途径有微博、微信公众号、今日头条、抖音、快手等平台。自媒体公关营销传播的内容丰富且形式多样，与目标受众的距离更近且互动性更强，是当下最为重要的公关营销传播方式之一。但自媒体这种传播方式仍在不断更新发展中，内容的传播度、平台的社交性和用户的管理能力对于各大公关主体来说都是不小的挑战。旺旺集团就在确定了旺仔 IP 的定位后，通过布局自媒体矩阵，加深旺仔 IP 人物的人格化表现，包括在多个社交媒体上开设旺仔俱乐部，以旺仔的口吻发布日常趣事、蹭时事热点、和旺粉们进行线上互动，极具趣味性和话题性，聚集了一大批忠实粉丝，不断扩大自己的品牌影响力，进一步实现了品牌价值，成为传统企业中的网红 IP。

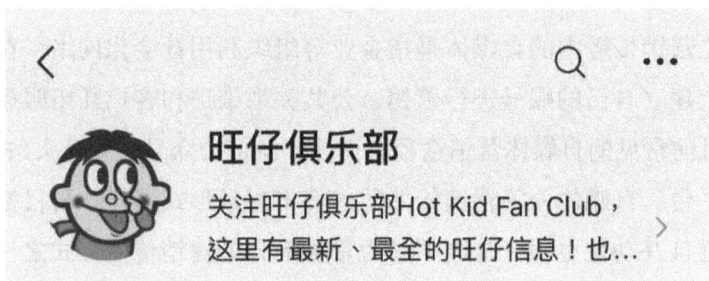

旺仔自媒体矩阵

四、公关营销传播的特点

（一）目的性

公关营销传播都带有直接或间接的目的，不管是作为整合营销传播的其中一环，还是作为公共关系中的营销方式，都一定是为企业等组织的传播战略服务的。公关营销传播不仅需要符合短期目标，更要结合组织发展的长期目标进行。

（二）规划性

公关营销传播需要制订相应的公关营销计划。公关营销传播计划包括传播战略和传播战术两个方面，即长期的品牌战略方向规划和短期的公关营销活动具体安排，如选择公众、公关模式、公关策略、媒介策略、预算编制等方面。

（三）真诚性

公关营销传播的参与主体和影响客体是复杂多样的，包括政府、媒体、消费者、投资者、公众等。保持真诚友善的沟通态度，是组织与社会各界建立友好关系的前提，也是组织提升美誉度和社会好感度的必要前提。

（四）互惠性

除了沟通方面的真诚，公关营销传播还有互惠性这一突出特点。公关营销活动的策划者、合作者、参与者和执行者都能从公关营销活动中受益，而不损害社会任何一方的利益，达到互惠共赢的效果。

（五）热点性

公关营销传播并不只是传播公关主体自身的信息，而是要将自身信息与社会热点、民生热点相结合，将品牌传播融入社会的大环境之中，以此来提高公众的关注度，提升传播效果。

（六）隐蔽性

公关营销传播会弱化商业营销的特征，突出活动和传播的公益性和社会性，使公众更易于接受传播内容而不产生抵触心理。

（七）双向性

公关营销传播强调以真诚为基础的双向沟通，既有公关主体的对外传播，又有社会公众的意见反馈，公关营销活动中的每个环节都会充分尊重公众的声音和意见。

（八）间接性

公关营销传播的效果并不会直接实现转化，而是在逐步与消费者、与媒体、与社会建立良好关系的过程中，间接地帮助公关主体实现优势增长。

五、公关营销传播的作用

在整合营销传播理论中，公关在企业营销和运转中起到的作用得到了充分的肯定，而在公关主体实际运营的各个阶段中，公关营销传播具体起到了怎样的作用呢？

（一）吸引受众关注，提升品牌认知度

当公关主体正处于初创期或推广期时，公众关注度较低，品牌认知度需要通过相应传播策略来实现提升，而公关营销传播所展现的品牌形象和构建的公共关系，能够有效地吸引目标受众的关注，提升品牌的认知度。如果公关主体能在初创期就利用好公关营销传播工具，那无疑将为其之后的进一步发展奠定坚实的基础。星巴克、英特尔、微软、谷歌等国际知名品牌在初创时期，都是依靠公共关系来引起消费者的注意，从而在受众心目中建立起一定的品牌认知度；国内的李宁、波司登等品牌也合理利用公关营销传播实现了品牌的年轻化转型升级，成功提升在国内年轻消费群体中的品牌认知度和好感度。

（二）强化品牌形象，加强传播影响力

当公关主体进入巩固和维护阶段，公关营销传播所能带来的维护和强化品牌形象的作用就更加突出。与广告不同的是，公关不只追求单纯的到达率和直接的效果转化，而是通过新闻、事件、公益活动、宣传片等公关手段保持品牌的关注度、喜爱度和忠诚度，强化品牌在受众心中的形象，在维持良好关系的同时，加强品牌活动的传播力度和影响力。知名运动品牌耐克、阿迪达斯等，通过赞助各项体育赛事、竞赛队伍、运动员等方式，不仅保证了品牌标识的曝光度，更将积极向上的品牌形象与运动员的形象

直接绑定起来，从而大大强化了品牌的整体形象。

（三）优化各方关系，改善传播环境

公关主体通过公关营销活动能够有效地与政府、媒体、消费者、投资者之间建立并保持良好的关系，保障公关主体内部和谐，为自身发展打造和谐的外部环境，为公关主体的运营和发展提供支持和保障。一个和谐的营销传播环境为公关主体带来的帮助是多方面的，既能够使公关主体对外传播的信息更易到达目标受众，又能够更多地接收来自各方的反馈，及时调整公关营销方案，实现公关主体与市场的良性互动。

第二节　案例分析

一、政府

（一）"心想狮城"新加坡旅游局品牌公关活动

1. 案例回顾

2017年11月，新加坡旅游局推出全新旅游品牌"心想狮城"（Passion Made Possible），意在传递"热情缔造无限可能"的狮城精神，并围绕"心想狮城"的主题展开了一系列的品牌公关活动，从"向游客推荐景区"上升到"与游客建立情感共鸣"的层面。

一方面，新加坡旅游局发布一系列宣传片，邀请孙燕姿与近100位代表着新加坡多元文化的"狮城筑梦者"对话，由狮城筑梦者分享新加坡的真实故事以及他们各自在狮城的成长经历和感受，这些狮城筑梦者中有世界上首个摘得米其林一星的路边摊贩，还有与儿时偶像同台竞技的游泳奥运冠军……系列宣传片不仅展现了新加坡作为旅游目的地的风光，更是对国家精神的阐释，用狮城筑梦者的筑梦故事唤起人们追求梦想的激情，从而产生情感共鸣和价值认同。

另一方面，新加坡旅游局还着力为游客提供深度体验，对旅游资源和

游客需求进行社群分类，分为美食主义者、城市探索者、精品收藏家、极限挑战者、狂欢发烧友、文化爱好者六大类，并为第一次和多次访问新加坡的游客创建旅游计划，如隐蔽的地下酒吧、大型俱乐部、世界级体育赛事等，把狮城新加坡定位为一个多元目的地，为游客打造充满未知和个性的"心想狮城"之旅。同时，新加坡旅游局邀请意见领袖参与来增强媒体影响力，并对旅行中的新故事和新体验进行编辑报道，与知名的旅游和体育在线媒体及社区合作宣传视频等。例如，Visit Singapore 官网上就宣传了一些狮城筑梦者的故事，主厨李小明（Malcolm Lee）是一位在国际烹饪界享有盛誉的美食主义者，烹制的菜肴有童年时光奶奶为他做菜的味道，他掌管的 Candlenut 是全球唯一的米其林星级土生华人餐馆；收藏家王卫国（Mark Ong）是另一位极具创意的杰出人士，他将童年时在滑板和鞋子上绘画的爱好融入 SBTG 之中——这个充满艺术气息的名号，是他在为科比·布莱恩特（Kobe Bryant）和麦克·信田（Mike Shinoda）等名流定制前卫运动鞋时所使用的名号……

不同于简单的景点和历史故事的介绍，新加坡旅游局把宣传点着眼于在国家中生活的每一个人，用"热忱""追梦"等充满活力的词和一个个生动的人物故事，树立独特又鲜活的国家形象，与游客拉近情感距离并建立情感联结。

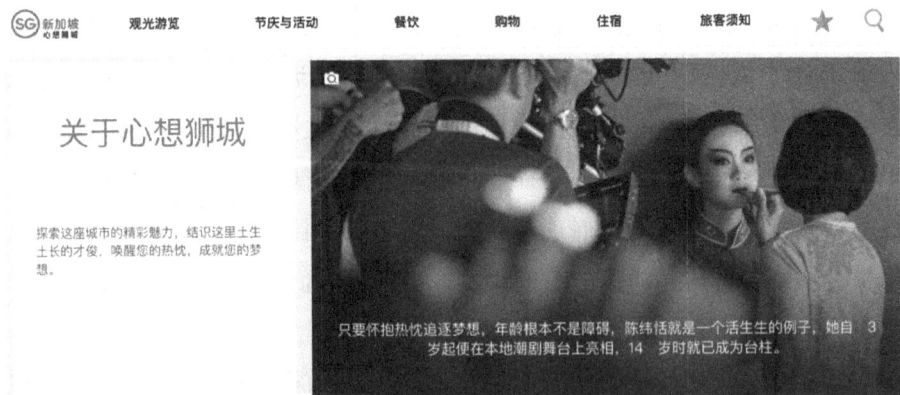

Visit Singapore 官方网站上的"心想狮城"活动

2. 案例点评

新加坡旅游局的"心想狮城"系列品牌公关营销活动无疑是相当成功的。通过这一系列品牌公关活动，新加坡旅游局与业内从业者和游客建立起了更加紧密的关系，帮助新加坡旅游业实现更加有效的沟通和更加优质的发展。首先，对于新加坡当地旅游业从业者来说，"心想狮城"系列品牌公关活动提供了一个高效的交流平台，进一步加强了本国旅游业从业者对新加坡旅游资源的认识。新加坡旅游局整合线上线下多重旅游资源，推出的"新享家"推广计划，包括"新加坡旅业新享家培训计划""狮城新享家线路设计挑战赛"和"新加坡旅业推介会"等活动，增强了新加坡旅游局和当地旅行社的沟通和联系，构建了深度友好的合作关系。其次，对于其他国家，例如中国的旅游业从业者来说，"新加坡旅业推介会"成为两国交流对话的空间，在加深旅行社产品设计和销售人员对新加坡了解的同时，也让他们成为新加坡'旅行专家'，将更好的新加坡旅行线路和体验，带给更多中国游客。最后，对于游客来说，"心想狮城"系列品牌公关活动敏锐地捕捉到游客需求的变化，从产品设计到宣传推广都力求提升新加坡旅游品牌的认知度和好感度，加深游客对新加坡的价值认同和情感联结。

（二）"生活品质之城"杭州 G20 期间城市品牌建设活动

1. 案例回顾

杭州城市品牌的建设一直走在全国前列，在 2007 年杭州就确立了以"生活品质之城"作为城市品牌，2008 年又进一步确立了杭州的"世界坐标"——中国特色、时代特点、杭州特征、覆盖城乡、全民共享，与世界名城相媲美的"生活品质之城"。近年来，政府和社会各界都围绕"生活品质之城"这一主题展开城市品牌活动，如：生活品质市民体验日、生活品质国际体验日、生活品质行业点评、生活品质视觉点评、生活品质全民饮茶日、生活品质总点评等。其中，生活品质总点评、生活品质市民体验日和生活品质国际体验日已经成为杭州三大标志性品牌活动。"生活品质之城"这一城市品牌体现了"五个统一"：传承性与时代性的统一、整体性与独特性的统一、大众性与品位性的统一、平常性与震撼性的统一、简洁性与组合性的统一。杭州在品牌经营过程中，始终着眼城市发展、行业提升和企业竞争力增强，坚持党政界、知识界、行业界、新闻界"四界联动"，实现城市品牌与行业、企业、产品、个人品牌的有效连接、良性互动、有机联系，互为支撑、互动发展、整体提升，做到城市品牌与行业品牌、企业品牌、产品品牌、个人品牌"五位一体"。

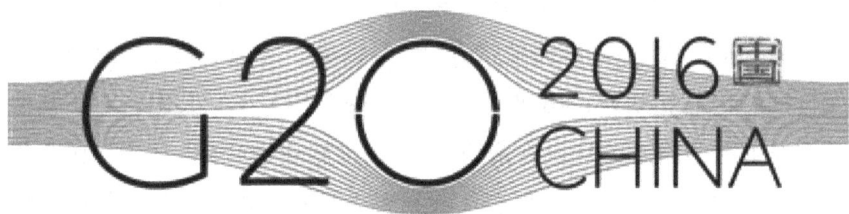

杭州 G20 峰会标志

G20 峰会也为杭州城市品牌建设活动带来新飞跃。首先，自 2015 年 11 月习近平主席在土耳其宣布中国将于 2016 年在杭州举办 G20 峰会后，杭州就开始启动集中宣传工作，陆续在海内外主流媒体、知名外国商会会刊、重要机场等投放 G20 专题宣传内容，通过不同角度来展示杭州的总体形象。杭州城市形象宣传片，例如《G20 杭州再出发》《喜欢你在一起》《最忆是杭州》等在 G20 筹备和举办期间陆续推出，用生动唯美的画面展现杭州的美丽景色、人文氛围与生活品质。其次，在西湖举办的 G20 峰会文艺晚会"最忆是杭州"，是国内首次在户外水上舞台举办的大型交响音乐会，展现出了西湖元素、杭州特色、江南韵味、中国气派和世界大同。再次，杭州市旅委推广中心还根据海外游客的兴趣点重新审视宣传内容，制作了一批既新颖有趣又能彰显杭州文化魅力的宣传品，例如与商务印书馆合作的精品全英文旅游图书《杭州一瞥》，编印的精品线路手册《三十种韵味·别样精彩》以及《杭州故事》等，文风更接近受众阅读习惯，内容也更国际化，并且进驻本地著名酒店，实现对杭州交通枢纽的全覆盖。最后，在 G20 国宴"西湖盛宴"上，除了极具地域特色的杭帮菜，更加令人惊艳的还有余杭制造的餐具。餐具创作灵感源于西子湖畔的自然景观，以绿色为主色调，传递绿色发展的理念，图案为西湖十景，具有非常厚实的杭州传统文化底蕴，而骨质瓷的运用又融入了西欧的文化元素，间接折射出杭州历史与现代交融的城市特质。

《G20 杭州再出发》及其观看地址

《喜欢你在一起》观看地址

2. 案例点评

借助 G20 峰会的契机，杭州"生活品质之城"城市品牌的品牌效应得到放大。G20 峰会作为典型的"城市事件"，具有一定的媒介化特征，峰会本身其实就是一种媒介，展现着杭州的城市理念、特色和文化，同时峰会是大众媒体的"传播对象",成为杭州形象的传播场,促使受众在短时间内对杭州形成持续性的关注,充分了解杭州的城市生活,从而提升城市形象的传播效果。

借助G20峰会,杭州的城市品牌效应得到了放大。杭州更加完善的城市基础设施,极大地改善了城市产业的发展环境,提供了更多和世界各地经济交流合作的机会,吸引了更丰富的投资和人才,进一步提高了杭州城市的知名度和美誉度以及国际影响力,切实增强产业国际竞争力、区域辐射带动力、文化国际影响力、环境国际吸引力。杭州更加高效的城市建设和管理,极大地促进了现代化治理体系的构建,以增强群众获得感为出发点和落脚点,让市民群众共享幸福和谐品质生活,着力提升政府管理和服务水平。G20峰会期间杭州开展的城市品牌建设系列活动使得杭州城市形象得到极大传播。在海内外主流媒体、知名外国商会会刊、重要机场等投放G20专题宣传内容,通过不同角度展示杭州的整体形象,让世界重新认识了杭州的美丽景色及人文氛围。杭州城市形象宣传片《欢迎来G20杭州》《相约浙江》《韵味杭州》也充分展现出杭州蓬勃向上的生机。"最忆是杭州"文艺晚会、"余杭制造"、亲切的"小青荷"中都融入了"西湖风光、江南韵味、中国气派、世界大同"的理念,由此,杭州突破了原有的旅游城市印象,被赋予了新的城市品牌内涵。

二、企业

(一)耐克"Don't do it"

1. 案例回顾

2020年5月,美国明尼苏达州白人警察执法不当致非裔男子乔治·弗洛伊德死亡一事令美国舆论哗然,在当地引发的抗议活动蔓延至美国多地,并在不少地方引发骚乱。据统计,抗议活动已席卷全美30多个城市,至少25个城市实施宵禁令。对于此次示威活动,耐克公司在推特上发布了一则反对种族主义的广告,号召人们"Don't do it"(不要这么做),针对目前这一特殊时期暂时改变了品牌经典标语"Just do it"。视频以黑底白字的形式呈现，其中写道"不要假装美国没有问题""不要回到种族主义"，简洁而不失严肃，让观看者将注意力集中于内容本身，以低成本的制作直接高效地体现了核心价值。

耐克广告片截图

耐克发言人表示："长期以来，耐克一直反对各种形式的偏见、仇恨和不平等。我们希望这部广告片能成为激励人们采取行动，解决社会深层问题的催化剂，并能鼓励人们塑造更美好的未来。"

随后，耐克的主要竞争对手阿迪达斯转发了该视频，并配文"一同前进，一同改变"，呼吁反对种族主义、共同做出改变。竞争对手在同一议题上的声援，会让阿迪达斯展示包容、携手的姿态，也会产生行业性价值的放大。此外，奈飞、迪士尼、英特尔等美国公司同样通过社交平台发声，声援反种族歧视。

这并非耐克第一次在种族问题上发声。近年来最有影响力也最有争议的一次，是耐克将"Just do it"广告语30周年纪念活动的主题人物定为前NFL旧金山49人队的四分卫科林·卡佩尼克——他曾经在NFL季前赛唱美国国歌的环节，下跪来抗议美国国内的种族歧视和司法不公，从而引发了美国国内大范围的舆论争议。

耐克科林·卡佩尼克广告

2. 案例点评

就有争议性的社会问题发表观点一向是塑造品牌形象、表明品牌态度的重要手段。"Just do it"作为全世界最知名的广告语之一，已经成为耐克最有价值的品牌资产，这一广告语也一直被用来表达耐克这一体育品牌的态度和主张，是耐克与消费者之间重要的情感联结。而耐克此次在社交网络上以这一段广告的形式发声，32 年来第一次更改了广告语，旗帜鲜明地反对种族主义。这就是一次很好的公关行动，体现了品牌针对当前敏感事件、社会热点迅速做出了判断与反应，展现了正确的价值观。对政治性与全球性的议题进行发声，也是其作为知名品牌的社会责任感的体现。可以说，这是一次有力的发声，也是一次品牌人格的成功塑造与营销，从社会层面拔高了品牌的价值，让消费者在品牌的拟人化沟通中产生了共鸣与归属感。耐克通过情感价值的认同吸引消费者成为品牌的粉丝，增强消费者黏度，传递品牌文化。无论是"Just do it"还是当下这句"Don't do it"，它们都犀利地表达出了耐克想要强调的自我意识。

（二）蒙牛：从"牛奶助学行动"到"营养普惠计划"

1. 案例回顾

2000 年，国家"学生饮用奶计划"启动。刚刚成立不久的蒙牛第一时间以公益形式投身这项计划，并一直持续至今。20 年来，无论在营养扶贫、应急救灾、环境保护、乡村帮扶还是教育公益等领域，蒙牛都积极践行企业社会责任。

2006 年 7 月蒙牛联合中国奶业协会、中国教育发展基金会等多家合作伙伴，共同发起了"每天一斤奶，强壮中国人"牛奶助学行动，在两年的时间里，为全国 1000 所贫困小学免费送奶，用实际行动践行了"一杯牛奶强壮一个民族"的美好愿景。

2017 年，蒙牛率先响应农业部与中国奶业协会发起的"中国小康牛奶行动"，将蒙牛每年的牛奶助学行动升级成"营养普惠计划"。该计划秉承"扶贫先扶智"理念，打造"营养扶贫 + 扶智"的精准公益行动，在为贫困儿童捐赠学生奶的同时，开展营养健康科普教育，提升贫困地区儿童营养水平。两年时间里累计覆盖全国 346 所学校，捐赠 1080 万盒学生奶，资助学生 63430 名，总投入金额超过 3000 万元。

2019 年，蒙牛发起"营养普惠合伙人计划"，进一步深化"营养扶贫"的内涵。"营养普惠合伙人计划"倡导"共享公益"新形态，还通过互联网平台创新帮扶模式，推动包括公益机构、专家、学者、意见领袖、普通个人等社会各界力量，共同关注贫困地区孩子们的健康状况，共享资源能量，帮助他们拥有更健康的身体，受到更优质的教育，树立更高远的志向，从而阻断农村贫困代际传递，推动精准扶贫道路走得更深远、更广阔，继而助力 2020 年全面脱贫和全面小康目标的实现。

2020 年 6 月，蒙牛首次携手中国青少年发展基金会共同开展 2020 年"营养普惠计划"，充分发挥中国青少年发展基金会系统、蒙牛经销商网络优势，深入基层学校了解需求，深化资助服务方式，构建"营养改善＋习惯培养＋体质提升"三位一体的公益模式，引进社会各方的健康、教育资源，通过邀请专家现场授课等形式，为学生和老师带去专业的营养知识，培养正确的饮奶习惯和健康生活习惯，更好地帮助贫困地区儿童全面健康成长。

蒙牛与中国青少年发展基金会正式宣布成立"蒙牛营养普惠基金"，通过打造开放、包容、可持续发展的公益创新平台，全面升级营养普惠计划公益模式，充分发挥蒙牛经销商的网络优势与中国青少年发展基金会的组织优势，高效整合、优化配置资源，积极扩大营养普惠计划的成效与影响力，以吸引更多组织、机构、个人参与到学生营养与健康公益事业中来。

在进行营养普惠计划、营养普惠基金等一系列专注少年儿童的身体健康行动的同时，蒙牛未来星学生奶还携手中国青少年发展基金会共同关注孩子们的心灵世界和精神生活。2020 年 3 月至 5 月，蒙牛未来星学生奶联合多方公益组织和合作伙伴，共同发起了"你好，春天"首届未来星杯全国少年儿童公益征文绘画活动。该活动联动 16 个省、自治区、直辖市的 6000 多所学校，征集作品超过 25 万份，全网曝光量超过 2 亿。在中小学生群体中引发了爱国热潮，备受社会各界好评。

蒙牛营养普惠计划

2. 案例点评

从"牛奶助学行动"到"营养普惠计划",蒙牛一直以公关和公益作为品牌发展的先导。在进行公益活动宣传时,蒙牛并不强调自己产品的功能,而是把"强壮中国人""愿每一个中国人身心健康"作为传播的基点,强调蒙牛对奶农、对消费者、对社会、对国家的关心和支持,表明自己"一直为中华民族的强壮事业努力着"。蒙牛这种独特又深刻的视角,将公益活动与社会和国民联系在一起,对营销活动同社会公益事业进行了良好结合,在几年时间里一跃成为全国知名品牌。蒙牛在自身发展的同时,以实际行动回报社会,自觉承担相应的社会责任,国家各级部门的支持使得蒙牛更容易在消费者中获得高知名度和高信任度。

(三)老乡鸡董事长手撕员工联名信

1. 案例回顾

2020年,面对突如其来的新冠肺炎疫情,全国的餐饮企业都按下了暂停键,连锁餐饮企业作为劳动密集型企业,更是受到了巨大冲击,安徽老乡鸡餐饮股份有限公司（以下简称老乡鸡）也不例外。老乡鸡董事长束从轩向媒体坦言，"亏损金额达 5 亿元，16328 名员工的薪资达 8000 多万元"，这些数据差点儿压垮老乡鸡。但老乡鸡却逆势增长，甚至提前完成了全国门店布局，这与老乡鸡在新冠肺炎疫情期间的公关营销战略是密不可分的。

2020 年元宵节，老乡鸡发布了一支"董事长束从轩手撕员工联名信"的视频，短短 10 分钟的视频，引发全网刷屏，相关阅读量达到 10 万 +，全网视频播放量超过千万，引发众多网友热议。董事长束从轩亲自出镜，一身居家打扮，笑称自己"和大家一样在家躺着给社会做贡献，在这个被新冠肺炎疫情笼罩下的节日很想和大家聊聊天"。在视频里，束从轩讲述因新冠肺炎疫情影响，老乡鸡亏损 5 亿元，企业面临重大经营困难，但他对于危机的一番回应让众多网友动容："我们被顾客和员工安全拿捏得死死的，所以再多损失都不足为惜。比起国家的损失，这又算得上什么呢？"同时，他还感谢武汉的老乡鸡员工为医护人员送餐，倡导所有人在家隔离，为国家做贡献，在家也要多活动等，像是和所有网友进行亲切的聊天。最后，在面对员工不要工资的请愿时，束从轩亲手撕掉了在这个特殊时期下员工按满手印请愿减薪的联名信，并表示卖房卖车也要让员工有饭吃，获得了全网的赞赏。自视频发布以来，大部分人对老乡鸡董事长这一破格举动赞许有加，也有人说这是一次精心策划的公关营销，借领导人之口表明态度，将品牌核心价值传递给消费者，提升了大众对老乡鸡品牌的好感度。

老乡鸡董事长束从轩手撕员工联名信视频及观看地址

随后网友整理出的新冠肺炎疫情严峻期间老乡鸡的应对举动，更让消费者切实地体会到了老乡鸡的社会责任感。武汉封城后，老乡鸡第一时间主动关闭了当地 100 多家门店，最大限度地减少了新冠肺炎的传播风险；在得知前线医护人员就餐困难后，老乡鸡快速响应跟进，调集资源驰援武汉数十家医院、卫生机构以及来自全国其他地区的社会援助医疗团体，每天坚持给工作在一线的医护人员免费送餐。在为医护人员送餐的同时，老乡鸡还收到很多网友的私信要出一份力，借此在官方微博发起 #最想对医护人员说# 话题，把网友的留言鼓励和昵称写在便笺纸上，随餐一起送到一线的医护人员手里。无数网友参与话题接力表白，更有英国报姐、回忆专用小马甲和银教授等微博大 V 的转发祝福，相关话题阅读量高达 2.6 亿 +，讨论量 5 万 +，暖心的留言带着全国民众的爱温暖着每一位前线的医护人员。

老乡鸡驰援新冠肺炎疫情

在新冠肺炎疫情告一段落、全国逐渐开始复工之时，老乡鸡又推出一场别具一格的发布会，开始了老乡鸡的发展新进程。视频里泥巴墙歪脖子树，大瓷缸绸话筒，鸡成群马乱溜，20 世纪 80 年代的接地气风格和其他品牌的高大上风格截然不同。老乡鸡创始人束从轩一身标志性蓝毛衣，坐到配套 20 世纪 80 年代标志性的红桌布、红话筒的演讲台上，从容讲述着老乡鸡的过去、现在和未来。利用巧妙的转场，束从轩从 20 世纪七八十年代的村会场景转移到老乡鸡第五代门店的场景中。视频中"干净、卫生"是老乡鸡的关键词，不同于以往的中式快餐，从装修风格、菜品制作方式和动线设计等方面，都可见老乡鸡正逐渐摆脱行业里普遍追随的西式快餐"点餐—结账—配餐—取餐"模式，探索中式快餐自有的方式。

老乡鸡发布会视频截图与观看地址

2. 案例点评

新冠肺炎疫情虽然对于大部分企业来说都是一次较大的打击，但同时也是企业树立企业社会责任感、提升消费者好感度和忠诚度的良好时机。公关作为塑造企业品牌和企业形象最有效的手段，在新冠肺炎疫情期间的营销策略中起到了至关重要的作用。在新冠肺炎疫情面前，公关营销需要做到对内稳定员工和合作者，对外表明立场，与政府、社会、消费者站在一起，积极承担社会责任，增强社会公众对品牌的信心和好感度。

老乡鸡选择用自家董事长作为公关杠杆，用亲自出镜录视频的方式直接代替了传统的品牌公关套路形式，既亲切又具说服力，在与主流舆论步调一致的基础上成功吸引了各方关注；而在当下大众普遍依赖新媒体传播的情况下，"手撕员工联名信"这样的标题瞬间让老乡鸡成为全网焦点，视频内容更是不同于以往一板一眼的公关稿，而是用网络化的风格，引用了很多段子、热词、热梗等，极大地拉近了与年轻消费者的沟通距离，直接激发了 UGC 的二次扩散，引发了大范围讨论和传播。

从一夜改名引发热议，第一时间将新的品牌名字印入消费者心智中，到成为中式快餐品牌第一名，宴请全国人民致全网刷屏，老乡鸡可谓风光无限；再到如今的"手撕员工联名信"，老乡鸡充分运用公关媒体的力量让消费者对品牌形成认知，而好的形象和品牌认知能形成消费势能，助力老乡鸡强势恢复与反弹。

三、社会组织和事业单位

（一）云南马帮入京"进贡"普洱茶

1. 案例回顾

马帮是云南的一种古老的运输队伍。云南马帮自 1839 年驮茶进京起，至今已有 166 年的历史。2005 年，在云南茶叶协会的组织下，一支打着"云南普洱·瑞贡京城"旗号的马队，从云南出发，历经 5 个多月的时间，行程8000 多公里，穿过云南、四川、陕西、山西、河北等地，于 10 月 10 日进入北京地界。历史上，云南大叶种茶在马帮外运途中，自然发酵变成了功效独特的普洱茶，云南茶叶协会会长想利用这次马帮驮茶进京活动，让公众认识到真正的、原生态的 、自然发酵的普洱茶。这支普洱茶马队，从出发开始便受到了全国各地媒体和公众的极大关注，"马帮进京"也成为当年最热门的新闻事件之一。

马帮在沿途云南、四川、陕西、山西、河北、北京分别举行了茶叶义卖活动，为希望工程捐款，义拍、义卖共筹资 360 余万元。演员张国立参加了在老舍茶馆举办的普洱茶拍卖会，将所得款项捐给了中国青少年发展基金会。赞助希望小学的建议和运营，使这次马帮驮茶进京活动减弱了商业活动的意味，获得了社会各界人士的广泛好评。马帮驮茶进京的活动，不仅成功获得了捐助款项和媒介关注，更拉近了普洱茶和主流消费市场的距离，是一次典型的公关媒介事件。

2. 案例点评

云南马帮入京"进贡"普洱茶活动是一场既典型又新颖的公关媒介事件，有效地提高了普洱茶的知名度，为今后拓展普洱茶市场和促进普洱茶销售起到了重要作用。一方面，这场活动集新闻效应、广告效应、形象传播以及公共关系、客户关系的拓展和维护于一体，并为产品推介、品牌展示创造机会，建立品牌识别度和品牌定位，快速提升品牌知名度与美誉度。另一方面，在这次马帮进京的事件中，媒体和公众之所以能保持较长时间的关注，是因为原始马帮和现代都市之间产生的激烈碰撞带来的新鲜感，具有很强的戏剧性，也具有很强的话题性。此外，普洱茶进京的活动致力于公益，对运到北京的茶叶进行义卖，所得款项被全部用于希望小学建造和运营，这不仅引来了很多社会名人的关注和参与，而且淡化了活动的商业色彩，更易于被消费者接受。

（二）故宫的公关营销从危机到逆袭

1. 案例回顾

2011 年，故宫爆出"十重门"，从 5 月 8 日的故宫失窃案暴露出安保问题之后，紧接而来的锦旗错字、"故宫体"道歉书，以及建福宫用作会所等负面事件，让这一中国最大的古代文化艺术博物馆陷入舆论危机，声誉岌岌可危。

2012 年伊始，故宫换帅，"新帅"从内部整治、外部营销双面入手，对故宫进行全方位改造升级。

首先是内部整治，故宫持续性地进行文物建筑的修缮，迁出所有相关单位并扩大开放面积，进行环境与服务整治，实施"平安故宫"工程。

其次是内部产品布局，故宫通过官网建设、微博微信运营、App 设计、"掌门人"亲自巡讲等方式，推广故宫文创，创作《海棠依旧》《我在故宫修文物》《国家宝藏》等纪录片及电视节目，深入开发故宫 IP。目前，故宫共计研发文创产品 9170 种，包括服饰、陶器、瓷器、书画等系列，产品涉及首饰、钥匙扣、雨伞、箱包、领带等，每年的销售额超过 10 亿元。由中央电视台与故宫合拍的纪录片《我在故宫修文物》豆瓣评分高达 9.3，综艺节目《国家宝藏》3 季节目的豆瓣评分都在 9 分以上。

再次是跨界合作，除了自己设计文创产品，故宫还开放了部分经典的 IP，与各大品牌进行了跨界营销，进一步扩大了故宫文创的影响力。例如，腾讯在一款老少咸宜的游戏《天天爱消除》里还原金水桥、太和门等故宫知名建筑景观，游戏《奇迹暖暖》分别以"清代皇后冬朝服""十二美人图"以及养心殿文物为主题进行还原与再创作，联合《时尚芭莎》推出"故宫芭莎红"玲珑福韵项链套装，联合稻香村推出限量月饼"掬水月在手"，联合农夫山泉限量推出 9 款"农夫山泉故宫瓶"等，都收获了年轻消费者的喜爱和追捧，故宫逐步形成了"故宫出品，必属精品"的良好口碑。

最后是公共关系方面，故宫采取了自造意见领袖的方式，2012 年上任的故宫博物院院长单霁翔以"故宫守门人"的身份，从故宫内部改革、文物保护、展览策划、文创产品、对外营销等各个方面向大众展示故宫，不仅在各地博物馆内演讲，参加各大传统媒体和新媒体采访，还参加了中央电视台《朗读者》节目、海南博鳌亚洲论坛等，以亲身经历来诠释故宫的改变，打破了公众既有印象里故宫权威、庄严的形象，让故宫真正从"高冷"走向大众。

2. 案例点评

故宫的系列公关营销措施，不仅挽救了舆论风口浪尖上的故宫，更成功实现了故宫这个老品牌的革新，使故宫逐渐占领了年轻受众的心智，成为近年来国内最受欢迎的 IP 之一。故宫的公关营销非常具有前瞻性的思维，率先拥抱商业化潮流，与阿里巴巴、腾讯等互联网公司合作，紧跟年轻化趋势，拉近年轻消费者与故宫传统文化的距离，既实现了创收，又成功推广了传统文化。

从故宫的跨界合作来看，故宫主动与年轻品牌进行深度联动无疑为自己构建了良好的商业环境，在成功圈粉的同时进一步扩大了自己的影响力。和全品类各品牌的跨界合作让故宫能够将品牌影响力延伸到目标受众生活的各个角落，具备了对年轻群体的影响力和吸引力，更易与年轻受众群体建立联系，形成更加整体全面的品牌印象。形式创新的跨界与合作也让故宫肃穆厚重的文化和历史在创新运营和传播中得到了更具可视化的传承和扩散。

从故宫的媒体关系来看，与2012年之前被媒体痛批的情形不同，如今，不管是传统媒体还是网络媒体，故宫都与它们建立了良好的合作关系，无论是故宫推出的展览、最新文创还是馆长的演讲采访，每一个新举动都被争相报道、广为传播。故宫的自媒体也展现了强大的社交运营能力，通过微博和公众号，故宫总能抓住公众关心的热点进行曝光和宣传，还成功塑造了故宫的猫等生动的文化形象，吸引了众多粉丝的关注，提升了粉丝黏性和品牌价值。

第三节　本章小结

阿尔·里斯曾把广告营销和公共关系比作伊索寓言中的北风和太阳，道出了广告与公关之间的微妙区别，也预见了广告逐渐向公关融合的趋势。广告往往强调通过冲击力给消费者留下深刻印象，但在营销环境愈发复杂的今天却难以单纯靠冲击力实现与消费者的沟通，而公共关系却能冲破杂乱的商业信息，在潜移默化中影响受众，与目标受众形成更加稳定和长久的联系。可以说，广告与公关的融合，是大势所趋，是市场、行业发展的必然道路。在商品同质化越来越严重、消费者越来越理性的今天，公共关系营销成为一种强有力的市场策略，通过诸如新闻、热点事件、公益等方式，在吸引受众关注、提升品牌认知度、强化品牌形象、加强传播影响力、优化各方关系、改善传播环境等方面起到了重要作用。

各大公关主体的公关营销案例，也体现出公关营销的形式、方式正在不断地更新和发展。在案例分析部分，本章着眼于政府、企业与社会组织、事业单位三方面，并在其中选取了公关营销传播中较有代表性的优秀案例进行梳理回顾和点评分析。城市如新加坡与杭州，背靠深厚的人文历史底蕴，拍摄宣传片、举办亲民的活动，向民众讲述新时代城市故事，刷新了城市长期固有的品牌内涵；企业如耐克、蒙牛与老乡鸡，紧扣社会热点，肩负社会责任，向社会大众传递正能量，拔高了品牌价值，扩大了品牌影响力；社会组织如云南马帮、事业单位如故宫，借"老形象新创作"，将自身独特的文化内涵传递出去，由高不可攀、鲜有人问的高冷形象，逐渐向大众靠拢，变得平易近人，重新焕发品牌活力。这也恰恰证明，面对媒体环境和公关营销传播环境不断演进、受众主动权越来越大等纷乱复杂的市场环境现状，公关营销正在以它兼有而独有的优势，发挥着不可替代的作用。而如何发挥它最大的效用，组织还需持续发力，让市场去不断检验。

本章思考题

1. 公共关系和营销传播的融合拥有哪些优势？

2. 随着媒体环境和公关营销传播环境的变化，现在的公关营销的方式是否有所增多，能否举例说明？

3. 在公关营销传播的特点中，结合你的认识对它们的重要程度进行排序，并说说为何这样排列。

4. 公益活动作为公关营销传播最常见的方式，你认为相比其他公关营销方式而言其特点、优点与难点有哪些呢？

5. 如何看待品牌"蹭热度"？

6. 结合实际案例，你觉得哪些品牌的公关营销真正做到了"1+1>2"呢，它们之间是否有共性？

7. 你能否试着找几个相对失败的公关营销活动，并谈谈你的看法呢？

参考文献

阿尔·里斯，劳拉·里斯.公关第一广告第二 [M].上海：上海人民出版社，2004.

居延安.公共关系学 [M].上海：复旦大学出版社，2013.

于燕.公共关系理论与实务 [M].北京：北京师范大学出版社，2018.

菲利普·科特勒，凯文·莱恩·凯勒.营销管理 [M].上海：上海人民出版社，2016.

张树庭，吕艳丹.有效的品牌传播 [M].北京：中国传媒大学出版社，2008.

何佳讯.品牌形象策划：透视品牌经营 [M].上海：复旦大学出版社，2000.

初广志.整合营销传播在中国的研究与实践 [J].国际新闻界，2010（3）：108-112.

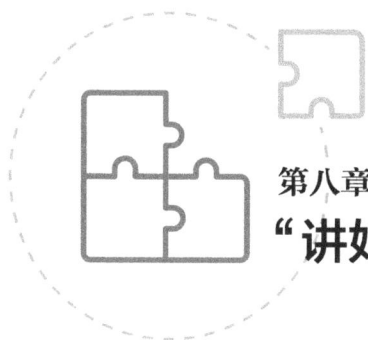

第八章

"讲好杭州故事"公关策划作品

本章概要

　　江南忆，最忆是杭州。作为中国七大文化古都之一，杭州承载着丰富的历史人文遗产，风景秀丽，享有"人间天堂"的美誉。而作为新兴的互联网创意之都，杭州又是高新技术产业发展的热土，成为中国对外交流中不可缺失的一环。近年来，杭州开始实施"城市记忆工程"，充分挖掘传统文化潜力，发挥世界遗产的综合带动效应，创新完善对外文化传播交流机制，打响"工艺与民间艺术之都"品牌。在此语境下，"讲好什么样的杭州故事""如何来讲好杭州故事"两个问题亟待提上议程。

　　本章呈现了七份"讲好杭州故事"的公关策划作品，涉及的主体有杭帮菜、杭扇、茶叶等传统杭州文脉，也涵盖了松鼠、彩妆等新兴文化热点，有值得借鉴的新颖亮点，也有尚待完善的不足之处。作品均是浙工大人文学院公共关系学课程的团队作业。

　　团队作业要求：策划一场线上与线下相结合的公益活动或一个品牌策划创意活动。融入杭州文化元素，讲好杭州故事，展现杭州城市形象，突出城市的创新与活力，扩大杭州对外传播的影响力。

作品一：湖畔物语——西湖松鼠公关策划案

（2017级广告学、广播电视学专业　姚舒琪、方程、吴俊臣、邢饶佳、郑祥臻）

一、内容提要

西湖是杭州的金名片，在历史的千回百转中默默讲述着关于杭州的故事。然而作为自然景点，其呈现的"青山绿水"式景观终究是固定不变的，这会使游客与本地人产生审美疲劳，减弱观赏兴趣。当下，西湖IP也如同故宫IP一样，亟须一次创新性变革——结合高速发展的互联网技术与广阔的媒体平台，为品牌文化注入生机与活力，让受众跳脱固有的传统印象。该策划案即以打造年轻化的西湖松鼠IP为目的，以"湖畔物语"为系列活动主题，旨在深化受众与西湖松鼠间的情感联结，从而为杭州、为西湖谱写一曲有爱、有趣、有温度的乐章。

二、项目背景

（一）审美疲劳导致西湖吸引力受限

西湖是中国重要的自然文化遗产之一，对于外地游客而言有着莫大的吸引力。然而，长久以来对杭州西湖过度的强调，加之其恒久不变的自然景观，在一定程度上使人们产生审美疲劳。人们渴望西湖品牌能推陈出新，结合时代语境，给人眼前一亮的感觉。

（二）西湖松鼠成为吸引游客的"西湖十一景"

近年来，松鼠成为西湖湖畔的"常客"。它们驻足西湖旁树木，以其萌萌的外表、小巧的体型与不怕生人的性格，吸引行人观赏，甚至有的游客还会用坚果、玉米之类的食物进行投喂。人与松鼠间温馨的互动形成了一道靓丽的风景线，也让更多的游客慕名而来，欲一睹"西湖小网红"的风采。

（三）游客伤害松鼠事件频发

西湖不同于管理严格的动物园，在一定程度上缺乏对松鼠的有效保护与对游客行为的管理。在观赏松鼠的游客中，难免存在一些自私自利、漠视松鼠生命健康的人，他们出于某些原因对松鼠进行身心健康的伤害。此外，由于游客大多缺乏对松鼠习性的了解，在原本出于好心的投喂过程中也可能产生胡乱投喂、喂多喂错的问题，这同样会对松鼠造成不良影响。

（四）杭州传统文化蕴含松鼠元素

杭州有位耄耋画家——朱颖人。几十年来，朱颖人观察松鼠，画松鼠。在朱老笔墨之下，活泼可爱的松鼠形象跃然纸上，描绘松鼠的水墨画，既蕴含着中国传统文化的厚实淳朴，又与当下人们所喜爱的小松鼠活泼讨喜的形象相契合，有着十足的观赏性。更重要的是，朱老几十年有关松鼠的画作，见证了西湖几十年的生态变迁。不可否认，被誉为"西湖十一景"的松鼠，俨然成为杭州西湖全新的文化象征。

三、项目策划

本次公益传播活动以打造年轻化的西湖松鼠 IP 为目的，从预热期、引爆期、延续期三个阶段策划了一系列相关活动。在预热期，采取线上线下相结合的形式，通过"我在西湖找松鼠"AR 游戏与松鼠粮兑换两个活动，以高交互性、高体验感调动受众的参与积极性，创建受众与西湖松鼠之间的情感联结；在引爆期，主打《松鼠的 24 小时》短视频传播活动与"我要登上铁王座"人气松鼠票选活动，通过话题的热度和高关注度引爆受众，产生粉丝效应，扩大本次公益活动的受众广度；在延续期，则以举办"湖畔晨风，西子萌趣"——松鼠画展活动（以下简称松鼠画展）的方式增加此次活动的历史积淀，拓展文化深度，配合以"松鼠保护官"这一长期运营项目，立体组合传播，使西湖松鼠的形象更加深入人心，同时扩大老画家朱颖人先生的作品知名度，让优秀的作品得到更多人的关注。

四、项目执行

活动一："我在西湖找松鼠"AR 游戏（预热期）

1. 活动时间

2020 年 4 月 1 日至 2020 年 4 月 10 日

2. 活动对象

在杭人士、来杭旅游者

3. 活动背景及目的

在杭州西湖，游客们除游山玩水外，还会自发聚集到某棵树下围观松鼠并进行摄影摄像。因而，通过"我在西湖找松鼠"AR 游戏，游客们可了解到更多关于西湖与松鼠的冷知识；将游戏系统所统计的西湖松鼠数目和分布图提供给政府，为官方决策提供数据支持；同时，该活动也为后续松鼠粮兑换活动、"我要登上铁王座"人气松鼠票选活动预热，提高受众参与互动性。

4. 活动内容

（1）在"两微一抖"开通"西湖的你"账号，安排专门的宣传小组进行日常运营。

（2）与新浪微博开展合作，利用 AR 技术，推出"我在西湖找松鼠"的互动小游戏：用户可以通过"扫一扫"西湖旁的松鼠，获取关于松鼠与西湖的百科及冷知识。同时，用户每扫到四种不同类型的松鼠，便可以获得一张松鼠粮兑换卡（电子版）。

（3）在微博发起#我在西湖找松鼠#的热点话题，用户在参与"我在西湖找松鼠"AR 小游戏时，可将扫到的松鼠的图片和定位上传至微博#我在西湖找松鼠#话题中。

（4）用户在参与"我在西湖找松鼠"AR 游戏后，系统默认将用户的定位上传至云端，并入《西湖水墨图》中（《西湖水墨图》由著名松鼠画家朱颖人先生亲手绘制，每只松鼠以一个小圆点进行代替，用户可通过《西湖水墨图》了解西湖松鼠的聚集情况及活动轨迹）。

活动二：松鼠粮兑换活动（预热期）

1. 活动时间

2020 年 4 月 4 日开始，长期投放并维护

2. 活动对象

在杭人士、来杭旅游者

3. 活动背景及目的

（1）游人投喂松鼠本是出于好心，但因绝大多数游客缺乏松鼠相关的知识储备，不合理的投喂行为时常发生，给松鼠带来危害。因此，邀请专业的动物饲养员来配比科学的松鼠粮，并让游人通过互动环节兑换松鼠粮进行投喂，既能加强游人与西湖松鼠之间的互动性，又在一定程度上保证了松鼠的健康安全。

（2）为保护西湖及周边自然环境，针对未参与"我在西湖找松鼠"AR 游戏的用户，开设线下活动，通过垃圾兑换的方式（如一个空矿泉水瓶换取两颗松鼠粮等）参与松鼠粮兑换机线下互动，不仅减轻环卫工人的负担，也能逐渐让游客们养成不乱丢垃圾的好习惯。

（3）在松鼠粮兑换机上设置交互游戏，如与卡通松鼠合照、拼图等方式，增加"两微一抖"账号的流量，为引爆期票选人气松鼠的活动进行预热。

4. 活动内容

（1）根据《西湖水墨图》上圆点的分布情况，在线下相应位置装备松鼠粮兑换机，用户可通过在线上活动"我在西湖找松鼠"AR 游戏中获得的松鼠粮兑换卡兑换一袋松鼠粮，或通过线下活动——帮助环卫工人捡垃圾，在松鼠粮兑换机换取相应松鼠粮。

（2）在松鼠粮兑换机上设置微信、微博、抖音的二维码，游客可通过扫描对应二维码，关注两微一抖平台，免费获得与卡通松鼠合照的机会，合照将以电子版形式发送至用户手机上。

"我在西湖找松鼠" AR 游戏

松鼠粮兑换活动宣传画

活动三:《松鼠的 24 小时》短视频传播活动（引爆期）

1. 活动时间

2020 年 4 月 11 日至 2020 年 4 月 23 日

2. 活动对象

在杭人士、来杭旅游者、全国网民

3. 活动目的

以拟人化视角，通过对松鼠一天 24 小时的记录，以短视频传播的方式，使游客更直观清晰地了解到西湖松鼠一天的生活，并意识到对松鼠疯狂投食与闪光灯拍照给其带来的不便与危害，使保护（不干涉其正常生活）西湖松鼠的观念深入人心。同时，视频中不乏松鼠一天生活中的有趣片段，这也让其形象更活泼可亲，为西湖松鼠 IP 累积粉丝。

4. 活动内容

（1）由海康威视为本次公益项目提供 500 个不影响松鼠正常生活的小型摄像头。根据系统云台数据，在西湖周边松鼠云集处划定区域范围，随机安装摄像头。摄像头或安装在松鼠身上，或安装在松鼠所栖息的树窝中，以此全方位、多角度地进行记录。

（2）主办方根据实时素材，剪辑成片《松鼠的 24 小时》，并将其投放至"两微一抖"、视频网站以及西湖周边的 LED 大屏幕上。《松鼠的 24 小时》可定期更新。

（3）《松鼠的 24 小时》以西湖松鼠视角为主，配合对松鼠周边环境的记录，用"主观镜头"与"上帝视角"多角度穿插的剪辑形式向游客全方面地、趣味性地展示松鼠的 24 小时。在视频成品中，观者置身于松鼠视角，游人在眼前聚集成群，来来往往，可能看到围观拍照、乱投乱喂、指指点点等景象，利用强视觉冲击力使人们更为深刻地感受到不文明行为给西湖萌宠带来的伤害与威胁。视频内容也不乏对松鼠日常有趣的记录，如人类时间早晨 7 点松鼠还在树洞中睡觉，身体蜷缩为一个圆球；10 点松鼠正享用着树下的玉米粒等食物；遇到游客靠近时，松鼠快速上树，在枝干间"飞跃跳腾"……

《松鼠的 24 小时》短视频传播活动

活动四："我要登上铁王座"人气松鼠票选活动（引爆期）

1. 活动时间

2020 年 4 月 14 日至 2020 年 4 月 24 日

2. 活动对象

全国微博用户

3. 活动目的

经过《松鼠的 24 小时》视频，公众将对西湖众多松鼠中极具特点的几只产生格外深刻的印象，此时通过人气松鼠票选活动，可线上线下引爆活动热度。同时，结合热点《权力的游戏》中"铁王座"一词，进一步深化西湖松鼠 IP 的内涵，将西湖与松鼠有机结合，打造年轻化的西湖新 IP。

4. 活动内容

（1）线上在微博发起超级话题＃让这只西湖松鼠登上铁王座＃，公众自发上传西湖旁有特色、有意思的松鼠图片，并附上介绍（介绍内容包括松鼠的发现位置、身体特点、活动特点、有趣故事等）。线下在西湖附近公告栏、LED 屏幕投放海报，配合线上活动。

（2）主办方根据微博超话，选出 12 只人气松鼠，开启线上投票环节。12 只人气松鼠将根据活动区域、身体特点等因素拥有独特的名字，如"苏堤鼠""断桥鼠""白娘娘"等。线上投票模块有人气松鼠的基本信息（图片、名字、栖息区域、活动等），投票环节持续 10 天，每位微博用户每天可为 4 只西湖松鼠投票。

（3）根据最终投票结果，选出 4 只西湖松鼠"登上铁王座"。"登上铁王座"的松鼠都将由朱颖人亲笔设计专属的卡通形象，并配合推出一些周边文创产品，如松鼠日记本、松鼠印章、松鼠玩偶手办（手办形象可以是"苏堤鼠""白堤鼠"等西湖松鼠，手办内容可展现松鼠一天 24 小时活动的不同姿态，比如觅食姿态、睡眠姿态等），在西湖松鼠的淘宝官方旗舰店进行出售。

"我要登上铁王座"人气松鼠票选活动海报

"苏堤鼠"

"断桥鼠"

活动五："湖畔晨风，西子萌趣"——松鼠画展活动（延续期）

1. 活动时间

2020 年 4 月 24 日至 2020 年 4 月 30 日

2. 活动对象

在杭人士、来杭旅游者、传统文化爱好者

3. 活动背景

朱颖人为中国文人画代表画家，吴茀之先生入室弟子，西泠印社社员。朱先生从 1981 年第一幅《水墨松鼠画》诞生开始，画西湖松鼠已有 30 余年。朱颖人画笔下的松鼠，也见证了西湖三四十年的生态变迁。

4. 活动目的

（1）联合西泠印社，以开办松鼠画展的方式延续"西湖松鼠"的文化效应，将富有历史底蕴的水墨文人画融入这一年轻 IP 中，拓宽其文化内涵与深度。

（2）通过松鼠画展，让游客感受近 30 多年来西湖松鼠的变化，同时体会到杭州西湖的生态变迁，树立保护松鼠与西湖生态的观念。

（3）借松鼠画展，宣发周边文创产品，获得经济效益。

5. 活动内容

（1）在西泠印社举办松鼠画展，游客可自由进入观赏。

（2）画展厅中设有西湖松鼠周边文创产品的宣传与发售处，吸引感兴趣的观赏者自行购买相关的文创产品。

（3）松鼠画展按时间顺序排布朱颖人先生于 1981—2020 年所画松鼠图。观者在浏览画展时可感受到西湖松鼠形态、活动的变化，形成对西湖 30 多年生态变迁的一种直观感受。

松鼠画展

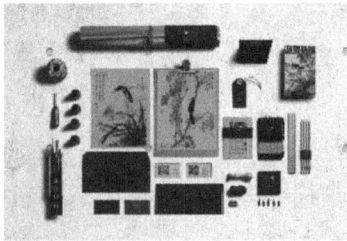

松鼠周边文创产品

活动六："松鼠保护官"招募活动（延续期）

1. 活动时间

2020 年 4 月 24 日开始，长期招募。

2. 活动对象

在杭人士（尤其是在杭学生群体）、全体网民

3. 活动目的

延续活动热度，建立中长期的公益保护项目，真正保护西湖松鼠，以"松鼠保护官"招募活动将项目各部分有机整合在一起，完善公益闭环。

4. 活动内容

（1）与杭州市志愿者协会、西湖风景名胜区管理委员会联合成立西湖松鼠保护协会，并长期运营"西湖的你""两微一抖"账号，以文创周边收入支撑西湖松鼠保护协会运营。

（2）线上线下发布招募"松鼠保护官"信息，吸引喜爱松鼠的人或环保爱好者加入西湖松鼠保护协会，作为"两微一抖"账号长期的运营者。

（3）与杭州各大高校合作，发布招募保护西湖松鼠志愿者信息，协助西湖松鼠保护协会管理松鼠粮兑换机。

（4）同步推出"云养松鼠"小程序游戏，通过线上"松鼠保护官"虚拟体验，为本次活动提供持续热度。

寻找"松鼠保护官"招募令

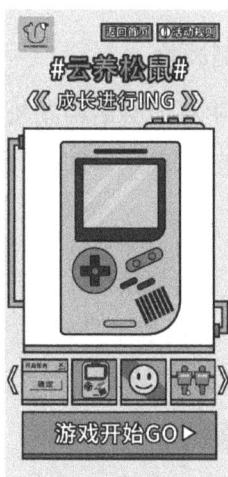

"云养松鼠"游戏

五、项目评估

（一）预热期活动优势

4月是一个适合踏春的季节，其间更有清明三天小长假，西湖的游客数量增多，参与线下互动游戏的人数更多；"两微一抖"平台是时下最火爆的网络社交平台，拥有一定的粉丝流量基础；松鼠作为西湖新晋的"小网红"，本身也自带一定流量。三者叠加，为后期活动打下坚实的流量基础。

（二）预热期活动可预测风险

游客对西湖松鼠的过度关注可能会加剧对松鼠正常生活的干扰，给松鼠带来一定程度的伤害，这反而背离了本次活动的初衷。

（三）引爆期活动优势

松鼠可爱，"我要登上铁王座"人气松鼠票选活动比较容易获得较高关注度与讨论度；每年的 4 月 24 日是世界动物保护日，在当天揭晓"我要登上铁王座"人气松鼠票选活动的最终结果应时应景；除此以外，利用"两微一抖"平台进行《松鼠的 24 小时》短视频传播，更符合当下人们获取信息的习惯。

（四）引爆期活动可预测风险

安置微型摄像头的过程中可能会给西湖松鼠的正常生活带来一定的影响，且票选的西湖松鼠可能彼此间区分度并不大，易让参与者丧失兴趣。

（五）延续期活动优势

延续期活动本身为传统文化与流行元素的有机结合，更易吸引受众眼球；除此之外，活动合作的各大高校本身就有规范的志愿者服务体系，在此基础上更易完成一系列后续活动，带来持久的积极影响。

（六）延续期活动可预测风险

延续期活动需要合作的对象较多，难以保证合作能顺利进行；西湖松鼠保护协会涉及的主体较多，难以界定该协会性质。

《湖畔物语——西湖松鼠公关策划案》作品点评

本公关策划案以西湖松鼠作为抓手，通过打造西湖松鼠 IP，年轻化西湖的形象，从而提升杭州整一个城市的形象。与常规的杭帮菜、丝绸、茶叶等切入点相比，通过西湖松鼠讲好杭州故事的方式颇为新颖。整个传播活动也处处彰显着策划者对于热点的借鉴与把控,如"我在西湖找松鼠"游戏应用了时下大热的 AR 技术;《松鼠的 24 小时》短视频传播活动借鉴了 GoPro 获奖短片《松鼠第一视角》的策划与拍摄;"我要登上铁王座"人气松鼠票选活动则使用了网综选秀造星模式。6 个有关松鼠的活动整体浏览下来,还是相当有趣的,有足够的脑洞,容易深入人心。美中不足的是,策划案过于强调创意,略微忽视了方案的可操作性。相关合作联名的主体过多,所需的资金、技术、人力等资源也较为庞大,后期执行时会有一定难度。对于活动效果的预期也过于理想化,在实际执行时往往会因程序复杂琐碎而使受众丧失兴趣,流失热度。但总体而言,该策划还是不错的,如果兼顾方案落地性,将会更加理想。

作品二:"守卫记忆,守味杭城"公益活动策划案

(2017 级广告学、广播电视学专业 周羽蝶、刘莹莹、谭镕、罗奕、任雅洁、沈亦辰)

一、项目背景

讲好杭州故事,需回溯杭州记忆,给历史注入新的活力。当下,城市生活节奏加快,民俗民风或历史街区等城市历史记忆的载体尽管得到扶持推广,仍难以避免被大众遗忘忽视。在新的文化经济浪潮下,杭州面对着许多"消失的记忆"。为唤起大众对于杭州底蕴的记忆点,本次活动选择以消失的"味道"去呼应消失的"记忆",以老杭帮菜为切入点,用年轻的互动方式吸引关注。近年来,在各类新式菜系冲击下,新杭帮菜在融合中也失去了一定的特色。而对杭州人而言,最值得留存在记忆中的往往是那一道"家味"。因此,本活动提出的核心概念是"守卫记忆,守味杭城"。

活动利用互联网浪潮让老杭州文化潮起来,用 1 元兑换家味菜谱的形式进行互动传播,辅以文创、漫游等方式,让大众亲身参与感受老杭州文化。活动所得资金助力公益,拓展本活动"消失的记忆"核心点的外延,倡

导大众积极关注并守护那些即将在人们记忆中消失的非遗文化，参与构建非遗传承试点学校，扩大"非遗进校园"覆盖面，让新老杭州的城市形象得以多元化传播。

二、项目调研

（一）杭州城市现状

政治：杭州作为一个新兴城市，恰逢"后峰会、前亚运"的历史机遇以及杭州大湾区建设的战略发展机遇。在"十三五"规划纲要中，杭州市明确提出要打造"1+6"产业集群，造1个万亿级信息经济产业集群和文化创意产业、旅游休闲产业、金融服务产业、健康产业、时尚产业、高端装备制造产业共6个千亿产业集群。无论是国家还是地方，其政策引导对杭州的发展规划都起到良性促进作用。

经济：杭州是国务院批复确定的浙江省省会和全省经济、文化、科教中心，中国长三角中心城市，位于中国第一大经济区南翼。著名企业有阿里巴巴、娃哈哈、网易等。信息经济产业与文化创意产业作为杭州经济发展的两大支柱，使杭州的经济活力始终位于各大城市前列。

社会：杭州是吴越文化发源地之一，悠久的历史与浓厚的文化浸润千年，良渚文化、丝绸文化、茶文化等以及流传至今的许多故事传说成为杭州文化的形象代表。在深厚历史文化积淀的优势之下，当下的杭州亦以一种先锋姿态稳步夯实并拓展其现代都市文化。既是历史文化名城，也是创新活力之城的杭州，拥有着许多独特的文化元素。"讲好杭州故事"窗口的打造使杭州文化得以在海内外传播。

技术：杭州是国家信息化试点城市、电子商务试点城市、电子政务试点城市、数字电视试点城市和国家软件产业化基地、集成电路设计产业化基地。杭州市政府《关于推进"互联网+"行动的实施意见》中确定到2020年，基于互联网的新业态将成为经济增长新动力。如今杭州全城已基本实现互联网信息化，移动终端的媒体传播能力极强。

（二）杭帮菜传播意义分析

5000 年悠久深厚的人文历史积淀一直熏陶着杭州的饮食文化。杭帮菜，作为杭州地缘文化的一个重要标签，不仅蕴含着杭州千年以来的烟火结晶，承载着杭州市民的生活记忆，更是杭州浓厚人文气息的重要例证与表现。2012 年，杭帮菜博物馆建成。2014 年，杭州市政府提出杭帮菜国际化战略，采取措施大力推广杭帮菜及其文化。但无论是传承还是传播层面，杭帮菜的发展现状都有值得优化之处。杭帮菜博物馆以各历史时代的杭州饮食为中心，再现了与其相关的社会性与历史性变化，在一定程度上缺少日常生活场景，缺少了民俗学角度以及观察视角上的传承意义，并不能引起民众基于现实生活的记忆共鸣。同时，杭帮菜在传播领域只是单纯地被当作一种杭州形象构建中的品牌元素，距离传承杭州市民心中纯正且本味的"杭帮菜味道"仍有一定距离。如何加强杭帮菜本身的民俗文化基础，是杭帮菜文化传播的重要命题。

杭帮菜源远流长，杭州的西湖十景菜，如炸响铃、宋嫂鱼羹、东坡肉、生爆鳝片、油焖春笋等，是西湖景致和精致杭菜的天作之合。随着新杭帮菜餐馆，诸如外婆家、知味观、新白鹿等餐厅在全国范围内兴起，杭帮菜与其他菜色逐渐走向同质化，与传统正宗的老杭州味道渐行渐远，随之而来的是老杭州文化在新杭州发展冲击下的消逝。杭州作为全国互联网发展的先锋，城市的电子媒介信息流拥有着领先的发展水平和营销模式，应借助新兴传播媒介推广杭帮菜，兼顾线上与线下，即视觉互动传播与实体传播融合，使传统杭帮菜成为在本地民众生活中延续记忆的重要载体。

（三）杭州非遗传承现状

杭州十分注重非物质文化遗产的传承。2017 年 8 月，杭州市文化广电旅游局发布《杭州市非物质文化遗产保护发展"十三五"规划》，确立了 10 项重点工作任务，杭州非物质文化遗产保护事业进入巩固保护成果、提升保护传承水平、放大示范效应的发展时期。自 2018 年 12 月开始，杭州主城区所有小学实现"非遗进校园"全覆盖，目前已有23所学校作为"非遗进校园"非物质文化遗产传承教学基地，开设固定的非遗传承课程。"非遗进校园"活动中，非遗传承人会对在校教师进行非遗知识和技艺的培训，并在校开展非遗特色课程，把体验活动转变成常态化的教学工作，让教师把非遗技能传授给学生，推进"非遗进校园"成为日常教学工作之一，实现"非遗进校园"在小学阶段的全覆盖。

同时，"非遗进校园"也面临着一些问题，譬如师资缺乏、无教材、未纳入课程、资金缺乏等问题。浙江省非遗保护专家陈顺水表示，以前的"非遗进校园"更多是一种宣传，并没有完成由文化传承到知识普及到技能培训再到学术传播的转变，而在确定把这些中小学作为非遗传承教学基地后，非遗这种文化传承将完成学术上的传播和发展，诸如越窑青瓷烧制技艺、杭州雕版印刷技艺、西溪小花篮编织技艺、九曲红梅红茶制作技艺、全形拓技艺、细木制作技艺等非遗项目的制作工艺都将得到传播与推广。

三、项目执行

活动一："守味杭州+"公益小程序——1元兑换家味菜谱

1.活动时间

2019年6月8日至2019年7月7日

2.活动目的

当前，各地美食小吃趋向同质化，传统味觉记忆逐渐消失，但每个人心中都有一道家味，也就是最正宗的老味道。随着以外婆家为代表的新式杭帮菜餐馆的大火，很多传统的杭帮菜制作方法也渐渐流失。本次活动从老杭帮菜出发，结合公益，以每个人都能参与的形式提高大众对老杭州记忆的关注，共同参与守护即将消失的非遗手艺记忆。同时本活动在本年度的文化和自然遗产日（每年6月的第二个星期六）推出，一方面借助节日热点扩大活动影响力，另一方面通过灌输全民公益的理念，传播杭州文化，提高人们对非遗的关注度，参与并传承非遗工艺。

3. 活动内容

（1）活动前期：联合杭帮菜博物馆在线上进行老杭帮菜菜谱资料搜集，发起征集老杭帮菜菜谱活动；线下走访老杭帮菜餐馆、挖掘海内外新老杭州人的食物记忆，征集28道带有老杭州人记忆的传统菜谱，最真实地还原杭州的老味道与家味。

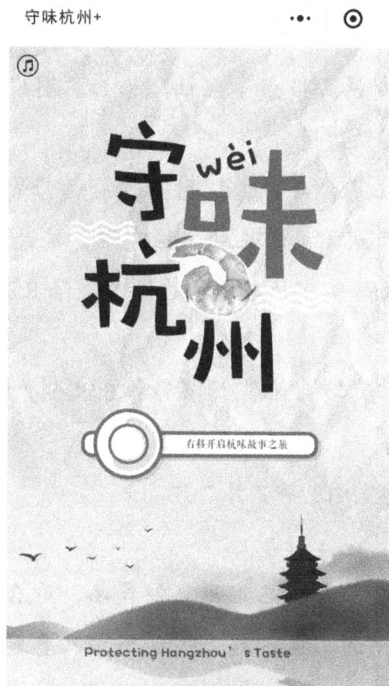

"守味杭州+"公益小程序设计

（2）活动中期：由杭帮菜博物馆官方微博联合几个杭州本地官方微博在微博发起＃我是守味人＃话题活动，勾起各地受众对家乡的味蕾记忆，吸引用户参与并晒出代表家味的菜肴、菜谱以及这道家味背后的小故事。同时邀请傅园慧、毛不易、汤唯、孙杨等与杭州相关的意见领袖参与话题讨论，使他们通过照片或视频等形式，或是晒出杭帮菜的制作方法，或是关于某道菜的温情及趣味回忆，增强话题讨论热度。通过这一话题讨论引发受众对家乡老味道的关注，并向受众积极宣传老杭帮菜文化，为后续"守味杭州＋"公益小程序的推出积累一定流量。

（3）活动后期：在微信上推出"守味杭州＋"公益小程序，小程序里面陈列活动前期搜集的28道传统杭帮菜，用户点击每道菜谱可以收听这道菜背后的老杭州记忆或奇闻逸事。用户可花1元钱购买这道菜的菜谱进行公益捐赠，成为这道"消失的记忆"菜谱的"守味人"，系统同时生成专属守味海报，用户还可以将专属海报分享至社交平台，引发病毒式传播效果，为线下外婆家菜谱兑换提供渠道。

（4）活动期间成立基金会，由杭州市政府运营管理，所有在线收入将被用于非遗手艺传承落点学校的基础课程建设，扩大"非遗进校园"的覆盖面，以真正切实的方式落实守护与传承的使命，保卫消失的记忆。

活动二：杭帮菜博物馆推出文创产品

1. 活动时间

2019年6月8日至2019年7月7日

2. 活动内容

杭帮菜博物馆结合各大菜品推出文创产品，迎合文创大热趋势，让杭帮菜博物馆以更多元化的形式潮起来。利用国人喜爱美食的心理，吸引大众特别是年轻人的注意力，提高大众对杭帮菜的关注度与喜爱度，让杭帮菜走进每个人的生活。

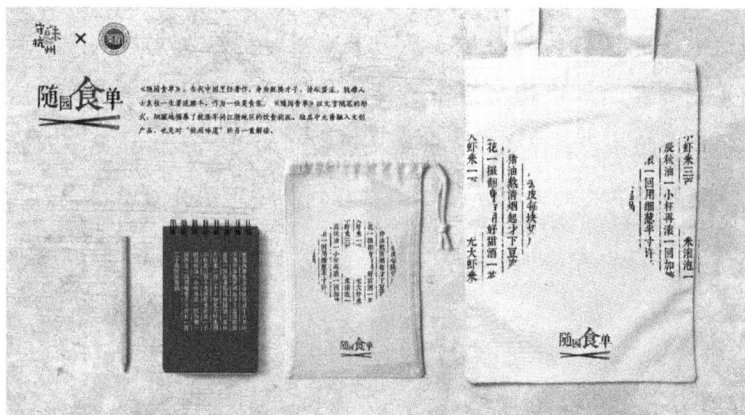

杭帮菜博物馆文创产品

活动三："慢"游杭州寻忆之旅

1. 活动时间

2019 年 6 月 22 日至 2019 年 7 月 7 日

2. 活动目的

作为本次公益活动的延续和尾声，该活动倡导新老杭州人以及游客真正用脚步丈量杭州，去寻访杭州的历史街区等传统文化一隅。在快节奏生活和工作的高压下，越来越多人关注到"慢生活"的休闲模式。为了让更多人切身体味老杭州的传统底蕴，追寻即将消失的杭州文化与非遗文化，本次活动推出"慢"游杭州寻艺之旅路线，在"慢"中品味杭州风韵，从而提升本次公益活动在大众间的关注度和影响力。

3. 活动内容

在马蜂窝、携程等旅行攻略平台、抖音平台和杭州本地自媒体平台（例如"落胃杭州"公众号）发布"慢"游杭州寻忆之旅的路线定制活动。路线途经象征老杭州记忆的老房子、老店铺、老学校、老工厂、老城墙等地点，参与者每途经路线上的一个打卡点时，都可通过 AR 扫一扫老建筑外表，在动态的场景演示与声音中收听与之相关的老杭州记忆，收听毕便能点亮地图上的这个地点，当参与者点亮整一张地图时就可以免费兑换一套杭州博物馆的文创产品。本次活动结合高科技，将线上流量导入线下，运用传统与现代相结合的手段，从 UGC 角度展现杭州的另一面，让更多人在沉浸式体验中感受即将消失的老杭州记忆，参与到非遗传承公益活动中。

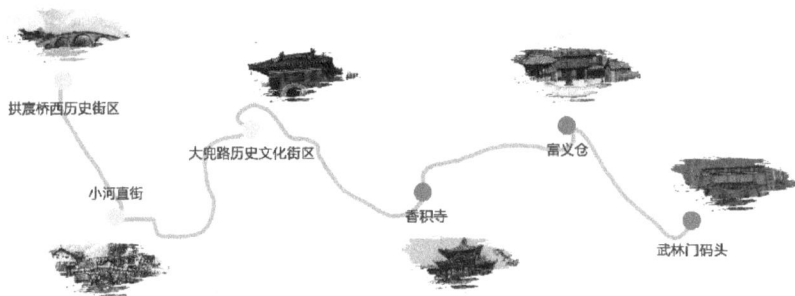

"慢"游杭州寻忆之旅路线

4.路线示意

（1）千年古运河世遗之旅：拱宸桥西历史文化街区——小河直街——大兜路历史文化街区——香积寺——富义仓——武林门码头

（2）漫游皇城古都之旅：吴山城隍阁——河坊街——江南朱炳仁铜屋——怪宅——胡庆余堂中药博物馆——南宋御街陈列馆——猫的天空之城——鼓楼堂

（3）南宋皇城遗址之旅：古凤山门——六部桥——凤凰山——馒头山——镇南塔遗迹

活动四：外婆家联名菜谱兑换活动

1.活动时间

2019 年 6 月 22 日至 2019 年 7 月 7 日

2. 活动内容

（1）联名外婆家推出前期搜集的 28 道杭帮菜，在"守味杭州＋"公益小程序上购买过菜谱的用户可凭购买记录在各大线下外婆家餐馆以 5 折超优惠价格兑换相应的菜品，由此可以带动全国各地的用户参与体验，引发大众对此次活动的关注，感受老杭帮菜文化。

（2）本次活动中所有主题菜品收入将与线上所得收入一同被捐助给非遗手艺传承落点学校的基础课程建设，将杭州文化元素融入公益活动，提升杭州在大众中的好感度，塑造一个"有温度"的杭州城市形象。

四、项目评估

（一）社会可行性

老杭帮菜的没落是杭州城市发展过程中的真实现象，对老杭州味道的追寻是杭州人的执念。与此同时，海内外杭籍华人和老杭帮菜爱好者对老杭州记忆、家味道的呼唤也日益强烈。随着杭帮菜成为中国新八大菜系之一，17 道杭帮菜被列入中国非物质文化遗产，但如何使杭帮菜避免同质化，更鲜明地形成专有特色，仍待考量，对这个问题的探寻符合当前社会发展的需要。

（二）经济可行性

该传播活动旨在讲好杭州故事，属公益性质，由杭州市政府提供初期宣传及平台搭建，以推动城市公信力建设，提升城市品牌形象。相关企业以赞助方式参与公益活动，由此增加品牌美誉度，提高品牌社会影响力，推动建设品牌形象，获得更多经济效益，最终达成双赢的理想效果。

（三）技术可行性

微博、微信公众号的运营操作性强，操作门槛低；小程序已有成熟开发体系，具有完备云端支持，同时市场开发成本低；AR 技术日益发展与推广，输入和输出设备价格下降、视频显示质量提高、功能强，AR 技术的应用体验感也不断提升，可操作性大。

（四）推广可行性

知味观、楼外楼等老字号闻名中外，外婆家等新式杭帮菜餐厅在全国各地甚至海外落地开花，这都为活动开展提供了良好的品牌基础。杭帮菜的知名度大大提升，国人对杭帮菜的好奇与兴趣与日俱增，守"味"老杭帮菜的活动内容及形式对爱好美食的国人有着较大吸引力。此外，媒介多元化让公益活动的宣传推广门槛降低，社交平台的分享互动机制赋予了公益活动引爆的可能性。

《"守卫记忆，守味杭城"公益活动策划案》作品点评

《"守卫记忆，守味杭城"公益活动策划案》抓住了老杭帮餐馆逐渐没落这一文化现象，由杭帮菜引申到老杭州美食记忆，最终落脚至老杭州传统记忆上，从这个切入点着手讲出的杭州故事独具"味觉色彩"。同时传播活动的主题还涉及杭州的非遗传承议题，具有历史文化厚度，对于非遗的保护也十分贴合当下政府的政策导向。从传播对象上看，无论是青年、中年还是老年群体，对美食的追寻、对文化的探索都贯穿在其生活之中。因此，活动对各个年龄段的受众都是比较友好的。除此之外，整个传播活动的操作度、落地性较强：以1元兑换家味菜谱的简单形式在社交媒体平台传播，辅以小程序、AR等搭建成本不高的技术手段，在帮助人们重拾"消失的味道"的同时，引导人们关注老城文化，并将所得收入用以促进"非遗进校园"。作为公益传播活动，整个活动闭环还是相当不错的。

作品三："扇艺亚韵，礼善世界"公益活动策划案

（2018级汉语言文学专业 陈汶钰、陈诺、李泠珂）

一、内容提要

本项目为中国传统扇艺推广系列线上线下公益活动，旨在迎合亚运潮流，突出中国传统文化、浙江地域特色，显示民族传统工艺，同时又彰显国际风范。该活动引导与激发大学生为打造有杭州特色的国礼集思广益，制作富有现代创新设计理念的创意作品。除此，活动还计划与相关机构进行合作，让每一把杭扇都凸显色、形、意，每一把杭扇都呈现出独一无二的审美价值，成为匠心独具的艺术创作。清奇微妙的扇骨之上，撑起的是文化之重担。"扇艺亚韵，礼善世界"，我们要向世界展示扇，更展示善。

二、项目调研

（一）杭扇发展优势

成本优势：杭扇工艺品制作工艺流程简单，成本耗费也很低。

生态优势：杭扇就地取材，其制作材料大都是普通的木、布、纸、竹等，原材料充足，资源消耗低，污染少，可作为绿色装饰品，美化人们的生活。

区域优势：杭扇具有很强的地域色彩，是杭州非物质文化遗产之一。杭扇工艺品产业发展历史悠久，浓郁的民族风情与地方特色是其生命力所在。

艺术优势：杭扇古风古韵、精致自然、返璞归真，整体艺术气息更为浓厚，相比机器制造、模具生产的产品而言，更受消费者喜爱。

（二）杭扇发展劣势

市场适应能力差：杭扇工艺品长期与市场脱轨，信息不灵，对市场变化调整应对缓慢；其产品有很多雷同，款式大同小异，缺乏现代化设计理念，以至于很难在现代市场环境中发展，甚至面临生存危机。

工艺传承面临挑战：一方面，传统杭扇是一种特殊艺术品，绝大部分是纯手工制作，传习难度较大、习练周期长，而很多手工艺人才不再从事杭扇创作，转而另谋高就；另一方面，杭扇中小企业缺乏创意设计、研发以及经营管理人才，难以维持生存发展。

支撑政策不够完善：杭扇企业在很大程度上依靠民间爱好者私人投资，其向银行申请贷款面临很大的障碍，其他筹资的途径也较为狭窄。整体而言，传统手工艺产业出现融资困难、资金捉襟见肘的局面。

（三）杭扇发展机遇

现代化信息网络的建立：互联网时代，全球信息技术全面发展，杭扇手工艺人得以便捷地了解与获取产业信息与市场情况。同时，杭州作为信息产业高速发展的国际化都市，为杭扇的传承发展提供了契机。

消费需求的变化：社会的繁荣使人们探索个性化的人生成为可能，更多的消费者更加倾向进行高品质、精神化、个性化、多样化消费，更加注重精神文明的享受。这种新的消费特征为杭扇市场提供了更多的可能性。

文化创意产业兴起：文创产业的兴起为传统杭扇手工艺发展提供了历史机遇。目前文化创意产业得到国家与地方政府大力支持，适应时代发展的杭扇手工艺公司也渐渐出现，这些公司掌握着更好的管理经验与融资渠道。

（四）杭扇发展威胁

"走出去"十分困难：随着中国经济快速发展，人民币面临内部与外部的升值压力，杭扇手工艺品丧失价格优势，这在一定程度上增加了其出口的难度；除此，各国风俗底蕴不同，有较多国外受众不能积极接受杭扇。

机械化生产的冲击：科技进步给传统杭扇手工艺产品带来挑战。机械化生产产品相较于纯手工艺产品来说更为柔和，视觉上也更具美感，生产效率还更高，能在短期内完成批量订单。这些指标的差异造就了传统杭扇手工艺品被机械化工艺品逐渐替代的局面。

三、项目策划

（一）传播模式：线上线下相结合进行传播

线上：通过微博、微信、抖音平台传播。

线下：在杭州本地设置活动点，包括浙工大屏峰校区、中国扇博物馆、王星记文化创意产业园、王星记扇庄、平加扇艺、杭州国际博览中心、杭州奥体中心、杭州湖滨银泰购物中心等。

（二）目标受众

青年学生：青年学生应对传统手工艺品有所了解，针对该群体的杭扇知识普及最为有效；同时，青年学生具有超强的脑洞创意，可为杭扇的传承出谋划策，并吸纳更多年轻人学习和传承杭扇文化工艺。

教师等受教育程度较高的群体：该群体的见识、智慧、创意能让传统手工艺在传承保护中不断地发展、创新与再造，同时该群体的社会影响力也较强。这些都能使杭扇手工艺在传承中得以保持发展的良好势头。

父母与孩子：通过举办杭扇线下亲子体验活动与杭扇知识普及展览，父母可携带孩子一同感受杭扇文化，从小培养孩子对传统文化的认知，积极地给予熏陶，为杭扇继承发扬创造后备军。

（三）传播策略

增强可识别性：杭扇作为杭州非遗之一，带有其地域特色，因此需要打造独特的杭扇品牌，这种高识别性能使其同其他手工艺品牌产生明显区别，最终使得杭扇形象、杭州城市形象深入人心。

突出关联性：2022年杭州亚运会即将来临，这是一个多元化的国际盛会。值此契机，杭扇应当与亚运会元素产生紧密关联，让亚运会成为杭扇的推动者，同时杭扇也能借助亚运会进一步走向国际市场。

挖掘历史文化底蕴：杭州是一座有故事的城市，拥有丰富的城市人文底蕴，杭扇亦是如此。需要挖掘杭扇背后的历史文化内涵，将江南水乡风情与杭扇底蕴紧密结合。

四、项目执行

活动一："一扇汇古今，一心待世界"校园折扇绘制活动

1. 活动时间

2020 年 6 月至 2020 年 8 月

2. 活动对象

浙工大所有在校学生

3. 活动目的

小小的一把扇子，款款寓意美好、款款风情雅致，自己巧妙构思一款折扇，用双手去感受扇品，用执着去创造精品，享受扇品在手中升华的过程。专业的艺术学院指导老师将给予评定，取一、二、三等奖各一名。

4. 活动报名

有意向参与的同学以（姓名＋专业＋班级＋联系方式）的格式，发送短信至指定号码，举办方会以邮件的形式发送报名表与模板至参赛者的邮箱。截止日期为 2020 年 8 月 31 日。

5. 作品要求

（1）以模板扇面为设计参考，作品在此基础上需要有一定创新性与美观性。

（2）作品要求积极向上，围绕特定主题展开，并附上设计说明，包含创作相关的小故事等。

活动二：#杭州亚运梦想语录#微博话题征集大赛

1. 活动时间

2020 年 6 月至 2020 年 7 月

2. 活动对象

新浪微博用户

3. 活动目的

动员更多人投稿，配合2022年杭州亚运会

4. 活动文案

追梦途中，总有一句话让你念念不忘，与我们分享那句感动过你的话，让它在更多心怀梦想、坚持逐梦的人耳边响起。

5. 活动细则

附带话题＃杭州亚运梦想语录＃＃寻找2022个亚运梦想＃，分享感动过你的一句话，并＠我为亚运赋能。截止时间为2020年7月31日，主办方将为转评赞数总数最高的前6名颁发奖品，非原创微博取消入围（鼓励原创，非原创请标明出处，入选的语录有机会印制在亚运会相关周边折扇上）。

活动三："定格时间，存放记忆"系列视频推广活动

1. 活动时间

前期为2020年6月至2020年8月，后期为2020年9月至2020年10月

2. 活动文案

有那么一段视频，哪怕时隔多年，再看到时依然能让你微笑、感动……把这份沉淀在光影中的经历告诉我们。

3. 活动平台

抖音、微博、微信朋友圈

4. 活动阶段

活动前期，将我们的活动方案、中国传统扇子工艺纪录片截取部分片段进行剪辑，后期将线上、线下参与者的作品、寻访足迹相片等片段剪辑制作成短视频。视频将在"两微一抖"平台定期投放。

活动四：中国扇博物馆杭州亚运会文创推广活动

1. 活动目的

与中国扇博物馆进行合作，通过博物馆的平台推广扇文化

2. 活动时间

2020 年 6 月至 2020 年 9 月

3. 活动地点

中国扇博物馆

4. 活动内容

中国扇博物馆推出 2022 年杭州亚运会文创产品，于杭州市博物馆、杭州工艺美术博物馆以及相关淘宝店铺，线上线下进行同步销售。

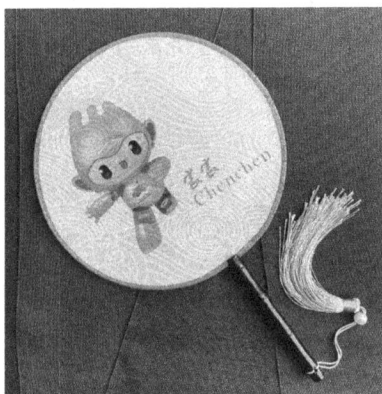

中国扇博物馆 2022 年杭州亚运会文创产品

活动五："江南风情一扇间"杭州扇艺体验之旅

1. 活动目的

参与者通过线下游览杭扇相关博物馆、老字号扇庄，以线上打卡分享的方式，聆听杭扇故事，欣赏体验杭扇工艺，感受工匠精神及杭州城内在的江南人文意蕴。

2. 活动时间

2020 年 8 月

3. 活动地点

在中国扇博物馆、王星记文化创意产业园、王星记扇庄、平加扇艺等地进行游览。

4. 活动细则

（1）联合杭州工艺美术博物馆、王星记、杭扇技艺非遗传承人，发布微博话题＃江南风情一扇间＃，发起杭州扇艺体验之旅线下打卡活动，号召人们前往中国扇博物馆等地点，参观了解杭扇文化。

（2）参与者可进行线下打卡，转赞评原博带话题分享照片、文字即可参与线上抽奖，中奖者将获得亚运会杭扇周边礼盒一份。

活动六："扇艺亚韵，礼善世界"2020 淘宝造物节联合推广活动

1. 活动时间

2020 年 9 月

2. 活动目的

针对年轻群体，结合时下复兴的国风汉服文化及国潮文化，借助 2020 淘宝造物节平台，增加古老杭扇曝光度，推广杭州扇文化。

3. 活动地点

杭州国际博览中心

4. 活动内容

（1）淘宝杭扇相关优质店铺，如"王星记旗舰店""非物质文化遗产平

加扇艺品牌收藏礼品扇子"，入驻造物节展区，如2019淘宝造物节的国风非遗区，具体视淘宝造物节展区划分而定。

（2）为汉服展区供应杭扇搭配国风服饰，与汉服展区联合进行推广。

活动七："扇忆"——杭扇非遗快闪店展览活动

1. 活动时间

2020年9月

2. 活动地点

杭州奥体中心、杭州湖滨银泰购物中心

3. 活动目的

用新潮的方式，宣传非遗杭扇技艺，借助亚运会之势，展示中华文化韵味。

4. 活动内容

（1）小型展览：以非遗传承人制作的杭扇为核心展品，结合更具现代美学概念与文创意识的展陈形态，引领人们感受中国传统手工艺术与江南古典文化意蕴的交融情境。展品有亚运会纪念品系列杭扇，王星记当家精品黑纸扇、檀香扇、香木扇等。

（2）手工体验：专业手工艺人将于快闪店中进行现场杭扇制作演示，另设置折扇制作体验环节，人们可在现场专业老师的指导下制作杭扇，近距离体验非遗带来的乐趣，将制作完成后的创意纪念品赠送给体验者。

五、项目评估

（一）政治可行性

现有以中国扇子艺术学会为代表的较多的组织，政府也定期开展以扇艺为媒介、促进文化经济结合的活动，在这一系列官方机构或民间组织保障的前提下，活动的设置与开展得到更有力的支撑；除此以外，杭州亚运会即将到来，作为配合亚运会的文化传播活动，"扇艺亚韵，礼善世界"公益活动必将得到政治层面的支持。

（二）经济可行性

杭扇企业作为杭商中的"金牌老字号"，充分展示了杭商品牌的历史传承，也体现了杭商品牌深厚的文化底蕴。从杭扇入手，结合杭州亚运会，讲好杭州故事，可使杭扇产业向开放性、创新性方向发展，也能让更多人了解熟悉杭商传统企业的现代化发展目标，对进一步推广杭商具有积极的作用，符合当前经济产业发展需要。

（三）社会可行性

杭扇历史相当悠久，是杭州的一张金名片，也是城市生活的一大文化亮点，杭州的自然景观、历史典故都可以通过扇子这一载体来表现。近些年来，越来越多的人文爱好者加入守护杭扇的队列，为活动开展奠定了一定受众基础。除此之外，活动与国风汉服相结合，这就进一步扩大了目标受众群体，为活动带来更多流量。

《"扇艺亚韵，礼善世界"公益活动策划案》作品点评

《"扇艺亚韵，礼善世界"公益活动策划案》以杭扇作为整一个活动的主要元素，结合杭州亚运会视角，想要讲好"礼扇世界"的杭州故事，这个思路还是不错的。但纵观整个策划内容，问题也都很明显。首先，在活动设置上，有小到在一个校园举行的小型折扇绘制活动，也有大到在全网投放的视频广告、话题征集比赛，彼此间显得有些格格不入，策划者对于目标受众的定位还需更加精准。其次，在活动内容上，并没有展现出与杭扇、与杭州、与亚运会特色相契合的点，诸如话题征集活动，生硬而不够新颖，易让目标受众丧失兴趣，从而流失热度。策划案中相对较出彩的活动应该是杭扇联合2020淘宝造物节的推广活动，以及杭扇非遗快闪店的展览活动，这两个活动值得策划者更多地深化与拓展。整体而言，策划的活动还是比较割裂的，有针对杭扇的，也有针对杭州亚运会的，但不能做到将杭扇与亚运会两个元

素有机结合起来，也未能很好地展现杭州特色、讲好属于杭州的故事。

作品四："江南忆，最忆是童谣"公益项目策划案

（2018 级广告学、广播电视学专业　洪妹逸、陈怡宁、章佳佳、张梦琪、李玮萱）

一、内容提要

在杭州亚运会的大背景下，杭州市拱墅区非遗保护中心与亚组委联合发起"江南忆，最忆是童谣"公益宣传计划，旨在通过送亚运会吉祥物天团"江南忆"组合出道的契机，在杭州城寻找那些散落的老童谣，让亚运会吉祥物带着杭州童谣的声音、带着杭州孩子的童年回忆走入更多人的视野。

本次公益宣传活动不仅要将这些濒临消失的老童谣新编后送回音乐市场，让那些散落在杭州街巷里弄的老童谣旋律在本土重获传唱与生机，也要深挖老童谣背后的故事，以老童谣的角度，观照杭州社会变迁史，讲述独具魅力的杭州故事。更重要的是，通过送三位可爱吉祥物"C 位出道"的互动方式，唱响杭州童谣，丰富亚运会吉祥物品牌 IP 形象的人文特色，让其进入更广阔的舞台，同时也为杭州亚运会做好一次公益性宣传。

二、项目背景

（一）寻找亚运梦想

"寻找 2022 个亚运梦想"公益行动于 2019 年 12 月 15 日，在杭州亚运会倒计时 1000 天的活动现场正式启动。杭州亚组委以亚运会为平台，以梦想为圆心，以公益为纽带，集结更多爱心力量，打造属于杭州亚运会的"亚运梦想星空"。"寻谣计划"就是诸多亚运梦想之中的一个。寻谣计划的发起人——小河的亚运梦想是通过杭州亚运会这个大舞台，让世界听到中国童谣的声音，看到中国孩子的童年。

（二）寻谣计划在杭州

"寻谣计划"是一个对老童谣进行挖掘与新编的音乐计划。寻谣团队走访了杭州及其周边老人活动较为频繁的老社区街巷、公园和西湖，找寻十余位合适的童谣老人，完成约 10 首杭州本地童谣改编，并在杭州线下举办 5 次互动演出。在表演现场，专业音乐人将在老人原声基础上即兴丰富编曲特色，使这些歌更符合当下听觉审美。而且，活动会招募年轻人前往现场与老人、乐手一起互动录歌，让古老童谣焕发新的生命力。

（三）杭州童谣成功申报拱墅区非遗名录

杭州拱墅区和睦街道自 2013 年开始挖掘杭州童谣，并专门成立杭州童谣保护工作小组，经过两年多时间，整理了 3 大类 100 多首杭州童谣，发掘童谣传唱人两人。杭州童谣已成功申报拱墅区非遗名录，正申报杭州市非遗项目。从收集情况看，童谣基本上以清唱居多，也有打快板打铁指的形式。收录的童谣条目内容以民间趣事、民间习俗、育儿知识为主，许多都是地道的老杭州故事，代表着杭州文化的一种承袭脉络与审美旨趣。

（四）亚运会吉祥物诞生

2020 年 4 月，杭州 2022 年亚运会吉祥物正式向全球发布，亚运会吉祥物组合"江南忆"在互联网云端与网友们见面。"琮琮"代表世界遗产良渚古城遗址，名字源于良渚古城遗址出土的代表性文物玉琮。"莲莲"代表世界遗产西湖，名字源于西湖中无穷碧色的接天莲叶。"宸宸"代表世界遗产京杭大运河，名字源于京杭大运河杭州段的标志性建筑拱宸桥。

三、项目执行

活动一："江南忆，最忆是童谣"童谣线上征集活动（预热期）

1. 活动时间

2022 年 4 月上旬

2. 活动目的

通过教亚运会吉祥物唱童谣的互动形式，引起人们的教学热情，提高活动参与感，增加好感度，宣传吉祥物形象；通过互联网平台收集与展示杭州童谣与改编后的歌曲，拓宽展示渠道，让更多人知晓杭州童谣背后所蕴含的精神文化。

3. 活动内容

通过《杭州日报》《都市快报》《钱江晚报》等新闻媒体发布活动海报，邀请大家参加并分享自己记忆中的童谣和故事，把它们教给亚运会吉祥物琮琮、莲莲、宸宸。每个用户需要选择将自己的童谣教给哪个吉祥物，3个吉祥物都需学唱50首童谣，先学会50首童谣的吉祥物将率先"出道"，进行童谣唱跳的表演。同时联动有影响力的杭州意见领袖，转发相关微博，进一步扩大活动的影响力。

4. 活动细则

（1）参与者带话题＃江南忆，我教你唱＃发布原创视频或图文，分享独属自己记忆中的童谣（包括但不限于视频、歌词文字、曲调）及背后故事并＠想助力的吉祥物。

（2）以三位吉祥物的身份参与微博认证，活动期间不定时转发活动的热门微博，以为自己拉票（"哥哥姐姐看我看我，我学得可快啦"）的形式互动。

"江南忆，最忆是童谣"童谣线上征集活动海报

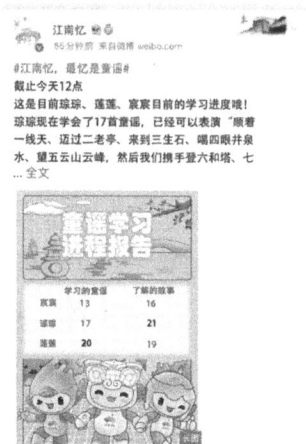

"江南忆"发布微博

（3）微博榜单每日更新收集到的童谣和故事数据及各吉祥物的学习进度，最先学满50首童谣的吉祥物即有机会最先在线下演唱展示自己的"学习成果"。

（4）单人可发微博数量不限，相同内容不可重复发布，个人发布的总微博数转评赞前10名获胜，同时参与活动即可参与抽奖，将有机会获得亚运会门票。

（5）微博与微信公众号（活动官方公众号、高校公众号）、抖音（抖音红人、杭州相关媒体抖音号）、电台（杭州本地热门电台）进行联动。

活动二："江南忆，最忆是童谣"童谣线下征集活动（预热期）

1. 活动时间

2022年4月上旬

2. 活动内容

（1）改装一辆公交车，其外表与内部装修契合"江南忆，最忆是童谣"的主题，发动大家参与"江南忆，你教我唱"活动，同时在杭州各公交站及地铁站的站牌投放活动宣传的广告海报，在杭州各公交站旁放置收集箱，进行线下童谣征集，收集的童谣将同样被用来助力亚运会。

（2）101路公交车（0101，洞幺洞幺，谐音"童谣童谣"）在外表与内部装修上契合杭州亚运会文化和童谣主题，在扶手和椅背等角落放置会简单与人互动的亚运会吉祥物琮琮、莲莲、宸宸（如说"你好""你会唱哪些童谣呢""你能教我吗"），内部留出一面留言墙及便利签箱，方便乘客在乘车过程中分享自己的童谣和故事。

"江南忆，最忆是童谣"公交车改装

活动三："吴娃歌舞醉芙蓉"抖音线上表演活动（引爆期）

1. 活动时间

2022 年 4 月下旬

2. 活动目的

（1）让杭州亚运会吉祥物琮琮、莲莲、宸宸在抖音同观众进行互动反馈，提升受众整体活动参与感，同时也塑造官方吉祥物接地气的形象。

（2）借助短视频这种新兴的媒介，扩大活动在年轻群体中的影响力，并传递杭州底蕴与文化风采，进行使童谣获得传唱与生机的音乐探索。

（3）热点 BGM 的形成，进一步提高童谣传唱度和"江南忆"IP 形象知名度，带动多平台热度，凭借抖音用户强烈的分享欲望，形成 N 次元的传播。

"江南忆"组合抖音互动

3. 活动内容

（1）按照童谣学唱的进度，最先学唱会 50 首的吉祥物将率先"登台表演"，他们的表演唱跳童谣曲目视频将在抖音投放。

（2）各领域红人以童谣为 BGM 制作视频，抖音红人以此 BGM 拍摄变装视频，宠物博主拍摄宠物配音小剧场，美食博主制作特色杭州经典美食视频等。

（3）与抖音官方合作，对以童谣为背景音乐的视频进行引流，形成热点 BGM，引导抖音平台用户以童谣为背景音乐拍摄相关视频。

活动四："我把我唱给你听"互动表演活动（引爆期）

1. 活动时间

2022 年 5 月每周六下午 3 点

2. 活动地点

湖滨 in77 广场、拱宸桥桥头、良渚古城遗址公园莫角书院、钱江新城城市阳台

3. 活动目的

丰富童谣可听赏性，增加传唱度，以达到活化童谣的目的，引起公众对于杭州童谣的关注与讨论；强化吉祥物"江南忆"IP 形象，丰富其人文特性，同时让更多的人听见杭州的民间童谣，体现杭州民间文化风采。

4. 活动内容

（1）从征集到的童谣中，挑选四首最能体现杭州民间文化的童谣，让专业音乐人士进行改编，分别邀请杭州少年合唱团、青年合唱团、老年合唱团、杭州爱乐天使合唱团和专业音乐人进行童谣的编排与练习。

（2）前三周每周六下午，线上投票第一的吉祥物机器人在有关地点（琮琮——良渚古城遗址公园莫角书院；莲莲——湖滨 in77 广场；宸宸——拱宸桥桥头）与合唱团、专业音乐人进行童谣唱跳表演。现场会向观众发放童谣歌词和其背后的杭州故事，并邀观众加入童谣唱诵。第四周，三位吉祥物将与杭州爱乐天使合唱团于钱江新城城市阳台合体表演。

（3）活动有抖音和微博的全程直播，并由专业人士进行录制后制作成童谣 MV 在微博、微信公众号、抖音、Bilibili 等平台上传播。

童谣唱跳表演

活动五:"异口童声"童谣歌展活动(延续期)

1. 活动时间

2022 年 6 月 1 日至 2022 年 6 月 7 日

2. 活动地点

杭州市远洋乐堤港

3. 活动目的

歌谣展活动以"异口童声"为主题,分为"我把我唱给你听"纪录片放映厅、杭州童谣故事区、"江南忆"机器人童谣表演区、童谣亭、周边礼品区五大分区,旨在强化吉祥物"江南忆"的 IP 形象,同时让更多人聆听新形式的童谣,了解更多老底子的杭州故事。

"异口童声"童谣歌展活动分区设计

活动六："能不忆江南？"童谣故事动画传播（延续期）

1. 活动时间

2022年6月中旬

2. 推送媒介

微博、抖音、Bilibili、宝宝巴士等

3. 活动目的

借助亚运会吉祥物的形象，以童谣为载体，制作吉祥物杭州故事动画，生动地讲述杭州故事，借此宣传杭州城市形象；活化吉祥物人物形象，赋予其杭州人文意蕴，为亚运会造势。

4. 活动内容

从收集到的杭州童谣中，选取一些有代表性的杭州故事，以亚运会三个吉祥物作为故事发生的引导者与转场者，制作成三到五分钟的动画短片，在各大媒介平台投放。

活动七：周边文创打造（延续期）

1. 音乐首饰：戒指

（1）戒指名称为"指间"。小时候，我们唱着歌谣，勾勾小拇指，就许下永不分离的誓言。长大了，将镌刻着童年歌谣的戒指戴在指间，再次拾起童年记忆中的诺言：拉钩上吊，100年不许变。

（2）产品设计：为每款戒指录下一段童谣声波，扫描配套包装上的二维码，获得童谣，让声音触手可及，打造出蕴藏着独家童谣记忆的声波戒指。时代会变，但童年的旋律还在。戒指戴上，就像童年的记忆紧握指间。

2. 音乐首饰：耳环

（1）耳环名称为"耳畔"。小时候，耳边萦绕着长辈唱的老童谣。长大了，将流动的声音凝结成形。耳畔温存的，不是抽象的声波，而是儿时的模样。

（2）产品设计：银制，极简风，采用不对称式设计，一边单片中心镂空出声波的形状，一边实心条状声波形状；支持五秒语音录制内容；采用声波定制的科技，为一对耳饰录下一段童谣声波，扫描包装配套卡片上的二维码，输入唯一码还原声音波纹，收听定制童谣。

3. 音乐首饰：项链

（1）项链名称为"心弦"。童年是首谣，一半挂嘴边，一半奏心弦。收集了无数童年的歌谣，但那段最独特的旋律，只在我们的心弦奏起。

（2）产品设计：银制，干净简约，声音波纹图案；支持五秒语音录制内容；采用声波定制科技，在每条项链中录下一段童谣声波，将这份童年的记号挂在胸前，让童年的旋律荡漾心房，扫描包装配套卡片上的二维码，输入唯一码还原声音波纹，收听定制童谣。

纯净质感

通透光泽的银戒
呈现出少有的纯净质感
戒中特有的分体式设计
让声波增加神秘感

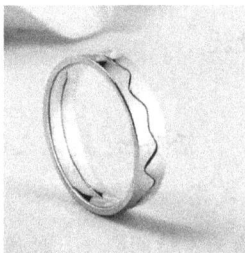

设计理念

与童年旋律
小指相勾
永不分离

产品细节

Detail

"指尖"声波戒指

4.儿童玩具

（1）联合杭州亚运会的吉祥物设计方共同出品周边。发行各种杭州亚运会吉祥物琮琮、莲莲、宸宸外形的、可以唱歌的儿童玩具。

（2）产品设计：将亚运会吉祥物制作成适合摆放在书桌上的带底座的摆件，外置透明罩，底座置开关，可播放杭州童谣；将亚运会吉祥物制作成不同尺寸的毛绒玩具，内置电子播放装置，启动可播放杭州童谣。

童谣玩偶

亚运会童谣玩偶

四、项目评估

（一）政策优势

杭州作为日益发展的新一线城市，在对外宣传中重视对城市形象的塑造与对城市内涵的发掘。本策划契合政府需求，在着重讲好杭州故事的同时承接即将举办的亚运盛会。看似是教新生吉祥物唱童谣，实则是在向世界宣扬杭州历史底蕴与无限的发展前景。同时活动形式新颖，方案完备，参与难度低，投放平台广，宣传对象老少皆宜，作为一个公益活动，有很大优势得到政府的扶持与帮助。

（二）时间安排

本次活动的时间安排跨度较大，分为预热期、引爆期、持续期三个阶段，灵活性强，可随时根据受众反应调整方案。同时以2022年的杭州亚运会为背景，有充足的时间进行活动安排。对于参与者而言，无须持续关注，且无须长时间的投入，形式随时更新，保证各阶段活动开展的热度不退。而大跨度的时间也能使本次活动更加深入人心。

（三）成本估算

主要成本消耗为活动前期的宣传和预热，包括各平台推荐位的费用和微博运营的成本，以及中期线下活动的人工费和活动筹备费。活动后期会推出精美周边，周边销售收入将在一定程度上抵消成本。所需经费不高，且落在实处，承办方不会有太大资金压力。

（四）可执行性

首先，对参与者所需的技巧要求不高，预计的合作平台支持一键视频拍摄，新用户也会有相应的上手教程；其次，活动的平台专业，使用用户较为广泛，切实兼顾了不同年龄层、不同身份的人的参与；最后，活动形式较为简单，内容有趣，容易调动参与者的积极性。

《"江南忆，最忆是童谣"公益项目策划案》作品点评

《"江南忆，最忆是童谣"公益项目策划案》从杭州老童谣出发，借亚运会吉祥物"江南忆"组合出道的契机，把传承童谣与打造吉祥物IP融合在一起，部分活动的设置可以让人联想起2010年上海世博会与其吉祥物"海宝"。但不同的是，这一次以杭州为主场、以"江南忆"组合为主体的公益活动在传播渠道上，结合了时下最火热的"两微一抖"平台，分为预热期、引爆期、延续期，线上线下双向联动，因而能更好地调动受众的积极性与参与度。在传播对象上看，活动关照了各个年龄段群体：童谣这一元素老少

皆宜，在传播时"破圈"的可能性较大，很容易与其他元素产生交集。除此以外，活动以"声音"为主打的周边文创产品十分新颖，"音乐首饰"又契合了声音作为童谣传播媒介的特质。有待提升的点是，策划案对于杭州童谣背后的故事挖掘得还不够，而正是这些童谣在灯火人家发生的故事，让受众真切体会到其蕴含的精神文化与人文底蕴。在活动策划中更多地体现这一点，更深地将其与"江南忆"吉祥物结合，传播效果将会更加出彩。

作品五："亚韵·且将薪火试新茶"梅龙草堂品牌公关策划案

（2018级广告学专业 郑志煌、郑佳琦、刘雅囡、王晨妮、马雪琪、刘冰听）

一、项目背景

第十九届亚运会将于2022年9月10日至9月25日在中国杭州举行，作为亚洲规模最大的综合性运动会，杭州亚运会将受到本国人民与世界各国人民的期待和关注。亚运会对杭州而言既是机遇，也是挑战。一方面其能提高杭州城市的国际知名度，促进经济、社会、文化的全面发展，促进中国与国际的交流与合作。另一方面，亚运会规模之大也给杭州带来巨大的考验与挑战。目前，杭州正以"中国新时代·杭州新亚运"的定位，"中国风范、浙江特色、杭州韵味、共建共享"的目标，以及"绿色、智能、节俭、文明"的办会理念，有条不紊地推进亚运会筹办工作。对于品牌而言，杭州亚运会也是一次能够向世界展示品牌形象、提高品牌知名度、扩大品牌影响力的好机会。本策划即以亚运会为背景与机遇，通过梅龙草堂（即上文提过的杭州梅龙茶文化有限公司）公关活动的宣传，吸引更多人关注亚运、关注杭州，同时也体验到梅龙草堂品牌文化，向世界展现梅龙草堂品牌形象与品牌精神，进一步提高其品牌高度与品牌价值。

二、项目调研

（一）茶叶市场分析

政治：国家正积极鼓励引导实体经济发展，政府政策给予大力支持，为行业发展提供机会，茶行业具备多元化扩张的条件。

经济：我国经济稳定发展，生产力水平不断提高，消费结构不断升级，茶叶市场份额不断增大，茶叶出口量和销售额逐年增长。

社会：饮茶习惯历史悠久，底蕴深厚，国内具有良好的社会氛围。越来越多的国际友人也开始尝试了解中国茶文化，国外市场前景可观。随着生活水平的提高，人们对饮茶的品质提出更高要求。

技术：茶叶优良的品质从种植、采摘到深加工都需要技术做支撑。随着现代化生产水平不断提高，关键设备研制开发以及病虫害防治水平日益成熟，绿色健康得以保证。电商产业发展也为茶的产业链和资源整合提供机遇。

（二）茶文化与体育文化衔接点分析

共同点：文化载体、健康理念、国际属性、包容开放、和谐精神。不同点：茶为静，体育为动；茶讲究柔美，体育追求力量；茶平和安详，体育激情张扬。

总结：本次活动主题"亚韵·且将薪火试新茶"一方面体现出茶的平淡和雅韵，体现其静；另一方面也展现出亚运会的活力与激情，薪火相承，体现其动。一静一动总相宜，彰显包容开放、融和为贵的精神。

（三）梅龙草堂品牌概况

创办时间：1999年。

企业坐落：慈母桥村。

品牌 slogan：每一品，都是好茗。

品牌精神：敬业、诚信、责任、感恩。

品牌价值观：奋斗成就梦想，创新引领未来，坚持匠人匠心。

（四）梅龙草堂品牌分析

优势：梅龙草堂品牌历史文化悠久深厚，制作工艺精致卓越，目前正充分联动校企合作交流，互助共赢，进一步推进人才培养和品牌年轻化。除此，品牌积极投身公益活动，树立起友爱、负责的企业形象。

劣势：九曲红梅知名度低，与西湖龙井相比有较大差距。品牌消费群体固定、宣传力度不足，并未建设官网与微博官方号等传播渠道。梅龙草堂在全国知名度也不高，与众多知名茶叶品牌相比有一定差距。

机会：当前人们对健康、养生的需求增加，更注重多维度、综合性的茶文化体验；政府有力的产业政策的支持、电商平台的发展都为品牌渠道多元化提供支撑；品牌坐拥新一线城市杭州，发展潜力巨大。

挑战：茶品质易受自然环境、生产加工等因素影响，具有不稳定性；消费结构升级，消费者要求多变，精准洞察是关键；市场竞争激烈，周边强势文化旅游产品给茶产业发展带来了挑战。

（五）目标受众分析

充满青春、活力和个性，渴望尝试和体验新鲜事物的青年群体（以18~30岁为主）；

成熟稳重，更注重情感、追求精神需求和价值体验的中老年群体（以31~60岁为主）；

对中国茶文化或梅龙草堂不曾了解或一知半解，但好奇感兴趣的国内外友人；

对梅龙草堂有一定了解，想继续挖掘文化内涵、拥有更多新奇体验的国内外友人。

三、项目策划

（一）媒介目标

《"亚韵·且将薪火试新茶"梅龙草堂品牌公关策划案》旨在通过亚运会

借势宣传梅龙草堂品牌文化与品牌特色，线上线下充分进行话题讨论与互动体验，增大梅龙草堂品牌知名度和影响力，加强品牌与用户之间的情感价值联结，传递品牌内涵和品牌精神，进一步提升品牌高度与品牌价值。

（二）预热期（鲜叶）

预热期活动主要有三个，分别为：茶视频《人在草木间》投放传播活动、"清茶淡话"微博故事征集活动、杭州晓书馆与杭州图书馆公益分享会。预热期活动旨在为国内外宣传造势，产生品牌印象，扩大品牌知名度，输出品牌情感价值，引起用户共鸣。

（三）引爆期（炒青）

引爆期活动主要有两个，分别为："茗之行也"龙坞茶镇游园会、"茗不虚传"梅龙草堂体验馆活动。活动旨在线上、线下二次传播，使活动营销效力最大化，与用户充分互动，进一步拉近品牌与用户的距离，以增大品牌影响力。

（四）延续期（发酵）

延续期活动以"一年秋分一盏茶"茶文化艺术表演为主，旨在借助感官营销与体验营销，阐释品牌文化的丰富内涵，使广大受众产生参与感。这一活动可扩大梅龙草堂的品牌影响力，同时传达亚运精神，传递中国传统茶文化的独特魅力。

（五）收尾期（成茶）

收尾期活动以"认领一棵茶"茶树认领活动为主，旨在利用余热开展线上互动体验，传达运动不歇的意识，进一步拉近用户距离，提升品牌美誉度。

四、项目执行

活动一：茶视频《人在草木间》投放传播活动（预热期：鲜叶）

1. 活动时间

2022 年 8 月 10 日至 2022 年 8 月 20 日

2. 活动目的

通过茶视频投放进行前期宣传造势，为国内外友人科普茶文化，增加梅龙草堂品牌曝光度和关注度，宣传梅龙草堂品牌文化，以建立起品牌知名度。

3. 活动内容

亚运会前期拍摄一部关于梅龙草堂茶文化与茶生产流程的视频宣传片，将其投放在国外社交媒体平台上，包括YouTube、Twitter等平台，同步投放在国内社交媒体平台，包括微博、抖音、Bilibili等，吸引用户观看。

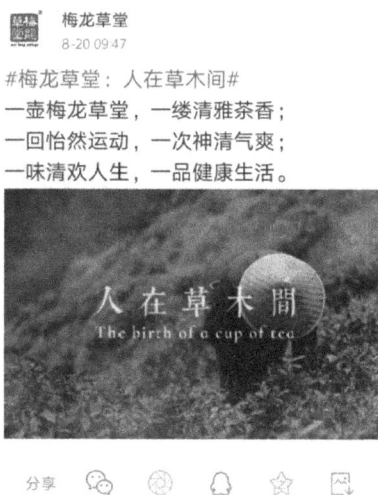

茶视频《人在草木间》的投放传播

活动二："清茶淡话"微博故事征集活动（预热期：鲜叶）

1. 活动时间

2022年8月15日至2022年9月1日

2. 活动目的

借助大众的广泛关注与话题的持续升温，联合情感营销和媒介平台营销，使得品牌形象更加积极正面，并获得更多的产品曝光，以增强自身的知名度和美誉度。

3. 活动内容

与微博话题端进行合作，发布＃清茶淡话＃微博故事征集活动话题，进行奖项角逐。受众通过留言参与话题，分享自己与茶之间的特殊故事，并票选出最受欢迎的人生"茶"事，而精选出的人生"茶"事也将被刊印于纪念礼盒内，在亚运会期间由梅龙草堂进行独家发售。

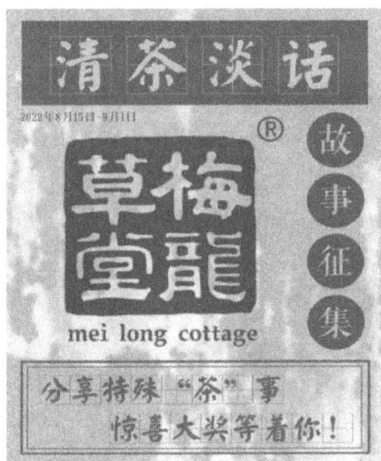

"清茶淡话"微博故事征集活动

4. 活动流程

（1）充分利用微博这一公域流量池，由梅龙草堂官方微博发布"清茶淡话"微博故事征集活动。

（2）呼吁微博用户积极参与，分享自己人生途中的特殊"茶"事，形成故事性文字，并于相关话题下进行评论与转发。

（3）网友票选出最受欢迎"茶"事，决出一、二、三等奖及鼓励奖，进行奖励分发。

（4）对精选出的人生"茶"事进行整合汇总，与礼盒设计方沟通交流，将其印制于亚运会版特别礼盒内进行发售，以达到二次传播的效果。

活动三：杭州晓书馆、杭州图书馆公益分享会（预热期：鲜叶）

1. 活动简介

杭州晓书馆位于良渚文化村，在建筑大师安藤忠雄设计的良渚文化艺术中心内落成；杭州图书馆茶文化主题分馆，是由梅龙茶文化有限公司创始人鲁华芳自筹资金建设的公益图书馆，坐落于有"茶镇"之称的杭州龙坞慈母桥村，承载了杭州的茶文化；梅龙草堂品牌和两座图书馆一样，都具有浓厚的文化底蕴。三方计划于亚运会前期联名举办有关良渚文化、杭州茶文化的读书分享会，向人们传递江南文化之韵。

2. 活动时间及地点

2022 年 9 月 1 日至 2022 年 9 月 5 日：杭州晓书馆

2022 年 9 月 6 日至 2022 年 9 月 10 日：杭州图书馆茶文化主题分馆

杭州晓书馆、杭州图书馆公益分享会

3. 活动目的

杭州2022年第十九届亚运会秉持着"绿色、智能、节俭、文明"的办会理念。梅龙草堂联合杭州晓书馆与杭州图书馆茶文化主题分馆共同举办"亚运·杭州文化周",就是为了展示江南文化底蕴,将良渚文化、杭州茶文化与世界共享,让世界品味江南文化。活动同时也提醒人们,在追求健康身体的同时,也要注重精神层面的充实。

4. 活动内容

在"亚运·杭州文化周"期间,在杭州晓书馆和杭州图书馆茶文化主题分馆举办公益分享会,分享杭州茶文化、良渚文化历史。除公益分享会以外,在杭州图书馆茶文化主题分馆,进行茶道、茶艺、朗读、手作等具有浓厚茶文化气息的活动。

活动四:"茗之行也"龙坞茶镇游园会(引爆期:炒青)

1. 活动简介

龙坞茶镇是梅龙草堂茶园基地。在龙坞茶镇举行游园活动,路线绕茶山和慈母桥村,沿途设置亚运会体育项目体验、茶文化体验,完成所有体验后可获梅龙草堂亚运会周边文创产品。

2. 活动时间

2022 年 9 月 10 日至 2022 年 9 月 17 日

3. 活动目的

通过龙坞茶镇游园会的形式，参与者既能欣赏茶山，体验茶文化，又能感受亚运会趣味运动。该活动可加强梅龙草堂和亚运会的联结，传播茶文化，营造亚运会氛围，用茶的语言讲述别样杭州故事，同时增强梅龙草堂品牌知名度和好感度。

4. 活动内容

（1）活动路线：以杭州图书馆茶文化主题分馆为起点，途经慈母桥村、梅龙草堂部分茶山基地，最后以杭州图书馆茶文化主题分馆为终点。

（2）茶树知识考察项目：茶园沿途设有茶树的种植知识宣传卡，体验者到达终点时要说出至少一条宣传知识，由相关人员进行考查。

（3）茶叶辨别项目：体验者将在工作人员讲解辨别不同茶叶与茶叶品质的方法后，尝试自己进行对茶叶的简单辨别。

（4）故事交换项目：经过这一项目时，体验者需要说出或写下自己的故事，同时可以兑换一个来自他人的故事。

（5）羽毛球运动项目：了解亚运会羽毛球比赛规则，按规则打球；参与者两两进行羽毛球 PK，先达到 21 分者获胜，一局定胜负。

（6）乒乓球运动项目：了解亚运会乒乓球比赛规则，按规则打球；参与者两两进行乒乓球 PK，先达到 11 分者获胜，一局定胜负。

"茗之行也"龙坞茶镇游园会兑奖副券

活动五："茗不虚传"梅龙草堂体验馆活动（引爆期：炒青）

1. 活动时间及地点

2022 年 9 月 10 日至 2022 年 9 月 25 日，亚运会场馆附近

2. 活动目的

通过互动体验，展示并科普有关茶的知识，提供消费者休闲饮茶的场所，引起消费者购买兴趣，增加品牌曝光度，进一步提升品牌知名度，扩大影响力。

3. 活动内容

梅龙草堂将打造集茶艺、茶展、科技、休闲、动手为一体的体验馆。前期梅龙草堂通过官方微博、微信公众号以及抖音拍摄体验馆布置视频，预告体验馆开业；体验馆工作人员尝试体验馆内各类项目，拍摄视频，并将视频剪辑为一期体验 vlog，发布于"两微一抖"平台推广；线下体验馆正式开业后，同步开展线上云游体验馆直播。

"茗不虚传"梅龙草堂体验馆分区设计

4. 游戏程序设计

（1）将名称为"贪吃茶茶"的游戏投放于线下体验馆及线上小程序中。该游戏为闯关模式，困难程度随着关卡数的上升而增加，进入下一关所需要的积分也随之增加。

（2）游戏参与者用手指操控茶茶的前进方向（体验馆的游戏区内，游戏参与者需要通过头部的移动来控制茶茶的前进方向），寻找更多茶叶并吃掉茶叶，即可获得相应积分。

（3）若撞倒障碍物则会扣除一定的积分，积分扣至零分则被视为游戏失败。

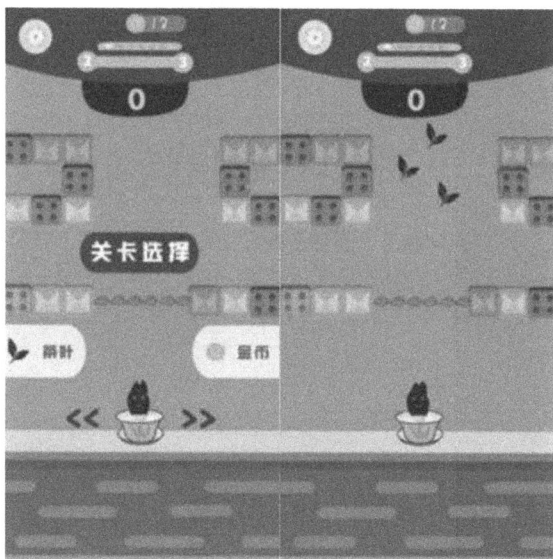

"贪吃茶茶"游戏设计

活动六："一年秋分一盏茶"茶文化艺术表演（延续期：发酵）

1. 活动简介

该活动由梅龙草堂主办，邀请中外友人前来欣赏茶文化艺术表演。该表演除了展示中国灿烂的茶文化传统外，也采用了一种全新高科技的表现形式，融入亚运会元素，将传统与现代有机融合，展示在大众面前。

2. 活动时间及地点

2022年9月23日至2022年9月24日，龙坞茶镇慈母桥村

"一年秋分一盏茶"茶文化艺术表演海报

"一年秋分一盏茶"茶文化艺术表演节目单

3.活动目的

借助感官营销和体验营销，阐释杭州西湖茶文化的丰富内涵，使广大受众产生参与感。这一表演活动不仅能扩大梅龙草堂的品牌影响力，树立公关形象，也能传达亚运会精神，传递中国传统茶文化的独特魅力。

4.活动内容

表演内容包括三大板块，分别为"秋分客尚在""山色秋分后"及"此夕又秋分"，主要采用"传统茶文艺＋亚运会元素"的形式，使传统与新潮相互交融，共鸣合奏。

活动七："认领一棵茶"茶树认领活动（收尾期：成茶）

1.活动简介

亚运会结束后，发起茶树认领活动，大众可以通过按路线跑步打卡的形式，认领一棵茶树，认领茶树后可通过小程序看到其一年的生长过程。运动量积累到一定程度后，可以兑换茶叶，将茶叶折算成市价后可用这笔钱为贫困山区中小学购买体育用品。

2.活动时间

2022年9月25日至2022年10月7日

3.活动目的

鼓励大众在亚运会后，继续积极运动，进一步领略亚运会精神，在加强大众与杭州、与梅龙草堂茶文化的联系的同时，也为山区小学体育发展做贡献，提升品牌社会责任感。

4.活动内容

活动期间，参与者在"认领一棵茶"小程序上围绕制订路线完成打卡，即可认领个人专属茶树一棵；活动结束后，每次运动打卡同步数据后，可收集一定克数的茶叶；当茶叶达到一定克数后，可以兑换篮球等体育用品并将其捐给贫困山区中小学，也可以选择将茶叶捐赠给茶园，茶园将用茶叶兑换大型体育设备进行捐助。

五、周边活动创意设计与表现

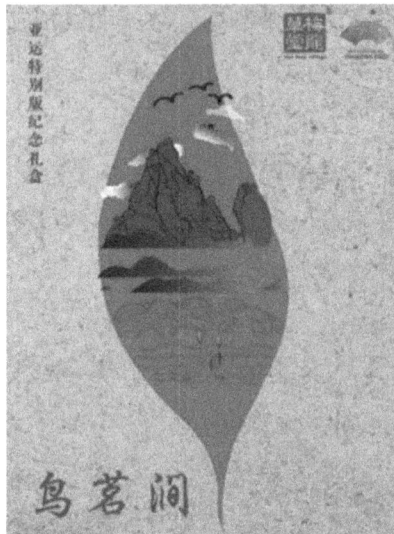

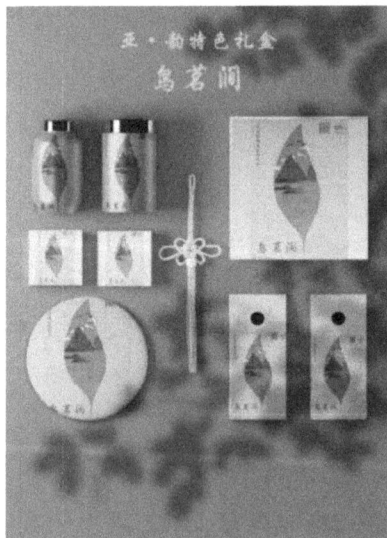

梅龙草堂茶产品纪念礼盒

梅龙草堂茶叶周边产品设计

《"亚韵·且将薪火试新茶"梅龙草堂品牌公关策划案》作品点评

　　《"亚韵·且将薪火试新茶"梅龙草堂品牌公关策划案》以梅龙草堂品牌茶叶作为宣传推广对象，融入亚运会元素，形成了一套"动静结合"的传播活动。茶叶与亚运会是两个关联度并不算大的元素，但是策划者结合得还是相当不错的。整个活动执行分成了预热期、引爆期、延续期、收尾期，线上与线下并行。许多活动不仅迎合了国内受众的需要，而且贴合了国外受众的兴趣，譬如"茗之行也"龙坞茶镇游园会、"一年秋分一盏茶"茶文化艺术表演，这就将目标受众群体极大地扩充了，而这也符合策划本身在亚运会背景下"国际化"的定位。策划的可实施性也比较强，活动都还容易执行，且预期效果是比较理想的。但是，活动的一些细节内容较模糊，还有待完善，譬如"一年秋分一盏茶"茶文化艺术表演中，采用的是"传统茶文艺＋亚运会元素"的表演形式，那这究竟是什么样的呈现方式，能否有更加具体的信息描述？抛开这些小细节，公关策划的要点都是完备的，整体而言还是非常不错的。

作品六："伴杭州风雨同行"杭州 × 天堂伞城市公关策划案

（2019 级广告学专业　洪豆、黄婷、蒋陈晨、许璐怡）

一、项目背景

　　杭州素有"人间天堂"的美誉，又有深厚的文化底蕴及诸多特色风物。由此，应以东方传统文化艺术为内涵，结合城市特色，培育知名地方品牌，借由品牌来讲述杭州故事。天堂伞作为杭州知名的本土品牌，一直以来都有良好的品牌口碑，也有一定的知名度，"伞"的意象也十分符合杭州的城市文化特点。非常适合将天堂伞与杭州城市结合进行宣传。同时，作为一个老牌的伞品牌，天堂伞近几年的革新力度不足，在年轻市场的影响力不足，需要新的元素为品牌注入活力。我们联合天堂伞品牌来开展"伴杭州风雨同行"杭州 × 天堂伞系列活动，通过线上线下多渠道传播，突破天堂伞品牌质量好但是不好看的固有印象，加深天堂伞品牌与杭州城市文化的联系，讲述好杭州故事。

二、项目调研

（一）我国城市形象传播三阶段

第一阶段：是 1997 年前的城市景区宣传战术性阶段。"城市传播启蒙期"，各大城市均以进行"城市景区宣传推介"为主，主要停留在以"风景营销"来提高城市知名度阶段，目的是开发更多景点来吸引游客，并无城市品牌营销意识。

第二阶段：是 1998 年至 2008 年之间的城市旅游品牌营销与城市发展宣传广告阶段。国内城市开始了自发的"城市品牌推广"，从而逐渐进入了"城市传播觉醒期"。

第三阶段：1998 年以来至今，即城市的形象品牌传播及整合战略化阶段。中国城市品牌化营销与形象传播的"国际化运作阶段"已经悄然来到。

（二）我国城市形象传播方式

城市征集活动：城市形象广告表述语与城市品牌标识设计物等的征集活动是城市当局作为传播主体发起的城市形象传播方式之一。

会展博览活动：城市会展博览会营销活动，是指在某个时间、在某个城市围绕一定的商贸主题进行的城市文化艺术形式、科技成果、产品服务等的陈列与展示活动，诸如中国国际服装服饰博览会、中国时装周、国际汽车节、上海财富论坛等国际大型商贸会展活动。

策划节事活动：节事活动指展开一系列独具特色的活动，传达给公众关于城市和自然、人文和经济等方面的信息，加深公众对城市的了解从而达到公关的效果。著名的城市节事活动如傣族泼水节、黎族火把节、大连服装节、青岛啤酒节等。

主办体育赛事：主办国际化或全国性的体育赛事活动，可在短时间内提升主办城市的知名度和形象传播力。如北京奥运会、深圳世界大学生夏季运动会、三亚世界小姐选美大赛等。

（三）杭州既往公关活动分析

开展城市征集活动进行城市形象宣传：杭州经过招标海选确定与城市发展定位和历史文化内涵相吻合的城市形象广告表述语，如"东方休闲之都""生活品质之城"。

以主流大众媒体和节事活动为主的传统传播手段：作为杭州会展的一个重要品牌，杭州西湖博览会与杭州城市品牌"生活品质之城"定位一致。西湖博览会一系列活动类项目，如烟花大会、丝绸时尚节、狂欢节等都体现了对生活品质的注重，能够诠释"生活品质之城"的内涵，对城市品牌建设起到促进作用。

借助新媒体进行国际化传播：2012 年杭州率先在全国启动新媒体营销策略，在 Facebook、Twitter、YouTube 等海外社交媒体开展一系列互动活动并取得佳绩；2013 年和 2015 年，在充分挖掘独特历史文化资源基础上，杭州结合城市发展战略及目标受众关注点，先后策划"在全球招募当代马可·波罗——杭州博士"及"2015 年杭州大使环球行"活动，运用事件营销、人际传播、接触点管理、品牌联动的方式，形象立体地传播城市形象。

城市品牌和企业品牌结合的城市形象传播方式：杭州城市公共活动中，城市形象传播对多种渠道的利用度有限，存在着城市形象传播信息散乱、缺乏广度等问题。将城市品牌与企业品牌结合宣传，利用传统媒体和新媒体多种渠道，整合城市形象信息，可达到城市宣传和企业宣传双赢的目的。

（四）天堂伞品牌分析

优势：天堂伞这一老字号在中国消费者中的认知度较高，尤其是"格子"设计深入人心；与此同时，天堂伞自身注重品牌建设，产品质量也有保证。

劣势：天堂伞的款式单一，无法满足消费者对于精美造型的需求；除此以外，天堂伞因其质量较好，价格相比其他普通品牌的伞更高。

机遇：作为杭州的老牌企业，天堂伞在一些方面会得到政府的支持；此外，消费者越来越重视产品质量，对于雨伞质量的需求大于对美观的需求。

威胁：天堂伞品牌制伞比较传统与保守，在雨伞竞争对手日益增加的情况下难以保持优势；除此，近年来市场上盗版天堂伞较多，这对其品牌形象也是一个打击。

三、项目策划

（一）策划目标

打破消费者对于天堂伞保守、不美观的传统印象。

生动地讲述杭州故事，具体描绘杭州的城市形象。

加深品牌与城市的联系，实现城市与企业的共赢。

（二）策划内容

本次公关传播活动由线上线下大型活动组成。线上活动为"寻找杭州记忆"天堂伞社交媒体传播活动等，旨在借助微博等社交媒体，在短期内实现话题讨论度与品牌曝光度迅速增长；线下活动为"天堂伞 × 杭州"秀场表演，旨在加深天堂伞品牌与杭州的联系，打造杭州特色。

四、项目执行

活动一："寻找杭州记忆"天堂伞社交媒体传播活动（线上活动）

1. 活动时间

2021 年 3 月 13 日开始

2. 活动目的

借助微博等社交媒体，在短期内实现话题讨论度与品牌曝光度迅速增长。

3. 活动平台

微博、抖音等社交媒体平台

4. 活动内容

（1）在微博，由天堂伞官方微博联合知名的古风博主、旅游博主、文创博主，发布关于天堂伞现有产品的开箱微博。微博粉丝转赞评可以参与抽奖，每个意见领袖有五个粉丝可以获得天堂伞推出的周边大礼包。

（2）在抖音，由天堂伞官方抖音号联名知名抖友，发布＃我与杭州的那些年＃＃寻找杭州记忆＃主题活动视频（主要有四个内容——古风、民国、现代、未来），投放抖音banner，实现抖音的病毒传播。同时吸引用户发布模仿视频，点赞数量前10位的发布者将获得天堂伞推出的周边大礼包。

活动二："我的专属雨伞"小程序投放活动（线上活动）

1. 活动目的

借助小程序与受众进行互动，鼓励受众设计一款属于自己的、有关杭州文化和城市印象的雨伞，这不仅可以为线下活动宣传造势，也可以为后续杭州城市的形象宣传做好铺垫。

2. 活动内容

（1）杭州天堂伞官方微信公众号开设"我的专属雨伞"板块，用户可点击进入小程序，根据不同的布料、绘画图案及花纹、骨架和伞柄的材质设计自己的专属雨伞。

（2）杭州天堂伞官方微博发布小程序链接，并带微博话题＃杭州·我的专属雨伞＃。通过微博平台，进一步提高话题传播量与曝光度。

3. 程序设计

（1）用户进入小程序后，首先会看到杭州天堂伞的开场动画。

（2）动画结束后出现三个按钮："了解杭州""了解天堂伞""伞的制作工艺"。

（3）用户进入设计页面后，系统将出现四个设计主题——古代、民国、现代、未来，不同设计主题对应不同的布料、材质、图案等。

（4）用户设计完成后，会有一个设计预览图。设计者可在朋友圈、微博等平台分享，进行二次传播，从而扩大传播量与曝光度。

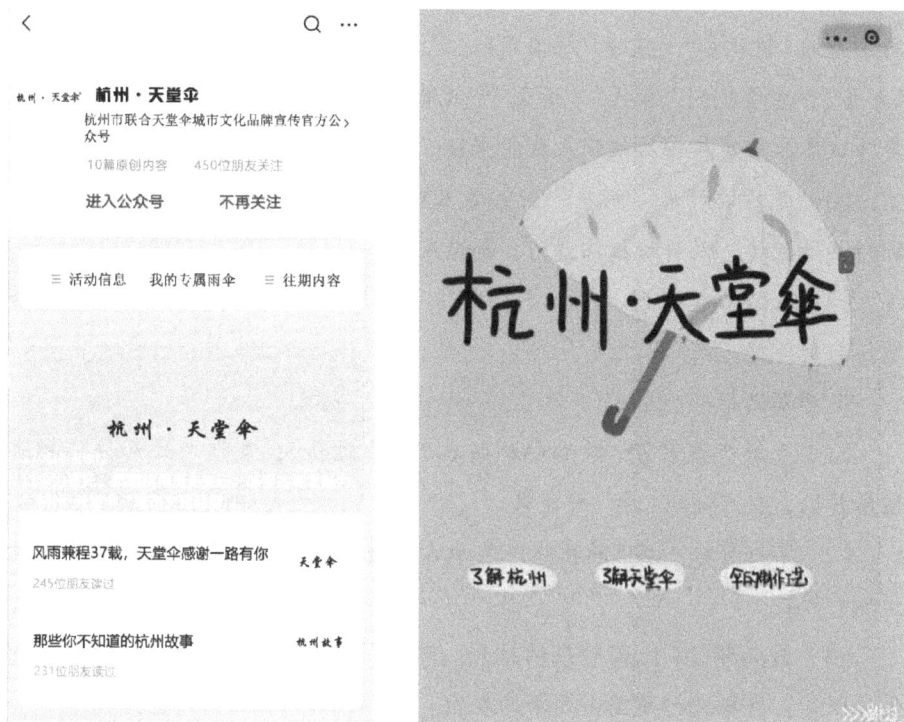

"我的专属雨伞"小程序

活动三："天堂伞 × 杭州"秀场表演（线下活动）

1. 活动时间

2021 年 4 月 10 日

2. 活动地点

杭州西湖周边

3. 活动目的

借助以杭州系列主题天堂伞的展示来讲述杭州故事，在伞的变化中展示杭州的历史流变。同时加深天堂伞与杭州的联系，打造杭州特色品牌。

4.活动内容

（1）根据微信小程序"我的专属雨伞"活动的评选结果，设计出四个不同主题的"杭州 × 天堂伞"联名系列。

（2）基于杭州"古代""民国""现代""未来"四个时间维度，以天堂伞为载体，搭建起融入杭州元素的秀场。

（3）邀请设计者、明星、网红等人观看秀场表演，利用其人际关系网进行话题宣传，吸引粉丝注意力，制造流量。

（4）在抖音、微博、小红书、微信等社交平台投放宣传广告，制造话题，自发传播。

5.活动流程

（1）开场戏曲表演：改编越剧版本的《白蛇传》，表演白蛇和许仙相遇借伞片段，重点突出"伞"的意象。

（2）第一部分：古代的杭州。展示古代杭州系列油纸伞，以体现古代杭州城的风貌。

（3）第二部分：民国时期的杭州。现场的 LED 大屏播放民国时期老杭州的照片，秀场进行民国系列伞的展示。

（4）第三部分：现代的杭州。结合现代时尚元素进行现代系列天堂伞展示。

（5）第四部分：未来的杭州。结合杭州城市未来发展构想，进行未来系列科技感的天堂伞展示。这一部分展示结束后秀场表演谢幕。

"天堂伞 × 杭州"秀场表演安排

五、项目评估

（一）项目评估标准

受众反馈：受众对话题的回应；受众对话题的评价；受众对官方视频的评价。

市场反应：杭州 × 天堂伞联名系列产品的购买量；购买量的增幅。

媒体监测：用户微博话题讨论度、抽奖微博评论转发数、抖音话题讨论度、小红书话题讨论度、小程序活动参与度等。

现场效果评估：秀场的现场实施状况、路人关注度等。

（二）预期效果综述

用户层面：用户增进了对天堂伞品牌形象和杭州城市形象的了解与认知。

媒体层面：网络媒体大量报道，传统媒体跟进推广，传播效果较为理想。

社会层面：引发公众对于天堂伞品牌和杭州文化的广泛关注和讨论，助力杭州打造国际知名文化品牌。

《"伴杭州风雨同行"杭州 × 天堂伞城市公关策划案》作品点评

在《"伴杭州风雨同行"杭州 × 天堂伞城市公关策划案》中，策划者以线上线下多维传播的方式，欲打破消费者对杭州天堂伞的刻板印象，加强品牌与城市文化关联，进而宣扬城市文化，这个思路是没有错的。然而，策划在活动设置上有一些待改善的部分：第一个活动，即线上"寻找杭州记忆"天堂伞社交媒体传播活动，事实上并没有找到天堂伞与杭州的情感关联点，仅以天堂伞官方发布#我与杭州的那些年##寻找杭州记忆#主题活动视频，不但不能形成"病毒传播"，反而显得有"蹭热度"之嫌；"我的专属雨伞"小程序投放活动较为有趣，也易产生二次传播，但是如何将设计专属雨伞与杭州印象连接到一起，这需要策划者在策划文本中给出更多信息；第三个活动相对而言是将杭州元素与天堂伞结合得最好的，通过"古代""民国""现代""未来"四大主题走秀，在伞的流变中体现杭州城的变化。策划者应将侧重点放在第三个活动上，并在后续另设置一些活动来延续热度。除此，整个公关策划应更加注重发掘天堂伞品牌与杭州文化的核心关联，而不是仅仅将两个元素堆砌在同一个活动中。

作品七："杭城·印色"花西子品牌创意策划案

（2019级广告学专业　朱湘琦、赵婉汝、叶依茹、林颖）

一、内容提要

"杭城·印色"，印色即印象与颜色的合称。杭州本土品牌花西子将通过艺术画廊、眼影调色、西子伊人、线下快闪、汉服走秀、达人仿妆系列活动，进一步挖掘杭州元素与花西子品牌的共通之处，既彰显杭州的独特魅力和蓬勃活力，又进一步宣扬花西子品牌的时尚之美、东方之韵以及平衡之美，让品牌理念进一步深入人心，在提高品牌销量的同时也提高品牌声量。此外，活动也将帮助杭州塑造城市形象，宣传以东方传统文化艺术为内涵、以非物质文化遗产为特色的城市记忆，增强公众对中华传统美德及传统文化的认同感，激起公众对传统文化的兴趣。

二、项目背景

杭州，古称临安，是南宋的都城，历史底蕴深厚。杭州也是江南风光的代表性城市，白居易、苏轼、林升、欧阳修等著名文学家都曾在此游历并留下了流传千古的诗词。杭州除了在文学领域极具号召力之外，在科技和商业方面也焕发着勃勃生机。其是长江三角洲城市群的中心城市之一，在电子商务领域独领风骚，阿里巴巴、网易等大企业为杭州注入了现代化活力，吸引着一批又一批的奋斗者。

所以，杭州是一个多元化的城市。这里有历史故事、风景名胜，也有现代图景、都市繁华。秦汉三国、隋唐五代、两宋元明、民国至当代，无数灿烂文明在杭州这座城市熠熠生辉，留存下来的不仅是史料器物，还有各式各样的服饰文化。我们期待着用"以颜色诠释杭州印象"这样别开生面的方式来描绘多元杭州、向人们讲述杭州故事。

历史悠久的杭州沉淀着诗与画的文化内核，非遗项目众多，包括中国篆刻、桑蚕丝织、古琴制作等方面，其中有一些非遗文化享誉海内外，但也有许多面临着发展上的困境，其中资金不足和后继无人是影响非遗发展的两个重要因素。为了留住这些高超的古法工艺，并唤起人们对它们的注意，一直致力于弘扬国风之美的花西子开展了"说出你心中的杭州印象色"这一活动。此活动将募集用来拯救濒危非遗项目的公益资金。

杭州花凝香生物科技有限公司（花西子品牌归属方）于 2017 年诞生于杭州。花西子的理念是"东方彩妆，以花养妆"，它始终着眼于东方美学，关注着传统工艺和中国元素。近年来，花西子在一众国内外大牌中强势崛起，成为当之无愧的"国货之光"。而眼影一直是花西子的核心产品之一，其"百鸟朝凤"眼影盘凭借精湛的国风雕花吸引了无数国内外彩妆爱好者的关注。眼影能够表现更多元的颜色。无论是象征着早春西湖云烟的千山翠还是代表着晚间城市繁荣夜景的海天霞，都可以被一块眼影所囊括。或是珠光，或是哑光，或是细闪，花西子希望用不同质地、不同形式的眼影去表现千变万化的颜色，用色彩书写你眼中的杭州印象。

三、项目调研

（一）线下调研

杭州基本色调研：花西子工作人员结合以良渚文化、吴越文化、南宋文化等为代表的杭州传统文化，以电商文化、共享经济、宜室宜居为代表的杭州当代文化，通过线下街头采访，获取大众对杭州印象的颜色概括。具体而言，在人群聚集的商业中心、传统的老式小区、新兴的开发区以及地铁站等人员流动地区，采访路人，询问他们眼中的杭州颜色。

线下活动地点调研：考察快闪店地点，以人流量、圈层覆盖面、女性受众需求等维度，选择沿西湖一带的湖滨银泰 in77 作为主要活动地点。巨大的人流量、复杂的人群类型能扩大受众范围。同时，以"西子伊人"为主角的试妆体验也会带来更好效益。

西子伊人征集及筛选：前期通过宣传路径，包括微博超话、花西子官方微博后台投稿，征集素人，通过阅读属于她们的杭州故事，筛选出 12 位西子伊人，可以是环卫工人，也可以是企业家，可以是应届生，也可以是网红，目的是找出 12 位代表日新月异的杭州不同领域的女性，她们用自己的故事诠释着东方美人独有的韵味，而花西子也致力于发掘每一位中国女性的美丽之处。

（二）品牌分析

优势：花西子是杭州本土品牌，也是深受年轻人喜爱的国货美妆品牌，店铺页面、产品设计及产品配方有很明显的东方彩妆特色。

劣势：花西子新品类研发速度缓慢，且已有产品品类单一，产品质量也存在争议；除此之外，年轻顾客对品牌忠诚度并不算高。

机遇：国潮兴起，人们当下对国货更加重视；讲好品牌故事是现今十分受用的营销手段；90 后、00 后消费意愿和消费水平较强，对其认可度高。

威胁：整体经济下行，消费分级，新业态、新品牌层出不穷；此外，老牌化妆品如欧莱雅、资生堂等仍占据大量市场，给花西子带来挑战。

（三）目标受众分析

目标受众主要为 18 至 45 岁女性，她们多为大学生和白领，能对微博等社交媒体熟练运用，热衷于参加社交平台的活动且乐于分享。她们在关注自身外表的同时也对汉文化、杭州文化感兴趣，多为汉服爱好者、美妆爱好者。她们具有一定的消费力，能带动潮流。

四、项目策划

（一）主题阐释

浙江杭州历史悠久，人文荟萃，是国务院首批命名的国家历史文化名城、中国七大古都之一。跨湖桥文化、良渚文化、吴越文化、南宋文化、明清文化，共同构成杭州城市文化发展的序列。2010 年，杭州市委市政府便开始实施城市记忆工程，从"十二五"期间显著的工作成效，到"十三五"期间的深化思考，杭州的历史脉络在一次次篆刻中愈加活灵活现。

花西子，作为新兴彩妆品牌，在做精致时尚中国彩妆的同时，也为世界打开一扇东方之窗，既坚守古典的含蓄内敛，又融合现代的开放创新。我们试图通过现代杭州人对于杭州的色彩记忆，以 DIY 定制眼影的形式，勾勒一抹属于杭州的绚烂色彩。交织碰撞的各类古文化、历久弥新的西湖美景、气候宜人的居住环境、发达稳健的电商经济，杭州给你留下了怎样的记忆，你心中的杭州是什么颜色？在花西子，我们一起寻找答案。

（二）传播策略

花西子官方微信公众号：根据前期宣传、街头采访、西子伊人征集筛选、"杭州·印色"快闪店等内容进程推出推送，并通过留言点赞或抽奖的方式取前五名，赠送定制眼影盘。

花西子官方微博：在花西子官方微博上建立"杭城·印色"超话，与网友一齐讨论杭州印象。参与用户可晒出与杭州的创意合影，评选"最美的杭州·最美的你"。此外，在微博发起投票——"你认为的杭州是什么颜色？"抽评论区五位网友送出定制眼影盘。

各类社交媒体开屏广告：定制杭州联名国潮礼盒，与杭州联名，在微博、快手、抖音、淘宝等各大平台上投资投放开屏广告。

抖音视频广告：邀请杭州网红，录制视频，投放广告。通过她们对定制眼影盘的测评使用，推出新妆容，吸引受众。

五、项目执行

活动一："妆点杭州画卷"古画填色活动

1. 活动描述

对南宋古画《御览西湖胜景新增美景全图》（现存于杭州西湖博物馆）的轮廓进行提取，邀请 15 位国画名家采用花西子眼影作为原料进行调和描绘，重现古画风采，用现代工艺重现古代杭州西湖美景。

2. 活动时间

2021 年 3 月 1 日至 2021 年 3 月 15 日

3. 活动细节

（1）线上展出：建立线上博物馆，主要展出古画填色前的轮廓图、重新填色后的总览图、古画细节图及颜色解析、古画填色过程图、使用的花西子产品图、艺术家简介；同时，在微博投放古画开屏页，开屏页将被链接到活动超话的线上博物馆；在超话转发官方微博相关内容或直接发布相关内容，即可参与周边抽奖活动，花西子以此吸引更多的转发，为超话增加热度；线上预热活动也会给出线下预热活动的地点、日期，为线下预热活动做宣传；除了购买微博开屏页广告，填色后的古画将在后期推出的微信小程序上以弹出窗口的方式进行展示，弹出窗口除了能直接展示，也可链接到线上博物馆。

（2）线下展出：线下展出地点为湖滨银泰in77，在装修中的线下快闪店外墙陈列作品放大图和细节展示图，对原作进行展出和宣传，用有限的场地和成本为线下快闪店的开业吸引目光，增加受众对于该活动的期待值。

活动二："杭州印象色·定制盘"

1. 活动时间

2021 年 3 月 16 日至 2021 年 4 月 16 日

2. 活动细节

（1）参与方式：参与者通过各类设计软件或本次活动官方微信小程序制作杭州印象色卡，制作色卡时参与者可以自行调制颜色和选择质地，并在导出时附加自己对此颜色的解读和理解，最终成图需要被发送在微博超话中。

（2）评选方式及奖励：截止到活动结束，选出超话点赞量前12名，选择这12种颜色制作定制盘；花西子对前12名作品的创作者奖励"花西子妆奁"一份。同时，在活动期间为了保持话题热度，花西子将进行不定期抽奖，抽奖奖品包括品牌周边和部分产品。

杭州印象色卡

花西子周边文创奖励

（3）定制色售卖方式：定制眼影盘价格与普通盘相同，除了颜色有所不同外，定制盘还会附赠获奖作品定制日历；本眼影盘将于花西子天猫旗舰店限量发售，售卖活动连续一周，每日 10 点开始。售卖所得将被全部捐赠给杭州非物质文化遗产保护中心，用于保护濒危非遗。

活动三：西子伊人征集筛选主题活动

1. 活动时间

2021 年 3 月 1 日至 2021 年 3 月 15 日

2. 活动目的

因为花西子主打女性消费市场，所以此次活动将由花西子"杭城·印色"团队选取 12 位不同年龄、不同职业的女性代表人物（西子伊人），涉及杭州历史、文化、风景、商业等领域。12 位西子伊人讲述自身和杭州发生的独特故事及她们的杭州印象色，由专业化妆师使用花西子系列产品为她们设计个人专属妆容，实现杭州和花西子的同频共振。

3. 活动流程

花西子"杭城·印色"团队内部讨论列出西子伊人候选名单→根据名单

联系候选人，告知活动内容及目的，并承诺给予每人一定的报酬→最终根据候选人的意愿、故事的独特性、活动方便性等指标确定12位西子伊人→提取出12位西子伊人的杭州故事和她们的杭州印象色，由专业化妆师用花西子系列产品为她们打造个人专属妆容→通过人物海报和概念宣传片在花西子线下快闪店、花西子社交账号等展示12款不同风格的妆容及其对应的杭州故事和杭州印象色。西子伊人暂定名单：非遗传承人（文化传承）、土生土长的杭州老人（历史记忆）、阿里女孩（互联网经济）、杭州大学生（教育）、杭州网红（网红新经济）、艺术家（艺术）、环卫工人（环境）、西湖景区工作人员（旅游）、志愿者（社会服务）、动漫爱好者（杭州国际动漫节）、饮食店负责人（美食商业）、花西子工作人员（神秘嘉宾）。

活动四："杭城·印色"花西子快闪店

1.活动时间

2021年3月16日至2021年4月16日

2.活动设置

（1）"杭城·印色"花西子快闪店设产品消费区、妆容展示区、妆容体验区三展区。

（2）产品消费区（花间西子笑）：产品消费区摆放花西子定妆、底妆、唇妆、眼眉妆、卸妆、工具等系列的经典产品，供消费者进行购买。展区名称"花间西子笑"取自周深演唱、方文山作词、陈致逸作曲的歌曲《花西子》。

"杭城·印色"花西子快闪店海报效果图

（3）妆容展示区（杭城·印色）：展区名称即为此次活动的主题，展区内容为 12 位西子伊人的妆容海报与概念宣传片，展示 12 款不同风格的妆容及其对应的杭州故事和杭州印象色，并附上每款妆容所使用的花西子产品。

（4）妆容体验区（淡妆浓抹）：在快闪店消费满 299 元即可参与妆容体验抽奖，每天中奖总人数不超过 12 人；中奖者将获得妆容体验卡一张（仅限一次），凭借此卡可以在 12 款妆容里任选一款在该区进行体验，由专业化妆师为其进行上妆；在征得中奖者同意后，快闪店将会为中奖者拍摄一张妆容写真，放在体验区内的展示板块进行展示。展区名称"淡妆浓抹"取自苏轼的"淡妆浓抹总相宜"。

活动五:《杭城·印色——西子伊人》概念宣传片

1. 活动时间

2021 年 3 月 9 日，《杭城·印色——西子伊人》概念宣传片线上首发；2021 年 3 月 16 日，湖滨银泰 in77LED 屏快闪店宣传海报与快闪店内纪录片循环放映。

2. 活动平台

《杭城·印色——西子伊人》宣传片在花西子官方微博、微信公众号、抖音、快手、小红书、Bilibili 同步推广。

《杭城·印色——西子伊人》概念宣传片效果

3. 文本内容（宣传片脚本）

你相信化妆可以表达一个人的故事吗？

2021，我们依然相信——化妆不只改变。

西子回眸，伊人一笑。

听：她们的杭州故事。

看：她们的杭城印色。

把故事凝成一个个妆，

点点妆都表达了自己。

花西子始终相信，

化妆不仅只是变美的手段。

活动六："杭城印色·盛世霓裳"——汉服年代秀

1. 活动时间

2021 年 4 月 17 日至 2021 年 4 月 19 日

2. 活动筹备

走秀前期宣传（官微官博）；参演人员洽谈（淘宝商家、模特、在线招募征集、串场演职人员）；观众邀请与门票预售（花西子官网）；舞台舞美搭建；彩排。

"杭城印色·盛世霓裳"汉服年代秀呈现效果

3. 活动内容

汉服年代秀分为4个阶段：秦汉、唐宋、明清以及民国。每个阶段10位模特，自行穿戴服饰，由花西子提供彩妆，搭配妆容由花西子提供支持。每位走秀者需提供一份关于服饰的配文，配文将在走秀时由主持人解说。走秀全程将被录制并通过花西子官方微博进行回放。观众将在为期3天的活动中在微信小程序投票，投出最能代表杭州的4组汉服走秀，票数前4位将获得花西子准备的精美礼盒。每一篇章中间将会穿插古风舞蹈、古风歌曲表演。活动的每个妆容及后台准备将由工作人员全程录制，为后续仿妆挑战收集资料。

活动七：绮罗粉黛仿妆挑战大赛

1. 活动时间

2021年4月20日至2021年5月20日

绮罗粉黛仿妆挑战大赛效果

2. 活动细节

（1）借助"杭城印色·盛世霓裳——汉服年代秀"热度，发起"绮罗粉黛仿妆挑战大赛"，利用几名美妆博主深夜徐老师、一枝南南、俊平大魔王自带的流量为话题造势。设置"杭城印色·花西子"定制眼影盘的奖励以及与几名美妆博主的互动机会，激励网友参与仿妆挑战，对话题进行二次传播。

（2）邀请几名美妆博主深夜徐老师、一枝南南、俊平大魔王，分别拍摄走秀中四个朝代的妆容教程。拍摄需要用到花西子定制眼影盘，眼影盘由主办方提供，拍摄完成后在微博、抖音上带话题#绮罗粉黛仿妆挑战大赛#，并@花西子Florasis（花西子官方微博）发布仿妆视频。

《"杭城·印色"花西子品牌创意策划案》作品点评

该策划主题为"杭城·印色"。"印色"，既是杭城的江南韵色，又是花西子的妆容颜色，这一主题概念是很突出的，给其后活动中杭州与花西子二者融合打下了基础。花西子品牌主打的是女性消费市场，而该策划提出的几个活动也很精准地贴合了女性在新媒体时代的喜好习惯，同时又有自身的创意所在。"妆点杭州画卷"古画填色活动极有特色，使用花西子彩妆为南宋古画描绘上色，既能让女性受众直观感受彩妆色彩之美、品质之佳，又悄无声息地为花西子添了几分历史基调、文化底蕴。"将妆点杭州画卷之物绘于自己的面容之上"，女性的这种心理想法得到最大限度的迎合。其后的"杭州印色·盛世霓裳"汉服年代秀与绮罗粉黛仿妆挑战大赛，也恰当贴合了当下热门的汉服唐装古风文化潮流，能吸引女性消费者眼球，同时引发模仿等二次传播行为。其他的活动，或线上或线下，都比较好地把握了消费群体特征、目标受众定位、媒体的选择这几个要素。总体而言，整份品牌策划可以说将杭州底蕴成功融入国货美妆品牌中，是一份很不错的策划。

附　录

2020 年金旗奖获奖案例精选

金旗奖创办于 2010 年，经过 11 年发展已经成为公关营销传播领域最具专业性和认可度的品牌影响力大奖。金旗奖主要遴选引领公共关系创新发展，彰显公共关系在社会政治、经济生活中的独特价值，从商业传播角度展示品牌影响力及推动商业繁荣、社会进步的巨大价值的经典案例。

自创办以来，金旗奖以其专业性、权威性吸引了众多世界 500 强企业的参与，包括宝马、一汽 – 大众奥迪、三星中国、星巴克中国、安利中国、招商银行、中信银行、腾讯、京东、华为、霍尼韦尔中国、联想、华硕、中国平安、中粮集团、蒙牛、伊利、茅台等几百家企业，涵盖汽车、IT、快消、消费电子、能源、电子商务、旅游、餐饮等几十个领域。

本书收录 2020 年金旗奖获奖的 7 个代表性的案例，其中"李锦记希望厨师项目"和"罗氏儿童义走"获得全场大奖，"2020 腾讯 99 公益日启动发布会"获得品牌公关金奖，"广汽本田企业责任传播整合项目""DHL 肺炎疫情海外留学生 CAMPAIGN TACTIC PLAN""青少年梦想基金捷豹·托特纳姆热刺校园足球"和"BMW 中国文化之旅"获得企业社会责任金奖。

一旗影响
世界

INFLUENCE
YOUR
WORLD

公共关系影响力价值
推动商业繁荣
社会进步

金旗奖广告语

金旗奖奖杯

案例一：李锦记希望厨师项目

案例名称：李锦记希望厨师项目

执行时间：2011 年至今

企业名称：李锦记（中国）销售有限公司

品牌名称：李锦记

代理公司：无

参评方向：企业社会责任、品牌公关

一、项目概述

李锦记希望厨师项目是一个由李锦记中国销售有限公司（以下简称李锦记）创办，集聚各方力量，资助有志青年免费学厨圆梦、为中餐业发展培养未来之星的"精准扶贫"公益计划，是李锦记"思利及人"的核心价值观和"发扬中华优秀饮食文化"的企业使命的重要实践。

该项目自 2011 年启动，每年李锦记从全国公开招募有志从事中餐烹饪的经济上有困难的青年，资助其入读国家正规职业高中中餐烹饪专业，并鼓励学员学成后投身餐饮企业，为中餐业的发展贡献力量。

二、项目调研

从企业自身来讲，李锦记是一家做酱料的百年企业，"思利及人"是我们的核心价值观，"发扬中华优秀饮食文化"是我们肩负的使命，李锦记希望利用企业在行业内的优势资源，为中餐业的发展出一份力，而推动中餐业的发展，厨师人才的培养至关重要。

从餐饮行业发展趋势来看，随着人们对饮食越来越重视，厨师的需求越来越大，中餐业的发展急需人才。李锦记在和很多厨师打交道的过程中看到，厨师虽然在中国收入不低，但劳动强度大，工作环境及社会地位等不尽如人意，越来越多的年轻人不愿意进入这一行。因此厨师行业将后继乏人，几千年的中华饮食文化的传承将面临很大挑战。

从社会环境来看，李锦记看到有些偏远地区，对职业教育重视不够，

有些考不上高中或者家庭经济条件不好的孩子，初中毕业后辍学，这些孩子只有十几岁，他们没有一技之长，只能从事技术含量很低的工作。如果能够通过资助这些孩子学厨，让他们掌握一技之长，为他们带去希望，他们未来就能在社会上立足。

从国家政策上来说，职业教育是国民教育体系和人力资源开发的重要组成部分，是为广大青年打开通往成功成才大门的重要途径。肩负着培养多样化人才、传承技术技能、促进就业创业的重要职责，国家高度重视、鼓励加快发展中职教育。

基于这些考量，李锦记设立了希望厨师项目，通过授人以渔的方式，整合企业优势资源，助力有志青年学习厨艺，规划理想人生，让他们在社会的扶助与支持下，用双手改变命运，成就理想人生。

三、项目策划

（一）目标

李锦记希望厨师项目有四个希望：

托起个人的希望——掌握一技之长，个人就业，改写命运；

托起家庭的希望——带领家庭脱贫致富；

托起家乡的希望——回乡创业，带动家乡发展，助力乡村振兴；

托起中餐业的希望——为中餐业培养未来之星。

（二）资助群体

15~19周岁，初中毕业、身体健康、有志学厨、家庭贫困（年人均纯收入低于4000元）的青年。

（三）内容创意

不同于传统的"输血"型公益项目，李锦记希望厨师项目更乐于"造血扶智"，以创新思维整合企业优势资源，助力有志青年学习一技之长，规划理想人生。

李锦记希望厨师项目资助学生入读国家重点职业高中的中餐专业，学制3年，资助的费用包括：学费、住宿费、教材费、校服费、工服费、工具费、床上用品费、军训费、代收代管费、保险费等；除此之外，学生在校期间，李锦记每月还会补贴学生600元的生活费，一年补贴寒暑假交通费1000元。学习期满，成绩合格者将获得国家中等职业教育毕业证书。

但李锦记希望厨师项目并非一次性的慈善捐赠，而是一个企业全程参与、重在育人的长期工程。李锦记成立了希望厨师项目小组，负责项目的整体设计、统筹规划、监督实施、质量评估、组织管理和条件保障，小组成员分工协作，各司其职，实现全程务实、透明的项目运作。

（四）策略

李锦记希望厨师项目启动于2011年，该项目把李锦记"思利及人"的核心价值观和"发扬中华优秀饮食文化"使命完美结合，通过整合行业优势资源、跨界合作、校企共育的方式，"育人心，启人智，授人技，助人立"，走出了一条特别的公益之路。

（五）媒介策略

李锦记希望厨师项目利用平面、网络、微博、微信、短视频、意见领袖、自媒体、视频门户网站等方式，配合线上线下活动，在希望厨师项目招生、面试、开学典礼、毕业典礼、日常活动等阶段，在全国范围内进行广泛传播。

（六）网络报名、面试

2011年至今，希望厨师项目以互联网作为项目报名窗口，各名学生通过网络报名；各地合作伙伴通过微信群发布希望厨师项目招生信息，动员县、乡、镇、村等各级政府部门推荐生源；2020年，受新冠肺炎疫情影响，希望厨师项目在黑龙江站的面试过程中，首次联动五地，对35名报名人选进行了线上面试。

（七）网络点子大赛

2018年，李锦记联合"CSR环球网""北辰青年"两大自媒体平台发起"锦计奖"公益点子大赛，为网友们提供一个交流公益思想和点子的平台，鼓励更多人关注公益，为公益事业贡献自己的力量，累计阅读量超30万+。

配合希望厨师项目宣传，开展线上"设计思维工作坊"课程，建立 10 个微信群，为参赛者提供咨询服务和能力培训。

（八）公益沙龙荟

2018 年 12 月，李锦记联动 CSR 环球网，通过网络招募的方式，招募了 20 名广东地区企业 CSR（企业社会责任）经理人、NGO（非政府组织）从业者、对精准扶贫和乡村助学议题感兴趣的人士，参观李锦记广东新会生产基地，并参与李锦记希望厨师项目公益沙龙荟，探讨企业如何助力国家"精准扶贫"，现场观看希望厨师表演绝技，品尝美食。沙龙荟以李锦记希望厨师项目为重点案例进行分析讨论，结合基金会同类项目分享、企业社会责任专家深入剖析、同类企业公益项目分享探讨，让多方案例、观点在现场进行脑力激荡，也借此精准主题吸引 CSR、NGO 从业者关注，引起媒体报道和社会公众对精准扶贫、乡村助学社会议题的讨论。

（九）公众交流活动

2017 年至 2019 年，李锦记连续三年通过新媒体、社群等形式招募网友参加希望厨师线下公众交流活动，听希望厨师讲述故事；

希望厨师现场进行技能展示并与网友互动一起制作美食；

通过图片直播的形式，直播线下公众交流活动的现场情况；

活动结束后，网友在微信朋友圈发布图片及参加活动的感受。

（十）招募公益体验官参与面试

2019 年，在希望厨师项目招生面试阶段，通过微博、微信、社群等方式，面向社会发起公益体验官招募，公益体验官将参与李锦记希望厨师云南禄劝站的面试以及家访。

在数十个社会化微信群里发布李锦记公益体验官招募信息，通过社群影响力带动李锦记希望厨师项目品牌传播。

3 位公益体验官通过微信朋友圈，向亲友们传递了李锦记希望厨师项目的暖与爱。3 日来，3 位体验官一共晒了近 20 条"云南发现"，实现了面试过程中的品牌传播，让更多人了解公益、参与公益。

（十一）户外大屏展示项目

2020年，李锦记希望厨师项目通过新华社户外大屏，在项目覆盖的北京、上海、湖南、黑龙江、辽宁五地，传播希望厨师项目公益广告片，助力希望厨师项目在报名关键阶段的传播，树立李锦记正面企业形象。广告片以60次/天滚动播出，观看人次总计约60万。

（十二）借助短视频平台开展活动，宣传项目

2020年，在报名招生阶段，通过新华网抖音号、客户端传播希望厨师项目公益宣传片；

在2021年招生阶段，在抖音进行直播，通过希望厨师项目合作学校、优秀学生代表来向有意向参加希望厨师项目的青年介绍项目及学校；

在线下组织的希望厨师烹饪大赛中，鼓励学生拍摄视频，把视频上传到抖音、快手等短视频平台；

在2020年面试阶段，在快手上发起#寻找希望厨师#话题，发布各站面试视频，由往届毕业希望厨师为今年参加面试的学生加油打气。

（十三）邀请中央级媒体参与希望厨师面试、家访

在2020年希望厨师面试过程中，邀请了新华社新闻信息中心甘肃中心、新华网四川、新华网辽宁、新华网广东、《经济参考报》参与到面试、家访的环节，对外展示项目开展10年来在"精准扶贫"上所做的贡献，树立李锦记希望厨师项目品牌形象。

四、项目执行

李锦记成立了希望厨师项目小组，负责项目的策划、执行和对希望厨师的跟踪管理，实现全程务实、透明的项目运作。

项目自2011年创立，至今已运行10年，已建立完善的招录工作体系和面试评分标准。

希望厨师项目搭建了网络专题页面，候选人可以通过网络线上报名，方便快捷。报名结束后，李锦记和合作学校专业教师组成招生小组，前往面试站点对申请人进行笔试、面试、体格检查、家访等。最终根据申请人

的面试总分进行排名，择优录取，确定资助名单。

项目每年具体时间安排：

5—6月启动招生，接受报名；

7月筛选报名材料、笔试、面试、家访；

8月确定录取名单；

9月学员入学；

9月—次年6月在校学生、已毕业学生维护管理。

针对在校学生，展开持续关怀，定期发放生活费，组织文化活动和各类餐饮活动；针对已经毕业学生，进行维护管理，展开李锦记希望厨师俱乐部活动。

为了保障希望厨师的培养质量，校企双方高度重视，共建希望厨师培育领导小组及工作小组，负责项目的整体设计、统筹规划、监督实施、质量评估、组织管理和条件保障，小组成员分工协作，各司其职，确保项目的顺利运行。

五、项目评估

迄今为止，项目迈入第十个年头，李锦记捐资千万元，惠及四川、重庆、贵州、云南、甘肃、山西、陕西、内蒙古、黑龙江、吉林、辽宁、河南、河北、山东、湖南、湖北、广西、广东、江西、海南20个省、自治区、直辖市的744名热爱中餐烹饪的有为青年，其中482人已经毕业。

毕业希望厨师多在北京、上海、广州、成都、深圳等一线城市的四五星级酒店和知名餐饮企业工作，诸如希尔顿酒店、香格里拉酒店、中央电视塔旋转餐厅、北京香港马会会所、北京王府井文华东方酒店、北京日出东方凯宾斯基酒店等。李锦记跟踪调研发现，毕业希望厨师月均收入多在4500元以上，不乏已经成为厨师长的佼佼者，工资收入上万元；也有一些希望厨师直接开起了餐饮店。一批又一批青年因为希望厨师项目改写命运，逐渐有能力带领自身及其家庭脱贫致富。

李锦记希望厨师项目近年来获得的部分重大奖项：

2018年，荣获第七届中国公益节"2017年度公益践行奖"；

2018年，荣获"企业社会责任典范奖"；

2019年，荣获"2018年度暖心企业奖"；

2019年，荣获"2019北京市中职院校优秀德育品牌"；

2019年，荣获"2019四川优秀公益案例"；

2019年，荣获"2019广东十佳网络公益项目"；

2019年，案例被收录进浙江省普通高等教育"十三五"规划教材《公共关系》；

2020年，荣获"2019年度社会责任贡献奖"；

2020年，荣获"2019年度广东企业社会责任奖"。

10年来，包括新华社、中国新闻社、人民网、北京电视台、中央人民广播电台和《人民日报》在内的中央级媒体，《华西都市报》《沈阳日报》《昆明日报》《潇湘晨报》《江南都市报》《新快报》及北京电视台、大洋网等省级主流媒体都对项目进行了跟踪持续报道，对于李锦记希望厨师项目在帮助个人成才、家庭脱贫、家乡换新颜等方面的作用给予了肯定与认同。

项目多年来，受到中共四川省委统战部、四川省政协、四川海外联谊会、中共辽宁省委统战部、辽宁省政协、哈尔滨市关心下一代工作委员会、广西民主建国会、中国宋庆龄基金会、北京西部阳光基金会、中国南昌SOS儿童村、大爱清尘基金会、新华爱心教育基金会、麦田计划、有爱有未来、江西省莲花县教育局、贵州省雷山县教育局、云南省禄劝县高级职业中学等地方合作伙伴的大力支持，它们在项目生源推荐、面试工作安排等方面提供有效保障。

李锦记希望厨师项目在企业社会责任领域的深耕受到北京市教委和朝阳区教委的高度认可和支持，李锦记希望厨师项目获颁第二批北京市职业院校"一校一品"德育品牌。由此，项目有望被更多教育系统和扶贫企业借鉴，影响更多的人。

六、项目亮点

（一）助力教育扶贫，促进教育公平

要推进教育精准脱贫，重点帮助贫困人口子女接受教育，阻断贫困代际传递，李锦记希望厨师项目资助的对象主要来自农村。这些资助对象很多是由于家庭经济困难或学习成绩不理想，打算放弃学业的青年，希望厨师项目创新推出"扶志＋扶智"的公益模式，把这些青年从偏远地区带到北京、成都、广州这样的大城市学习厨艺，让他们对自己有信心、对未来有希望，有效阻断了贫困代际传递链，推动了教育公平，让更多贫困家庭看到了希望。

（二）示范引领作用

希望厨师项目与李锦记"发扬中华优秀饮食文化"的使命完美结合，通过联合共创的方式跨界合作，有效连接了多方资源，这种共创共赢的模式可以被推广到更多城市。这也给了公益人很好的启示，对于未来公益而言，公益项目要结合机构或企业的自身发展战略来设计完成，要起到项目执行、资源连接、平台搭建的作用，通过共创共建、多方合作的方式实现公益价值最大化。

（三）助推人人公益

随着互联网技术的普及，公众参与公益便利了很多。希望厨师项目自2011年诞生起，就携带互联网基因，以互联网作为项目报名窗口，通过网络报名、网络招募公益体验官、网络点子大赛等形式开展推广，同时配合线下的公益沙龙荟、公众交流会等形式，邀请公众参与到项目中来，让更多人了解公益，参与公益。

李锦记希望厨师项目宣传片《我的志向》观看地址

李锦记希望厨师项目照片

案例二：罗氏儿童义走

案例名称：罗氏儿童义走

执行时间：2020 年 6 月 1 日—2020 年 6 月 18 日

企业名称：上海罗氏制药有限公司

品牌名称：罗氏

代理公司：达睿思国际传播咨询公司

参评方向：企业社会责任、公关活动

一、项目概述

为帮助肿瘤患儿走出困境，让关爱不因新冠肺炎疫情止步，"2020 年罗氏儿童义走"正式启动，这也是上海罗氏制药有限公司（以下简称罗氏）连续第十一年开展该项目。活动创新性地采用线上公益捐步形式，仅用两周便吸引 6 万余人参与，最终所捐步数被化为 100 万元 + 善款，为患儿提供救助。

二、项目调研

（一）儿童义走新 10 年，亟待突破

罗氏儿童义走是罗氏极具代表性的企业社会责任项目之一。2010 年，项目进入中国，以员工义走、公司捐助及社会公募形式援助弱势儿童群体，并呼吁社会力量的关注。2020 年是义走"新 10 年"的开端，如何让项目进一步升级，需要新的思考和突破。

（二）血液病及肿瘤患儿，亟待帮助

中国每年儿童肿瘤新发病例约 2.2 万人，且 2000—2010 年，儿童肿瘤发病率以每年 2.8% 的速度递增。长期以来，治疗周期长、费用高、负担重等难题亟待解决。每个患儿背后，都是一整个家庭的挣扎。

（三）新冠肺炎疫情背景下的公益，亟待创新

在全球新冠肺炎疫情蔓延、传统活动形式受阻的大背景下，如何打破时空桎梏，让更多人参进来，也对活动形式提出了新的要求和挑战。

三、项目策划

（一）目标

呼吁社会各界共同关爱、援助血液病及肿瘤患儿和他们的家庭，带孩子们"走"出困境、"走"向美好生命；展示罗氏在企业社会责任领域的持续贡献，进一步提升企业形象。

（二）策略

站在中国"公益10年"的新起点，我们希望通过持之以恒的努力，将爱心与善行汇聚起来，为与病魔对抗的幼小生命们提供切实的帮助，减轻患儿家庭负担。

1. 与全国性权威基金会合作建立专项基金，计划帮助血液病及肿瘤患儿

新冠肺炎疫情加剧了异地就诊困难，因此罗氏与爱佑慈善基金会合作覆盖全国18家医院，让患儿在就医过程中得到切实便利。

2. 创新性地通过线上形式，联动各地

全球新冠肺炎疫情蔓延的特殊时期，通过线上活动，让全国各地的爱心人士不受时空所限，都有机会参与其中。

3. 采用多元化媒体组合，广泛覆盖

采用多元化媒体组合，多管齐下，传播渠道覆盖泛健康领域、疾病垂直领域、大众领域优质媒体，最大限度触及目标受众，扩大影响范围。

（三）受众

切实帮助血液病及肿瘤患儿、家属；系列内部活动深度影响罗氏员工，并由员工再度向外辐射；对外传播直接触达公众。

（四）内容创意

1. 携手权威，专项援助

携手在救助贫困患儿方面经验丰富的基金会与医疗机构，建立专项计划，定向捐助，通过科学的方法和创新的模式帮助贫困家庭患儿们获得更好的治疗。

2. 特殊时期，创新形式

新冠肺炎疫情特殊时期，罗氏儿童义走携手腾讯公益，利用线上"云义走"的方式，让更多人了解活动并轻松参与捐步，罗氏以配捐形式将善举转化为善款，用于援助全国血液及肿瘤患儿与家庭，切实减轻他们的疾病负担。

3. 联动多方，为爱发声

联合罗氏员工、医护人员、社工、基金会代表等多方，用艺术化的表现形式发声、传递爱心与共鸣，吸引更多社会力量加入行动。

4. "内外兼修"，扩大影响

对内打造"罗氏制药儿童义走公益月"，扩展内部活动的内容与维度，增加员工对于企业文化的认同感与自豪感，并以员工为纽带辐射更多公众，扩大影响力。

（五）媒介策略

腾讯公益平台搭载主要活动页面，公众可以通过微信扫描二维码轻松参与；联合全国垂直疾病领域、健康领域、大众领域等不同圈层优质媒体，产出符合媒体调性的多样化报道，并实现微信、网站、移动端等不同平台的全覆盖，扩大影响力，优化传播效果。

四、项目执行

（一）预热

6月初，在企业内部举办《让爱传出去》公益 MV 歌手招募，邀请员工及其家人通过"全民 K 歌"自我录制、参与选拔，入选者将出镜罗氏关爱血液病及肿瘤患儿公益 MV；

围绕受助患儿小弘扬的经历拍摄短片，深入展示其求医经历与故事，引发员工对于贫困患儿境况的关注与共情；

发布内部爱心义卖的预告，预热"618"的直播活动，吸引员工积极参与。

（二）正式启动

6月18日腾讯公益捐款及捐步平台正式上线，参与者每捐1000步，罗氏都将配捐1元爱心基金，直至100万元目标达成。公众通过扫描二维码的方式即可加入义走队伍，参与爱心捐步。

《让爱传出去》歌曲MV与救助患儿故事视频正式对外上线，通过真挚的歌声和真实的患儿故事，引起情感共鸣，吸引大众对广大患儿及其家庭的关注。

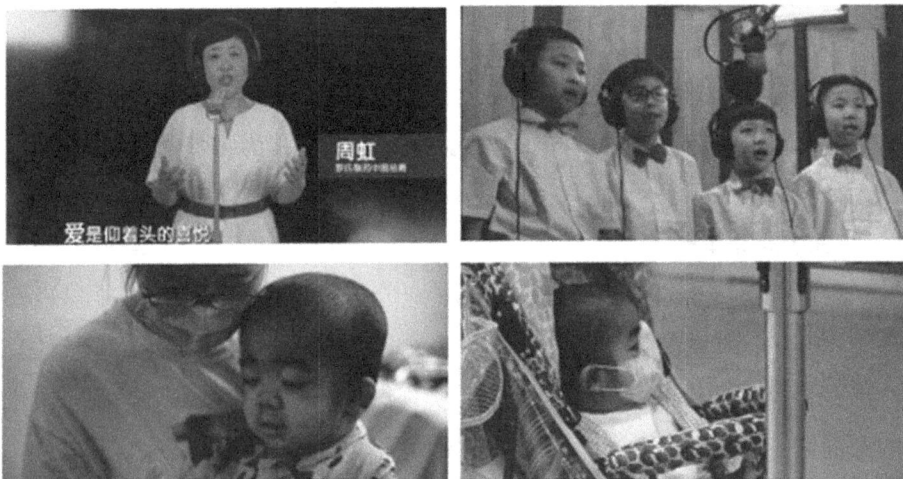

《让爱传出去》MV

罗氏园区举办公益回顾展，回顾罗氏儿童义走10年历程与振奋人心的成果。

罗氏园区公益展

"618"公益义卖直播同时开启，义卖筹集到的善款将全部用于救助患儿。

"618"公益义卖直播

（三）二次传播

外部持续通过如新华社、中国新闻社及《人民日报》《光明日报》《健康报》等主流权威媒体扩大影响力，引发二次传播，巩固传播效果。

内部员工实时通过罗氏头条、罗氏超话等内部线上平台参与"寻找罗氏义行家"素材征集，以员工公益故事进行内部二次发酵。

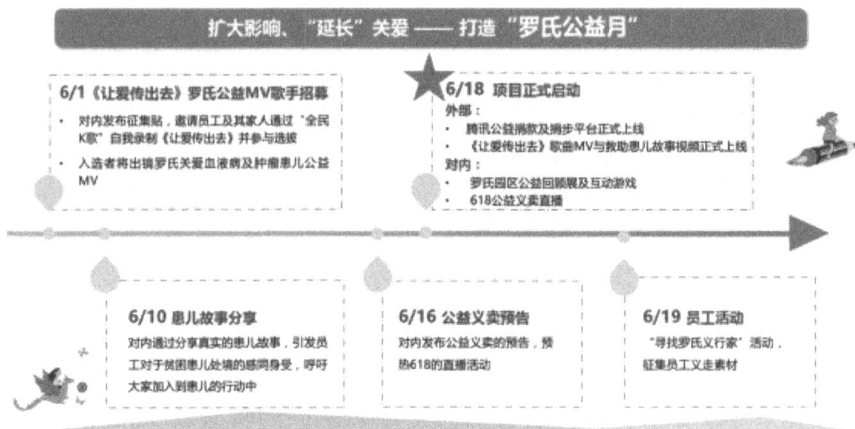

"罗氏儿童义走"项目时间线

五、项目评估

线上"云义走"公益捐步启动仅两周，就已达成100万元的配捐目标。活动共吸引283支队伍、60777名社会爱心人士参与，累计捐出步数逾10亿。

此次活动共收获国内主流媒体的66篇原创报道及148篇转载报道，共214篇，总覆盖人数达393070000，覆盖今日头条、微信、微博等多个平台，其中微信平台阅读数达31216。罗氏员工医护人员、社工、基金会代表等倾情录制的公益歌曲《让爱传出去》MV，累计播放量达29647；患儿小弘扬的故事短片被多家媒体平台转载；内部活动吸引了全国逾4600名员工热情参与，加深了员工对罗氏儿童义走项目的认知，使员工在深度互动中感受公益、践行公益。

六、项目亮点

10年间，罗氏儿童义走项目不断扩大影响范围、不断创新活动形式。

（一）救助对象群体不断扩大

从聚焦艾滋致孤儿童，到关注贫困家庭的重症及罕见病患儿群体，再到将救助领域扩大至所有血液病及肿瘤贫困患儿，罗氏儿童义走希望能救助更多孩子。

（二）救助网络不断扩大

往年，罗氏与单家医院分别合作，救助患儿。2020 年携手爱佑慈善基金会开展合作，项目覆盖全国 18 家医院，为患儿就诊带来切实便利。

（三）公益队伍不断扩大

进入中国之初，"罗氏儿童义走"只是全体罗氏员工参与的内部项目，如今有更多公众参与进来，为爱心行动贡献自己的力量。

（四）活动形式不断与时俱进

从传统的线下义走及各地捐款，到 2016 年首次在微信平台开通"线上公募捐款通道"，再到 2020 年创新性地采用"云义走"公益捐步形式，罗氏儿童义走推陈出新的每一次变化都暗含着时代的进步。

罗氏儿童义走公益歌曲《让爱传出去》MV 观看地址

案例三：2020 腾讯 99 公益日启动发布会

案例名称： 2020 腾讯 99 公益日启动发布会

执行时间： 2020 年 9 月 3 日

企业名称： 腾讯公益慈善基金会

品牌名称： 腾讯公益慈善基金会

代理公司： 北京阶承传播顾问有限公司

参评方向： 企业社会责任、品牌公关

一、项目概述

"99公益日"是由腾讯公益慈善基金会联合数百家公益组织、知名企业、明星名人、顶级创意传播机构共同发起的一年一度的全民公益活动。

2020年，腾讯公益慈善基金会联合社会各界人士，近万家公益组织、企业等，向社会、公众传递"一块做好事"的品牌理念。邀请"人民英雄"国家荣誉称号获得者张伯礼院士、中国工程院王辰院士等重要嘉宾，用心讲述新冠肺炎疫情下的时间记忆，伴随着《武汉呀》创作团队的钢琴伴奏，打造一场追忆时间、心向未来的公益盛宴。

二、项目调研

2020年9月3日，是第六个全民互联网公益日——99公益日。6年时间，广大公益关注者、爱心人士、企业等，通过99公益日更深层地了解公益新形态，引发全民可公益、全民信公益的新浪潮。

在科技助力的推动下，公益形态发生了根本的转变，公益不再是一个口号，它可以通过公益平台，在科技的加持下，更好地与每一个你相连接，产生新创意。

"一块做好事"即从一件小事做起，把事情一起做好。一场特定的印有独特标签的99公益日——武汉特别版，由此拉开序幕。

三、项目策划

（一）目标

借助发布会平台，张伯礼院士、王辰院士、《武汉呀》的创作团队一起从不同角度诠释"一块做好事"，从而引发全民关注，强化品牌正能量。

（二）策略

独特标签：独特的城市印记——武汉；独特的情感记忆——方舱医院旧址；独特的人物述说——张伯礼、王辰；独特的人民倾诉——《武汉呀》创作团队。

故事：以"每一个新冠肺炎疫情下的亲历者的角度，引发大爱与共鸣，探寻未来公益发展新方向"。

受众：为每一个你，与你"一块做好事"。

（三）核心创意

以小红花为视觉元素，强化品牌在每位公益关注者内心的印记。以情感作为暗线，环绕在线上与线下参与者之间。邀请张伯礼、王辰等特殊嘉宾，为所有人打开记忆的入口，引发全民记忆情感的共鸣。让每一份微小的爱都有呼应，把每一件小事都做好。

（四）媒介策略

联合武汉政府、企业等，以灯光秀点亮每一个人的公益之心，让两江四岸、黄鹤楼都布满代表爱与希望的小红花。

通过线下发布会、精准线上推广，引发线上用户的关注与讨论。持续以事件思维形成全网扩散，扩大品牌与理念的传递。

四、项目执行

新冠肺炎疫情之下，世界与视界成为一座座孤岛，却也让每一颗怀揣希望与爱的公益之心，循序绽放出花朵。

腾讯99公益日筹备近60天，它不像以往项目赶工兼程，却也在每一个时间节点的背后，印刻着每一位同事雕刻项目细节的光影。少了一分功利，更多的是敬畏与满怀希望的爱。

项目从前期启动，就无比坚定地选择在武汉举办。在6月初，全国新冠肺炎疫情还偶有反复的情况下，每一个人似乎都很激动，却也在隐隐中有一些担心。

初下武汉的飞机，阳光照射在皮肤上，感受到炙热的温度，看到这个城市，似乎离曾经感动无数的画面更近了一些，也更真了。

步入方舱医院，透着电视监控看到一张张床铺，每一个平方米之下的空间，似乎都写满了关于爱、关于战疫的故事。

选址确定，紧张的项目筹备，让小红花绽放成为我们思考与设计的目标。于是从舞台到环节，从结构到内容，每一处都在细致打磨，只为每个人内心的朝阳再次升上天空，唤起无限光彩。于是我们先后参与呈现黄鹤楼的灯光秀内容创作，制作病毒视频，让爱与希望之花在两江四岸点亮，让每一份微小的爱都得到呼应与共鸣。

也许在若干年后，我们不会忘记新冠肺炎疫情，也不会忘记曾经战疫的你、我、他。

也许，我们会忘记一些事、一些人，但此行的公益之路、共擎之心，也许永不会忘记。

99 公益日，让我们把好事一镜到底。

五、项目评估

2020 年 99 公益日期间，腾讯公益慈善基金会将继续投入 2.9999 亿元的项目配捐和 1 亿元非定向配捐，与近万家公益组织、上万家爱心企业以及社会各界人士一起，构筑新冠肺炎疫情之后的公益新生态。

在玩法上也将全面升级，不仅改进了"小红花""一起捐"等捐赠方式的用户体验，还推出公益消费券、订制接龙、直播公益等新玩法，将公益融合进战疫、消费、文创、社交等日常场景中，让"一块做好事"成为更多人的生活方式。

自 9 月 7 日零点起，截至 9 月 9 日上午 11 时 50 分，项目数据情况如下：

99 公益日总捐款人次——52847591；

用户总捐款金额——2,201494587 元；

公众互动量——1886772837。

六、项目亮点

线下发布会打造独特城市标记，让小红花视觉印记深入人心；

朋友圈广告同步投放，让每一份微小的爱都得到呼应与共鸣；

点亮两江四岸及黄鹤楼等城市建筑，以爱之名照亮未来公益新形态。

99 公益日项目照片

99 公益日《武汉回响》视频观看地址

案例四：广汽本田企业责任传播整合项目

案例名称：广汽本田企业责任传播整合项目

执行时间：2020 年 4 月—2020 年 7 月

企业名称：广汽本田汽车有限公司

品牌名称：广汽本田

代理公司：财新传媒有限公司

参评方向：企业社会责任、内容营销

一、项目概述

广汽本田汽车有限公司（以下简称广汽本田）秉承初心与梦想，结合《广汽本田 2019 企业社会责任报告》（以下简称《报告》），携手财新传媒有限公司（以下简称财新）开展"同心同梦，向梦而行"的主题传播活动。财新深入广汽本田车间走访并形成优质内容、提炼《报告》精要制成精美 H5，邀请专家对《报告》展开解读，围绕安全、环保、品质三个维度，集中传递广汽本田在可持续发展、绿色发展、和谐发展、社会公益等方面开展的工作，打造企业社会责任，传播品牌责任故事。

二、项目调研

创立于 1998 年，广汽本田始终坚持"具有探索者精神的梦想同行者"姿态，在 2016 年更提出全新的企业品牌及口号"让梦走得更远"。砥砺前行，广汽本田在 2019 年实现逆势上扬、高质量突破，年销量 78.5 万辆，营业额 1057 亿元，成为广汽集团旗下首家累计产量达 700 万辆的企业。

与此同时，广汽本田也怀抱着与用户一起收获逐梦喜悦的想法，坚持对品质的执着追求、对社会经济发展和环保公益的全力以赴，努力激发用户共鸣。

恰逢《报告》发布，广汽本田携手财新以"同心同梦，向梦而行"为主题，通过制作《报告》并随周刊发布、提炼《报告》制成 H5 传播、邀请专家深度解读《报告》、挖掘"广本人"平凡岗位上坚守初心的责任故事，构建多层次、多角度的传播活动，传递出广汽本田创造更美好世界、为经济社会发展贡献力量的多重探索。

三、项目策划

（一）目标

通过关注企业社会责任与社会问题的视角、专业高质的策划与输出能力、全媒体矩阵的综合传播，财新深度、专业、优质、多元地展示广汽本田践行社会责任的多方面成果。

（二）策略

1. 宏观微观双向解读，立足优质内容有效输出

与企业充分沟通、精确了解需求，综合自身思考判断，财新通过优质的策划和专业高质内容的生产，将广汽本田有追求、有梦想、有落实的社会责任打造成果实际输出为报告、H5、文章、海报，从宏观和微观两个角度传递企业故事，多形式有效输出并传播。

2. 邀请专家解读《报告》，提升核心圈层影响力

邀请企业社会责任领域权威专家郭沛源对《报告》展开解读、撰写文稿，成果于财新 ESG（一种从环境保护、社会责任角度评价企业价值的评价体系）30 人专栏及财新官方微信公众号发布，扩大广汽本田企业社会责任、可持续发展理念的核心圈层影响力。通过《报告》发布、解读《报告》、专家背书的方式来提升《报告》的可读性和二次影响力，有效推动广汽本田在社会责任领域的认知度。

3.线上线下全媒体联动，实现多维度传播

线下，此份《报告》随 2020 年第二十六期《财新周刊》定向分发给 1500 名政协委员，实现高效传阅，触达层面和广度都不同于一般随发的报告；线上，在财新全媒体传播矩阵上实现了集中曝光，传播周期广，多个端口联动，在财新 PC 端、财新 App 开屏及文章页、财新微信公众号和微博上实现了阶段性传播。

（三）受众

第一层次受众——广汽集团、本田中国、监管层、供应商、经销商等；

第二层次受众——车主、媒体、社会公众。

（四）内容创意

1.纸质版＋电子版《报告》传播

《报告》将广汽本田的企业哲学、品牌运营、发展根基、责任战略、产品研发、客户体系、环保实践、员工保障、社会责任等各方面的内容数字化、可视化。印刷的纸质《报告》由财新独家发布并随《财新周刊》夹带发行，电子版《报告》可在官网等处在线或下载查阅，实现了"轻阅读、厚内容"。

2.专家解读《报告》

财新邀请业内权威专家对广汽本田的《报告》展开解读，以专家视角对《报告》进行了发散，对广汽本田从 CSR 到 CSV（创造共享价值）的践行之路更为专业、直观地进行剖析，同时推动了内容在专业和相对垂直领域的二次传播，更具行业视角地展示了广汽本田正在如何成为社会期待存在的好企业。

3.《报告》精要 H5

精美 H5 高度浓缩《报告》核心精华，通过提炼、撰写、设计成数据、动图、文字结合的 H5，有创意、有重点、有概念地具象展示了广汽本田多年的努力之路和 2019 年收获的优秀成果。

4.责任人物深度故事

通过走访广汽集团产研销一线,访谈广汽集团突出员工代表,紧扣环保、品质、安全三个维度,将平凡中彰显不凡责任的故事化为报道,以小见大地描摹出"广本精神",凸显出广汽本田在品质把关和企业社会责任上的精益求精,也深度体现了广汽本田对员工关爱、培养、重视。同时,报道因细节翔实、内容有深度、人物有形象,更具可读性,益于激发共鸣式传播。

(五)媒介策略

根据对应受众的偏好,此次传播活动在纸刊、网站、手机 App、微信和微博综合铺开。

根据内容的不同形式,分别选择了具有对应优势的传播方式。

纸质《报告》夹带在《财新周刊》中独家发行,对于熟悉和喜爱纸质刊物的读者较为亲切友好,更能加深品牌好感度;

电子版的《报告》在网站可查阅和卜载,方便多方式了解;

《报告》内容被转化为精华版 H5 动态形式,更为生动有趣,在微信中易读、易懂、易传播,更多样地实现了触达受众、触动受众。

多方位、多角度的传播,实现多形式传递广汽本田致力于创造社会共享价值、成为社会期待存在的好企业的目标。

四、项目执行

(一)第一阶段:4 月—6 月

财新开始收集责任故事素材,深度走访广汽本田车间,探访"广本精神"典型和人物故事。

(二)第二阶段:7 月 1 日《报告》首发

将广汽本田 2019 年在企业社会责任领域做的方方面面、点点滴滴整合制作为《报告》,再针对线上传播的特性,将《报告》浓缩为精简生动的 H5,数字化、动态化地展示了广汽本田 2019 年的成果。

H5 版的《报告》7 月 1 日在财新官网及财新微信公众号首发,搭载财新专业、权威的平台，《报告》获得第一波切实有效关注。同时，财新邀请企业社会责任和社会责任领域的专家、商道融绿董事长郭沛源撰写《报告》的深度解读文章。此篇解读稿同步在财新 ESG30 人专栏、财新 App、财新微信公众号上线，全面展现广汽本田成就，扩展广汽本田《报告》在专业领域的影响力。

（三）第三阶段：7 月 6 日《报告》定向投放

精美的纸质版《报告》随 7 月 6 日发行的《财新周刊》刊发，面向全国进行传播，并被定向投放至 1500 名全国各地的政协委员。

（四）第四阶段：7 月 2 日—7 月 16 日责任故事渐进传播

调研期间通过对广本人人物事迹的挖掘，输出有代表性的人物故事，将优秀人物故事及一线员工对企业的感受体会转化为温情有质感的人物文章，在财新官网及微信公众号上逐步上线，并制作突出人物特点的海报，在财新 App 开屏页配合文章同步上线、突出展示。将责任故事通过吸引人、有细节、有内核的方式传播，让受众感受到广汽本田要传递的精神内核，感受到广汽本田与每一个人"同心同梦，向梦而行"的初心与使命。

五、项目评估

广覆盖：广汽本田此次主题传播活动自 7 月初至 7 月中旬有节奏、有重点地铺开，在财新全媒体平台上以海报、文章、H5、报告等形式露出，12 条官方直发内容链接累计阅读、曝光量达 1000 余万，点击量为 262358，收获了社会核心圈内外的大量关注。

高影响：《财新周刊》每周面向全国发行 33.8 万册，此次随刊投放的 1500 份《报告》被精准传递到了政协委员手中，同时也面向全国文艺界、科技界、社科界、经济界、农业界、教育界、新闻出版界、医药卫生界、对外友好界、福利与社会保障界等社会各界发放。

此次传播涵盖触达第一目标受众和第二目标受众人群，对提升广汽本田企业社会责任形象有一定作用。

六、项目亮点

（一）线上线下组合传播，传播重点选得巧

此次传播活动线上和线下选择了不同的突出要点。线上的重点在于阶段性传播人物责任故事，围绕品质、环保、安全这3个关键词，将几位有经验、有历练员工的故事娓娓道来。在适合内容传播的财新官网、微信公众号上展开内容传播，配合开屏页人物海报作为突出曝光，有侧重地针对内容选择了适合扩散的传播方式，收效甚佳。线下的重点在于《报告》的精准触达，纸质《报告》通过搭载《财新周刊》进行分发传播，1500份《报告》被相对精准地传递到政协委员手中。

（二）深浅内容混搭传播，数字化、可视化生动输出

内容不仅有纸质版《报告》、电子版《报告》、针对《报告》进行解读的专家文章、《报告》精华版H5，也有围绕广本人采写的人物故事，内容深浅交映。其中《报告》精华版H5作为《报告》的可视化版本，数据翔实且形象生动、图文并茂，在吸引大众阅读的基础上保有了《报告》的专业度和深度，可以迅速帮助受众感知广汽本田企业社会责任形象，同时加深对广汽本田整体品牌和成果的了解。

（三）以点带面、以小见大展现企业形象

选取人物典型和讲述人物故事时，将广本人的本质通过细节展现出来。挖掘他们在工作中看似平凡的责任故事，用平凡人多年如一日的坚持来感染受众，也将他们在岗位上与公司的互动、与公司的一同成长体现出来，从而以小见大地透出广汽本田在背后的坚持和努力。平凡的真实更容易取得意想不到的传播效果，这一波广本人"真心话"的输出也收获了不少点赞。

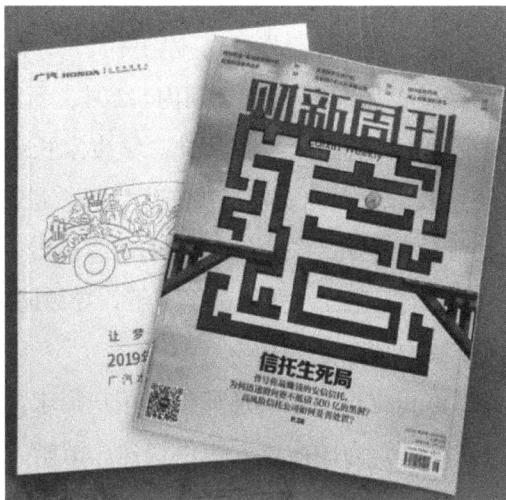

广汽本田企业责任传播整合项目照片

案例五: DHL 肺炎疫情海外留学生 CAMPAIGN TACTIC PLAN

案例名称: DHL 肺炎疫情海外留学生 CAMPAIGN TACTIC PLAN

执行时间: 2020 年 3 月 5 日—2020 年 4 月 16 日

企业名称: 中外运—敦豪国际航空快件有限公司

品牌名称: DHL

代理公司: 北京新客意维文化传媒有限公司

参评方向: 企业社会责任、营销实效

一、项目概述

本项目于 2020 年年初新冠肺炎疫情全球蔓延的背景下应运而生,旨在为海内外华人提供及时便捷的防疫物资国际寄送服务。为期一个月的项目激起了广大用户的积极响应,DHL 实现超过 10 万 + 个、资覆盖四大洲六大国家的防疫物资全球寄送服务。

二、项目调研

2020 年年初，新冠肺炎疫情暴发，防疫物资紧缺，海外华人同胞第一时间组织抗疫物资的海外购买和运输支援国内。2 月，新冠肺炎疫情蔓延全球，海外华人同胞也开始面临抗疫物资短缺。学生家长或有海外朋友的发件人致电 DHL 咨询，DHL 个人防疫物资快递出口的数量暴增（短期内 15% 的增长），但国际物流运输受到新冠肺炎疫情的严重打击，同时个人用户对于国际物流所需要的手续、流程、费用都不了解，导致防疫物资寄送困难，防疫物资无法及时送达海外华人手中。

DHL 通过社交媒体和用户咨询迅速捕捉到用户需求，第一时间策划上线了爱心防疫包特别产品，为国内家人提供快速、清晰、便捷的防疫物资国际寄送服务，解海外留学、工作的华人以及移民海外的同胞的燃眉之急。

三、项目策划

（一）传播目标

1. 彰显 DHL 的企业责任，通过及时响应客户需求，通过爱心传递，建立与客户的信任；

2. 响应新冠肺炎疫情期间的安全要求，通过线上的自助查询和服务缓解客户咨询压力，提升和改善客户咨询体验及效率；

3. 为 DHL 的未来推广积累实操经验，试水个人用户的业务；

4. 自有媒体的内容阅读及传播，实现个人用户粉丝的增长；

5. 通过爱心防疫包（2 千克"易速箱"）特别产品在活动期间产生 1000 个订单。

（二）策略

以情感切入打动个人用户，以功能利益点驱动个人用户，以极快速度响应体验满足个人用户。

1. 快——用简单易行的方式提供最快的国际快递服务；

2. 明——清晰明了的防疫物资国际快递注意事项及资料清单；

3. 惠——可负担的价格。

（三）受众

海外留学生的国内家人和朋友。根据中国留学生的分布，美国、加拿大、英国、德国、澳大利亚、日本将作为此次产品和服务的主要目的地国。散布在全国各地的留学生家人与朋友成为本次项目的核心人群。

此外，本次特别产品和服务也旨在帮助在海外长期工作和生活的华人，因为这些人群在国内的家人和朋友也是目标人群之一。

（四）内容创意

"隔海不隔爱，传递始终在"——作为核心传播创意，将DHL爱心防疫包特别产品的功能和情感利益点直接明了地传达给个人用户，DHL的品牌角色与品牌责任也在与个人用户的共鸣中建立起来，提高了DHL品牌在个人用户中的品牌知名度与好感度。

围绕核心传播创意，系列视觉创意，包括主视觉、专属网站、社交媒体海报、线下服务中心海报、寄送指引海报、爱心优惠券、关怀卡片等，通过DHL官方网站、官方微信、线下服务中心、员工朋友圈等渠道第一时间发布，获得广大的媒体及个人用户的自主转载与转发，进一步扩散至更广泛的人群。

（五）媒介策略

1. 以DHL官方矩阵（官网/官方微信/服务中心/DHL员工）为主阵地，强化品牌发声与信任度；

2. 以社交媒体（微博/微信/抖音）为二次传播阵地，扩大用户覆盖，并激发用户自发传播，加强品牌与用户的联结。

四、项目执行

（一）执行周期极短

3月5日接到客户需求，3月15日项目上线，仅用了10天时间。

（二）项目进度

项目于3月15日上线，于4月16日正式结束，在为期一个月的时间内，专属网站保持日更，实时更新各国海关政策动态。

在项目推进过程中，我们发现很多海外华人在中国的家人和朋友年龄偏大，了解国际快递的寄送流程的难度较大，因此特在3月下旬及时上线和更新寄送服务指引，包括视频与图片，为用户降低学习成本，提高寄送效率。

（三）控制与管理

1.上线第一天，专属网站的PV（页面点击量）达到7922，个人用户反响强烈，导致DHL爆仓，DHL不得不几度延迟社交媒体意见领袖的投放；此后，随着个人用户自主产出的微博、微信、抖音等内容发散开来，最终取消了社交媒体意见领袖的投放。

2.由于海外国家的防疫政策差别，在上线前，已经预测了可能面临的负面评论，并提前进行了准备。在项目上线后，每日监测舆情，实时准备预案。

五、项目评估

（一）效果综述

1.本项目获得空前反响，专属网站上线第一天，发布内容即获得今日头条、微博热门转载。

DHL官方微信公众号：3篇爱心防疫包特别产品文章阅读量总计达80万+，分享量总计达8万+，新增总关注用户数达4200+。

本项目专属网站，总PV达1829672，总UV（网站独立访客）达578661，获取注册留资达7028人。

2.DHL爱心防疫包特别产品上线2周，即成交超过5万+笔订单，是目标成交订单数的66倍，获得收入是目标收入的22.5倍。

最终，DHL全国超过120个服务网点总计揽收DHL爱心防疫包特别产品快递超过10万+个。

（二）受众反应

个人用户蜂拥至DHL位于全国的120个服务网点，在新冠肺炎疫情防控的要求下，有序投递。

个人用户对 DHL 爱心防疫包特别产品十分认可，自发在微博、微信、抖音以图片和视频的形式分享并制作寄送指南，还通过视频表达了对 DHL 品牌的感谢，甚至有个人用户为 DHL 服务网点的工作人员送水、送咖啡等表示感谢，多个 DHL 服务网点收到个人用户送来的感谢锦旗。

（三）市场反应

DHL 爱心防疫包特别产品专属网站上线当晚，发布内容即获得今日头条、微博热门的转载，DHL 官方微信发布的 3 篇爱心防疫包特别产品推文阅读量总计超过 80 万，分享量超过 8 万，为 DHL 官方微信带来新增关注用户数 4200+。

六、项目亮点

1. 爱心防疫包特别产品本身：满足了个人用户的刚需——寄送防疫物资至国外。

2. 引领行业：DHL 是针对新冠肺炎疫情推出特别产品和服务的第一家国际物流企业，该项目上线后一周，其他国际物流企业才开始跟进并推出类似产品和服务。

3. 灵活快速的项目管理：根据用户体验及反馈，DHL 迅速提供清晰明了的寄送须知、指南和价格，简化和加快国际快递的寄送流程。

4. 核心传播创意：温暖、简单、直接的创意在特殊时期能方便用户直观快速地了解核心信息，尤其是方便了年龄较大的用户的理解和行动。

5. 更广泛积极的社会影响：个人用户基于对 DHL 的爱心防疫包特别产品以及对 DHL 品牌的喜爱在社交媒体进行自发扩散与分享，满溢对 DHL 品牌的感谢之情。

本项目相关照片

DHL 抗击新冠肺炎疫情视频地址

案例六：青少年梦想基金捷豹·托特纳姆热刺校园足球

案例名称：青少年梦想基金捷豹·托特纳姆热刺校园足球

执行时间：2019 年 7 月 19 日—2019 年 12 月 5 日

企业名称：捷豹路虎（中国）投资有限公司

品牌名称：捷豹路虎中国

代理公司：智者同行品牌管理顾问（北京）股份有限公司

参评方向：企业社会责任

一、项目概述

捷豹积极响应国家号召，致力于推动足球运动普及和校园足球发展。自 2014 年启动以来，本项目已使北京、广州、成都、上海、西安、南京、

357

深圳等地超过 16 万名师生受益。

二、项目调研

（一）社会背景

足球，作为深受广大群众喜爱的运动，对提高国民身体素质、实现体育强国梦具有重要意义。为了夯实中国足球人才根基，2015 年，《中国足球改革发展总体方案》制定了足球中长期发展规划，以推进青少年校园足球的全面发展。但是，足球教练中坚力量不足、足球在青少年中普及度不高，仍然是当前中国校园足球需要解决的两大难题。

（二）企业背景

捷豹路虎中国始终将企业社会责任作为企业战略的重要组成部分，不断深入践行对中国市场的长期承诺。截至目前，依托"中国宋庆龄基金会捷豹路虎中国青少年梦想基金"，已有超过 47 万名青少年从相关项目中受益。

三、项目策划

（一）目标

1. 强化"足球实力"——提升青少年足球教练专业素质，培养中坚力量；推动校园足球普及，助力中国青少年健康成长。

2. 深化"共享价值"——充分利用企业优势，以足球为纽带，促进中英文化友好交流，创造更大的社会价值。

（二）策略

1. 持续受益模式：聚焦世界领先足球青训理念，通过"三位一体"的培训模式和"授人以渔"的公益理念，将经过国际赛事验证的青训理念和足球技能带给中国的小球员和基层体育老师，持续打造可复制的公益模式，全方位提升中国师生的综合实力。

2. 明星导师执教：本项目拥有非常雄厚的师资力量，教练团队包含曾培养出世界杯金靴奖得主 Harry·Kane 的著名青训教练 Ose Aibangbee，以及

1991年英格兰足总杯冠军球员、前热刺队员David Howells。

3.培训课程升级：基于广州、成都站成功经验，明星教练Ose Aibangbee和David Howells根据中国体育老师和小球员的真实反馈，不断升级培训内容，为中国的足球小将量身打造最适合他们的综合性足球训练课程。

4.扩大公益版图：依托现有平台，与捷豹路虎客户关系管理部门联袂启动区域活动，覆盖南京、北京、西安、深圳等全国多个城市，把近百名车主和媒体人的孩子纳入公益版图。

5.深化圈层影响：对内对外、线上线下深化传播，充分整合外部合作伙伴的优质资源，深入开展媒体合作，通过多维度、全平台媒体的专题报道，以及热门社交平台的推广，扩大传播圈层及影响力。

（三）媒介策略

1.来自北京、上海、广州的媒体，涵盖新闻门户、汽车垂直、大众媒体、财经媒体等媒体类型；

2.以主流媒体中热爱足球的主编级媒体人为主，同时兼顾媒体人子女情况（5~12岁），最大限度保证活动效果；

3.邀请电视、杂志、网络等主流媒体报道奠定基调，新媒体及社交平台实时传播，实现多元化、多角度报道，扩大传播声量。

四、项目执行

（一）捷豹校园足球启动仪式

1.7月19日，165位嘉宾见证项目在上海正式启动，捷豹路虎中国迈入与热刺战略合作的第二年；

2.首创绿茵绅士杯赛，号召媒体、员工、车主、体育老师四方参赛对决，为热刺加油助威；

3.核心媒体与高层深度对话，剖析捷豹路虎中国企业社会责任价值及对中国青少年的积极影响；

4.从品牌发展、企业社会责任、社会价值等角度进行深入媒体报道，实现多元化、多角度报道，扩大传播声量。

（二）捷豹校园足球体验营

1.7 月 20 日—7 月 21 日，捷豹路虎中国企业社会责任部门与客户关系管理部门联袂邀请媒体人、员工等的 10 名孩子深度参与捷豹校园足球体验营，接受热刺教练零距离指导，体验一流青训理念；

2. 中国足球名宿成亮助阵，现场与热刺金牌教练、受训孩子互动；

3. 特设英伦礼仪小课堂，加深中英文化礼仪交流。

（三）捷豹校园足球中英足球文化交流

1. 邀请 14 家行业资深媒体及意见领袖深入中英足球文化交流活动，实时跟进报道，多角度、多层次原创 A+ 内容落地；

2.32 名优秀足球小将深入热刺俱乐部学习培训，并打卡经典地标，观看顶尖球队对决，和英国同龄人进行丰富多彩的文化交流。

五、项目评估

（一）效果综述

1. 本项目得到了新闻门户、汽车垂直、大众媒体等主流媒体中热爱足球的主编级媒体人发声，最大限度保证传播效果。与此同时，新媒体及社交平台实时传播，内容深度、多元且反馈正面。

2. 每日经济新闻、优酷、梨视频、澎湃、界面、轿车情报、引擎密码、超级马力及《中国青年报》等不同类型媒体均有在重点位置给予项目一定的露出。

3. 活动公关价值达到 63104682 元。

（二）受众反馈

媒体 A：我们今天参加足球活动是想让中国的足球能够有更大的希望，能够从青少年培训起来，未来能够培养出真正冲出亚洲、冲向世界的人才。

媒体 B：中国足球要从小朋友抓起，从基层做起，才能冲出亚洲、走向世界。所以我觉得捷豹这么多年去推进这个项目不容易，也祝愿这个项目越办越好，谢谢捷豹给中国足球带来一点点希望。

车主 C：能利用暑假让小朋友接触国外足球的理念和热刺教练培训很

好。很多时候，我们对公益项目有心，但没有聚在一起参与的机会，希望捷豹可以多做一些公益活动，让更多的孩子参与进来。

车主 D：我本身是英国留学回来，对英国以及捷豹的品牌都有很深的印象，而且孩子这次表现很好，是五强之一，我感觉教练很专业，所以以后我也会积极参加捷豹的活动。

员工 E：这个活动将我们作为员工、车主、足球粉丝三个身份融合在一块，而且孩子也乐在其中，很高兴能通过这个项目让孩子掌握一些技能，劳有所益，劳有所得，这对孩子的成长很有帮助。

员工 F：我之前参加过给希望小学捐赠衣物的活动。这是我第一次参加足球项目，足球训练营的时间虽然不长，但是非常感谢中国宋庆龄基金会和捷豹能够给孩子们创造这么好的条件，让他们和国际一流的教练交流和学习。

六、项目亮点

定制化人物手绘倒计时海报：发布倒计时解锁海报，并为受邀媒体手绘设计定制化的专属卡通人物形象，媒体与高层朋友圈接力传播，为项目持续预热升温。

招募快闪视频：依托捷豹路虎（中国）投资有限公司的上海大本营优势，发布员工招募快闪视频，利用精炼语言文字传播足球核心信息，精准定位员工群体，号召员工深入体验企业社会责任明星项目。

打造全媒体平台矩阵：包括电视、杂志、公益、汽车、生活方式在内的全方位传播领域。

本项目相关活动照片

青少年梦想基金捷豹·托特纳姆热刺校园足球项目（2018年）视频地址

案例七：BMW 中国文化之旅

案例名称： BMW 中国文化之旅

执行时间： 项目发起于 2007 年，已经走过 14 年；所填内容为 2020 年至今

企业名称： 华晨宝马汽车有限公司及宝马（中国）汽车贸易有限公司

品牌名称： BMW

代理公司： 励尚时代（北京）公关顾问有限公司

参评方向： 企业社会责任

一、项目概述

"BMW 中国文化之旅"旨在探访和保护中国传统文化，促进非物质

文化遗产的传承与发展，始终秉持"授人以鱼不如授人以渔"的理念，以BMW 的品牌影响力，连接利益相关方，搭建"非遗走进现代生活"的社会桥梁。

二、项目调研

辽宁是华晨宝马汽车有限公司（以下简称华晨宝马）的家乡，17 年来，华晨宝马在助推辽宁制造业高质量发展和东北振兴中扮演了先行者的角色，为辽宁经济社会发展做出了卓越贡献。

秉持着对家乡的关注和回馈之心，"BMW 中国文化之旅"希望通过自身的品牌效应凝聚更多社会资源，并以创新思维，搭建辽宁传统文化与文旅产业的桥梁，助力家乡文旅产业的振兴发展。

市场洞察：2020 年，在新冠肺炎疫情的冲击之下，公众对各种形式的线上消费需求激增，整体消费市场都更加倾向依托于电子商务平台进行的线上消费 。

社会需求：BMW 战略型企业社会责任始终以解决实际的社会问题为导向，目前非遗传承市场化问题仍然存在，众多非遗传承人的销售渠道受限于线下市集，亟须销售渠道的拓展。

三、项目策划

（一）目标

1. 助力辽宁文旅产业发展：为新冠肺炎疫情后辽宁的经济复苏和文旅产业发展做出积极贡献。

2. 深化赋能，促进文化传承：发现、遴选非遗项目及传承人进入清华大学美术学院 BMW 非物质文化遗产保护创新基地（以下简称创新基地）进行创新孵化，积极构建可持续发展的非遗产业新生态。

3. 创新传播非遗文化：通过直播等创新传播手段，帮助大众了解辽宁传统文化的独特魅力，吸引利益相关方及公众积极参与非物质文化遗产的保护与传承。

（二）策略

1. "BMW 中国文化之旅"发现：非遗的创新性转化及市场化是助力"非遗走进现代生活"的正确思路。

2. 在"促进非遗作品的使用与消费"方面：

遴选四位来自辽宁的非遗传承人进入升级后的创新基地；同时，为帮助受新冠肺炎疫情影响的传承人走出困境，遴选出两位来自湖北的非遗传承人一同进入创新基地接受非遗文创品的研培。

3. 进一步对女性传承人进行电商赋能：携手阿里巴巴"魔豆妈妈"公益项目，为女性非遗传承人进行电商赋能，助力实现从设计端到消费端的赋能闭环。

4. 在"推广非遗领域的文化传播"方面：

（1）推出适应"后疫情时代"的非遗旅行攻略

以文旅融合的方式，探索非遗保护以及推进文旅产业发展的创新模式。此次探访将推出《BMW 中国文化之旅辽宁非遗旅游攻略》和两款针对国内不同区域的《BMW 中国文化之旅非遗旅游短途攻略》，以推进文化旅游产业的发展。

2016 年至今，"BMW 中国文化之旅"已经连续四年推出《BMW 中国文化之旅四川非遗旅游攻略》《BMW 中国文化之旅湖南非遗旅游攻略》《BMW 中国文化之旅玉树旅游攻略》和《BMW 中国文化之旅海南旅游攻略》。

（2）结合时下创新且受年轻人喜爱的直播方式，传播非遗文化

直播文化座谈会：就"满族文化""辽河口文化"和"红山文化"举行三场独具特色的文化座谈会，探究辽宁地区文化特性与意义，并对其中两场进行全网直播，带领广大传统文化爱好者触摸最鲜活的物质与非物质文化遗产。首次借助淘宝电商直播平台进行非遗产品的网络推广，助力社会经济、文化及旅游产业复苏。

（三）传播内容

1. 以"溯辽海文脉，源远流长的精神家园"为主题，由来自全国的媒体

代表、专家学者等人组成的"BMW 中国文化之旅"车队，深入沈阳、盘锦、朝阳、阜新等地，围绕辽宁地区三大代表性文化——满族文化、辽河口文化、红山文化，对沈阳故宫、满族民间刺绣、二界沟排船技艺、牛河梁国家考古遗址公园及阜新玛瑙雕刻技艺等辽宁地区物质及非物质文化遗产项目进行了探访和体验。

2.深入探访后，成功推选来自辽宁和湖北的 6 位非遗传承人进入升级后的创新基地，开发非遗文创产品。

3.携手阿里巴巴"魔豆妈妈"公益项目，为女性非遗传承人进行电商赋能，助力非遗传承与保护产业实现从设计端到消费端的赋能闭环。

4.联合旅行平台马蜂窝推出《BMW 中国文化之旅辽宁非遗旅游攻略》，持续贡献辽宁地区文化旅游产业的发展。

5.成功为近 10 款非遗产品进行电商直播带货，以创新手段助力非遗文化传播与保护。

6.联合创新基地完成海南非遗文创品孵化，进一步助力非物质文化遗产的创新转化。

（四）媒介策略

1.通过对辽宁经济、文化以及非遗的特定分析，邀请文旅、生活方式、经济及汽车等多领域的重量级媒体共计 36 家参加辽宁探访活动，目前已收获 1352 篇相关报道。

2.推出适应"后疫情时代"的非遗旅行攻略——《BMW 中国文化之旅辽宁非遗旅游攻略》和两款针对国内不同区域的《BMW 中国文化之旅非遗旅游短途攻略》。以文旅融合的方式，探索非遗保护的创新模式，推进辽宁及其他地区文化旅游产业的发展。

3.联动微博、微信、抖音等新媒体传播平台，结合淘宝直播、中国新闻社直播等创新性传播平台，全方位助力非遗传播以及辽宁文旅产业的复苏。

四、项目执行

9月7日至9月11日，"BMW中国文化之旅"车队，深入沈阳、盘锦、朝阳、阜新等地，围绕辽宁地区的满族文化、辽河口文化、红山文化，对沈阳故宫、二界沟排船技艺及牛河梁国家考古遗址公园等一系列物质及非物质文化遗产项目进行了探访、体验。

"BMW中国文化之旅"辽宁探访活动成功推选来自辽宁和湖北地区的6位非遗传承人进入升级后的创新基地，开发非遗文创产品。

"BMW中国文化之旅"与阿里巴巴"魔豆妈妈"公益项目联手启动"女性非遗传承人赋能计划"，为女性非遗传承人进行电商赋能。部分试点女性传承人非遗产品已上线"魔豆妈妈官方公益店铺"。同时，该项目第一批女性传承人将于2020年接受电商赋能培训。

探访活动中，"BMW中国文化之旅"推出适应"后疫情时代"的非遗旅行攻略——《BMW中国文化之旅辽宁非遗旅游攻略》和两款针对国内不同区域的《BMW中国文化之旅非遗旅游短途攻略》。

探访期间，"BMW中国文化之旅"通过电商和直播平台——淘宝直播、中国新闻社直播，助力辽宁社会经济、文化及旅游产业复苏，并带领广大传统文化爱好者触摸最鲜活的物质与非物质文化遗产。

五、项目评估

（一）效果综述

1.联合重量级官方媒体——中国新闻社，对探访期间文化座谈会进行直播，以创新方式传播辽宁地区的非遗文化，截至2020年9月15日，文化座谈会直播共获得近450万观看量，吸引受众参与了解并传播辽宁地区的非遗。

2.首次引入受年轻人喜爱的电商直播平台——淘宝直播，通过直播带货的形式，向年轻人推广非遗产品与传统文化。截至2020年9月15日，淘宝专场直播共获得超过180万观看量，助力辽宁文旅产业复苏与发展。

3. 合作多领域、多样化的媒体平台，对活动做出多角度、全方位、不同形式的媒体报道。

4. 全面联动 BMW 内部自有媒体渠道和平台，全方位对活动进行预热和报道，扩大活动影响力。

（二）现场效果

由 100 多位来自全国的媒体代表、专家学者等人组成的"BMW 中国文化之旅"车队，深入沈阳、盘锦、朝阳、阜新等地，参观及体验 30 多项瑰丽多姿的物质与非物质文化遗产代表性项目。

（三）受众反应

1. 华晨宝马总裁兼首席执行官魏岚德博士说："沈阳是华晨宝马的家乡，从 17 年前华晨宝马在沈阳安家落户，我们一直致力于与社会各界建立起紧密的联系，也一直致力于以创新思维保护、传承及推广中国传统文化，今年的'BMW 中国文化之旅'是我们与辽宁建立起深度关联的又一个重要契机。"

2. 清华大学美术学院赵超教授表示："清华大学美术学院与辽宁沈阳有着很深的缘分，新中国的第一枚国徽诞生在沈阳，而国徽的设计是由清华大学美术学院教授所完成的。这次也很欢迎来自辽宁的非遗传承人们走进清华大学美术学院，期待他们能够创作出既能体现当代技术突破，又能表现出中国传统非遗元素的成果！"

3. 探访嘉宾余长安说："作为一个外地人，我来到辽宁探访，受到触动最深的一点，就是辽宁的很多文化都根植于民间，像我们看过的传统二人转展演，参观过的渔家号子、古渔雁民间故事等很多非遗项目，都是与当地百姓的生产、生活息息相关的。"

（四）市场反应

"BMW 中国文化之旅"借助品牌影响力，连接利益相关方，完成非遗物质文化遗产从生产设计端到消费端的赋能闭环，影响覆盖千万公众，获得市场的极大欢迎。

（五）媒体统计

2020年媒体报道累计达1352篇，产生广告价值为29652437元。

六、项目亮点

（一）创新传播，贡献本地社区发展

1. 直播文化座谈会：活动就满族文化、辽河口文化和红山文化举行三场文化座谈会，并通过重量级官方媒体对其中两场进行全网直播，覆盖广泛公众。

2. 首开电商直播，助力新冠肺炎疫情后的经济复苏：借助淘宝直播平台推广非遗产品，助力社会经济及文旅产业复苏。

3. 推出适应"后疫情时代"的非遗旅行攻略：推出《BMW中国文化之旅辽宁非遗旅游攻略》，推进辽宁省文旅产业的发展。

（二）创新赋能，打通非遗经济全链条

持续与清华大学美术学院合作：遴选6位来自辽宁和湖北的非遗传承人进入创新基地进行非遗文创品的研培。

进一步对女性传承人进行电商赋能：携手阿里巴巴"魔豆妈妈"公益项目，为女性非遗传承人进行电商赋能。

"BMW 中国文化之旅" 项目照片

"BMW 中国文化之旅"10 年回顾视频地址

后　记

　　生活中处处都有公共关系学；有人的地方，就需要公关。无论在个体形象塑造、企业品牌推广还是政府对外传播中，都有公共关系的身影。公共关系是一种对话、沟通和互动，是与人打交道的一门学问，是组织机构与公众环境之间的交流与沟通。当然公共关系也需要智慧，它是有计划、精心设计、基于目的的一种战略传播。学一点公共关系，懂一点公共关系，会让生活更多彩。

　　自20世纪80年代，伴随改革开放的春风吹遍神州，公关行业在国内得到广泛发展，并得到越来越多的认可；同时也涌现了一大批研究公共关系的学者，他们在公共关系的教学、科研、社会服务等方面取得了诸多的成绩，为公共关系的发展贡献了中国力量。

　　进入新时代，随着信息技术的不断更新迭代，传播的形态、人际交往的方式等随之发生变化，公共关系的内涵与外延也在不断拓展。公共关系如何适应新的传播形态、面对新的挑战，这是需要考虑的问题。本书的出版也正是基于此背景，思考在新形势下公关的发展现状及未来趋势。正如开头所提，公共关系在生活中随处可见，本书希望能接地气地呈现公共关系在生活中的运用，以理论与案例相结合的方式，将公关的理论运用于日常生活及热点事件的分析与解读中。本书的基本框架主要由三大部分组成。第一部分是总括（第一章），介绍公共关系的缘起、发展以及基本概念、原理基础。第二部分是核心章节（第二、三、四、五、六、七章），主要从两个视角出发：一是在新的技术影响下，公共关系呈现出新的理念、新的市场及新的发展；二是公共关系在日常生活中最主要的三大应用方向，即形象塑造、危机管理、营销传播。第三部分是作品及获奖案例（第八章、附录）：不仅收集了近年来本人在授课过程中指导的 7 个优秀的学生作品，这些围绕"讲好杭州故事"进行的公关创意策划，富有生活气息，贴近生活实际；同时也收录了 2020 年金旗奖 7 个获奖案例，这些案例从企业承担社会责任的角度进行了公关活动实践。

浙工大是国内较早开设公共关系相关课程的高校，早在 20 世纪 90 年代初期，人文学院张雷教授就在校内开设了《公共关系学》选修课，后又于 1995 年创办了公共关系学辅修专业。自 1999 年浙工大的广告学专业设立以来，《公共关系学》这门课程就一直是专业的必修课程，浙工大还在广告学专业里设立了公关方向。目前《公共关系学》课程依托新闻传播学科，覆盖广告学、广播电视学、汉语言文学、播音与主持艺术等相关专业，同时向全校其他专业辐射，是广告学专业的一大特色课程，20 多年来为社会培养了许多公关方面的人才。近年来，本人沿着前辈们走的道路，继续在公共关系这片土壤上耕耘，也取得了一些成绩：《公共关系学》课程被评为 2020 年度省级线上线下混合式一流本科课程，同时获批浙工大课程思政改革试点课程，获得浙工大首届课程思政微课专项赛一等奖，并入选 2021 年浙江省课程思政优秀教学微课，课程案例入编《思行政泽：高校课程思政教学实践案例》一书；2020 年联合在杭 4 所高校教授公关课程的老师，录制了《生活中的公共关系学》慕课，慕课共 47 个教学视频、500 分钟教学内容，已在智慧树、学银在线、学习强国等平台上线，目前已被全国 20 多所高校、近 5000 名学生选用；此外依托《公共关系学》课程，与北京蓝色光标公关顾问有限公司、上海剧星传媒股份有限公司杭州分公司、杭州全速网络科技有限公司、杭州梅龙茶文化有限公司、浙江极尘文化创意有限公司、浙江嘉诺会展有限公司等一批校外企业建立了产教融合实践教育基地，为学生的实习实践提供了相应的平台。

为配合浙江省一流本科课程的建设，本书应运而生。本书也是浙工大自行编著的第二本公关教材。感谢本人的引路人——张雷教授 20 年来的悉心指点，正是因为以张雷教授为代表的前辈们多年来的辛勤耕耘，才有了在浙工大这片土壤上开出的"公共关系学"这朵鲜艳的花；感谢浙大城市学院赛来西·阿不都拉老师、浙工大之江学院任文杰老师、浙江工商大学杭州商学院黄杰老师，这么多年来在公关的教学、科研、社会服务等方面不断扶持，无论在慕课视频的拍摄、教材的编写，还是在各类公关活动的策划组织上，都给予本人诸多的温暖；感谢人文学院副院长邵鹏兄帮忙联系出版社及对《公共关系学》课程的全力支持；感谢浙江省公共关系协会和杭州市公共关系协会提供的平台，本人加入这两个协会都已有十余年，组织并参与了很多公关活动，见证了公共关系行业这些年在浙江省的快速发展；感谢中国公关行业年度奥斯卡奖——金旗奖及银小冬主席的大力支持，为本书提供了丰富的业界案例，从不同视角呈现各种鲜活的公关活动；感谢浙工大及人文学院对此本书出版给予的经费支持；最后要特别感谢参与本书编写工作的各位研究生，他们是——姚越（浙工大新闻传播学研究生）、李游（浙工大新闻传播学研究生）、陶华钦（浙工大新闻传播学研究生）、李悦（东华大学新闻传播学研究生）、宣勇捷（苏州大学新闻传播学研究生）、伊晓妮（中国传媒大学广告学研究生）、吴俊臣（哥伦比亚大学传媒与教育研究生），他们为本书的编写花费了大量的时间和精力，在此一并谢过。

由于水平有限，书中难免有错误及疏漏之处，恳请各位专家和读者从不同角度多提宝贵意见，以便不断完善和提高。

姚利权

2021 年 11 月于浙江工业大学人文学院